国家自然科学基金项目"创新生态系统视角下'卡脖子'技术破解机制研究"（72372017）
国家自然科学基金项目"组织竞合影响传统企业数字化转型"（72172024）
国家自然科学基金项目"突破性创新的价值共创机理研究"（71872027）

战略联盟视角下的双元创新

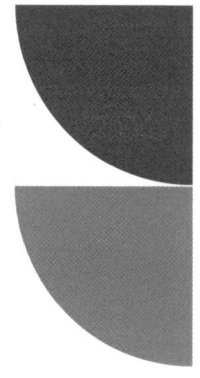

王思梦　邵云飞　井润田　著

Ambidextrous Innovation
from a Strategic
Alliance Perspective

北京大学出版社
PEKING UNIVERSITY PRESS

图书在版编目（CIP）数据

战略联盟视角下的双元创新 / 王思梦, 邵云飞, 井润田著. -- 北京：北京大学出版社, 2025.10. -- ISBN 978-7-301-36695-0

Ⅰ.F273.1

中国国家版本馆CIP数据核字第20254HJ407号

书　　　名	战略联盟视角下的双元创新 ZHANLÜE LIANMENG SHIJIAO XIA DE SHUANGYUAN CHUANGXIN
著作责任者	王思梦　邵云飞　井润田　著
责 任 编 辑	曹　月
标 准 书 号	ISBN 978-7-301-36695-0
出 版 发 行	北京大学出版社
地　　　址	北京市海淀区成府路205号　100871
网　　　址	http://www.pup.cn
微信公众号	北京大学经管书苑（pupembook）
电 子 邮 箱	编辑部em@pup.cn　总编室zpup@pup.cn
电　　　话	邮购部010-62752015　发行部010-62750672　编辑部010-62752926
印 刷 者	三河市北燕印装有限公司
经 销 者	新华书店
	650毫米×980毫米　16开本　15印张　235千字 2025年10月第1版　2025年10月第1次印刷
定　　　价	68.00元

未经许可，不得以任何方式复制或抄袭本书之部分或全部内容。
版权所有，侵权必究
举报电话：010-62752024　电子邮箱：fd@pup.cn
图书如有印装质量问题，请与出版部联系，电话：010-62756370

推荐序一

在当今日新月异的全球市场环境中,创新已成为企业持续增长和保持竞争优势的关键。然而,面对技术的快速演进和市场需求的多样化,单个企业往往难以独立承担起全面创新的巨大风险和成本。于是,战略联盟就成为一种日益重要的合作创新模式,通过整合不同企业间的资源、知识和能力,为参与方创造出远超单个组织能力范围的创新价值。战略联盟不仅为企业提供了共享风险和成本的平台,更重要的是,它开辟了新的知识交流渠道,提高了技术融合的可能性,使得跨界创新成为现实。通过这种方式,联盟中的企业能够更快地响应市场变化,共同开发新产品,探索新市场甚至实现颠覆性技术创新。这种合作关系的核心价值在于,通过集体的智慧和力量,参与方可以共同实现那些自己单独行动时难以达到的创新目标。

这本书通过对联盟权力的解构和细致分析,揭示了联盟中的权力动态如何通过影响联盟惯例、促进跨界搜索和跨界整合等机制,提升企业的双元创新能力,包括开拓新领域的探索式创新和优化现有资源的利用式创新。作者强调,联盟中的权力结构对企业能否成功实施双元创新起着决定性作用。在这本书中,联盟权力被细分为知识权力、结构权力、认同权力和关系权力四个维度,这些维度共同影响企业在联盟中的行为模式和创新决策。作者也指出,联盟惯例是联盟权力影响企业双元创新的重要中介机制。通过形成和维护有效的联盟惯例,企业可以更好地利用联盟资源,促进知识的流动和整合,从而提升创新能力。

进一步地,作者探讨了跨界搜索和跨界整合在促进双元创新中的作用。

跨界搜索使企业能够超越自身边界，探索联盟之外的新知识和机会，而跨界整合则有助于企业将这些外部资源与内部资源有效结合，得到创新成果。此外，该书还讨论了企业如何在探索式创新和利用式创新之间寻求平衡，以及在不同情境下如何作出合适的创新选择。作者指出，企业需要根据自身的资源、能力和市场环境，灵活运用联盟权力和联盟惯例，以实现创新战略的最优组合。通过以上观点，该书不仅提供了一个全新的分析框架来理解战略联盟对企业创新的影响，而且为企业如何在竞争激烈的市场环境中通过战略联盟实现持续创新提供了实际的指导和策略。

通过全面扎实的实证研究和深入的案例分析，该书发现，企业在战略联盟中的权力地位和能力，能够显著促使其探索新知识领域和利用现有资源开展创新活动。通过建立和维护有效的联盟惯例，企业可以更好地利用联盟中的资源和知识，从而促进探索式创新和利用式创新的平衡发展。作者指出，企业需要根据自身在联盟中的权力地位和外部环境，灵活采取不同的创新策略。战略联盟为企业提供了一个合作平台，通过合理配置联盟权力和联盟惯例，企业能够有效平衡探索式创新与利用式创新，实现持续的竞争优势。

该书深刻地阐述了战略联盟对企业创新战略的理论意义，提供了关于如何在联盟中有效地管理权力结构和惯例以促进创新的实践指南。通过细致的研究，该书不仅为双元创新的理论发展贡献了新的视角，而且通过将联盟权力、联盟惯例以及跨界活动纳入分析框架，展示出了这些要素如何相互作用以推动企业的探索式创新和利用式创新。这样的分析为理解战略联盟内部的动态机制提供了一套全新的理论框架，丰富了我们对战略联盟及其在促进企业创新中作用的理解。同时，这些洞见对于企业高层管理者、战略咨询师以及政策制定者在制定更加明智的创新和合作决策方面具有重要的实践价值，使得该书可以成为推动企业通过战略联盟实现创新发展的重要参考资料。

综合考虑《战略联盟视角下的双元创新》的理论深度、实证研究的严谨性，以及对实践领域的指导价值，我强烈推荐此书给所有对企业创新、战略联盟及管理实践感兴趣的读者。学界研究者将从中寻求到新的理论视角，业界管理者则将收获创新与合作的实施策略。

最后,我诚挚邀请对战略联盟与企业创新感兴趣的学者、企业管理者以及政策制定者阅读这本书。相信它将为我们提供独到的见解,激发新的思考,并在研究和实践中发挥重要作用。

是为序!

张玉利

南开大学商学院教授、博士生导师

推荐序二

"双元创新"是近年来国内外创新管理学界诸多同行关注的问题。该书基于战略联盟的视角来研究企业的双元创新问题,同时把"双元创新"这个较为微观的问题研究置于国家创新驱动发展的宏大场景,彰显了"把论文写在祖国大地上"的质朴情怀。

该书分为十章,章节之间环环相扣、层层递进,串联起战略联盟与双元创新之间的关键问题和核心观点,系统阐述了战略联盟视角下企业从事双元创新活动的驱动因素、过程机理和实现机制。其中给予的启示多多,很值得一读。

研究以权力依赖理论、双元理论、搜索理论、跨界创新为理论依据。基于这些理论的基本思想,以及对中国本土企业双元创新的观察,作者对如何促使战略联盟优化企业创新效率与创新成果等问题逐一分析和揭示,在此基础上,深度挖掘了企业在面临创新困境和难题时的"解法",给出了符合学理和实践的解答,并进一步从理论上进行了抽象和解释。

欣喜的是,在深入分析过程中,作者通过严谨的数理分析和扎实的案例研究,为相关论点提供了佐证,使关注同一问题的同行能知其然也知其所以然。此外,作者也从理论和实践相融的角度,为企业和管理部门的工作提出了有益的建议。这无疑有助于读者理解战略联盟对企业双元创新的重要价值。

该书有以下特点:

一是理论与实践融合。该书撰写既有扎实的理论依据,又有对业界创新实践的丰富考察,故分析过程及相关发现既可为从事战略联盟和创新管理研究的同行提供有益的启示，又可为企业家和政策制定者提供可借鉴的创新的思路。

二是系统性与聚焦性兼顾。该书既有对整体研究框架的合理描述和对所做分析工作的系统阐释，又对一些重点问题进行了更为深入的分析和解释；特别是，针对企业在战略联盟活动中的关键问题，构建了"联盟权力—联盟惯例—双元创新"的理论框架，凸显出作者所具备的前瞻性学术逻辑。

由作者的成长经历，我期望更多的青年学者从中国企业丰富多彩的创新实践中"提炼科学问题"，踏踏实实地开展研究，并且善用规范的研究方法，方可做出有价值的学术成果。

鉴于以上，我真诚赞赏作者所做的努力。同时，该书值得所有致力于战略联盟与企业创新研究的学者、关注创新实践的企业管理者以及制定相关政策的政府工作者深入阅读。相信该书能为读者带来深刻启发，激发新的思路。

是为序！

2025年夏于清华大学经济管理学院

前言

在国家经济发展过程中,创新活动一直贯穿其中,并占据重要地位。创新对于经济发展的基本单位——企业的发展也有着重要的作用。然而面对复杂的外部环境,大多数企业很难在不依赖于合作的情况下进行创新,因此,在快速多变的市场环境条件下,不同主体合作而形成的战略联盟(以下简称"联盟")已经成为企业创新活动的重要组织形式。在经济全球化的大背景下,促使联盟企业提高创新运行效率和创新成效、优化创新选择策略,对经济发展十分重要。

为了应对迅猛发展的市场环境,联盟成为企业能够有效实施创新行为的重要途径。联盟企业所拥有的差异化资源,使得该联盟企业有能力动员其他伙伴达成合作,这种能力即联盟权力(包括知识权力、结构权力、认同权力、关系权力)。企业通过运用联盟权力,对联盟成员行为模式产生一定的影响,并且联盟间异质性知识和资源流动能够推动联盟成员开展双元创新(包括探索式创新和利用式创新)。

本书在借鉴和融合已有研究的基础上,以权力依赖理论、双元理论、搜索理论、跨界创新研究为支撑点,围绕"联盟权力如何影响企业双元创新"这一关键研究问题,建立"联盟权力—联盟惯例—双元创新"的理论框架。通过回答以下三个子问题来阐明本书的研究思路、研究方法、研究过程以及研究结果,进而对结果进行讨论:①在企业构建的联盟中,其联盟权力与双元创新有何关系?②联盟权力对企业双元创新的影响路径是什么?③跨界创新视角下的跨界搜索和跨界整合对联盟惯例与双元创新的机制,在分别以利用式创新和探索式创新为因变量的情况下，是否有不同影响？

为了回答这三个子问题，本书先采用实证研究的方法对11组假设进行研究，接着用案例研究的方法对实证分析的结果进一步探索与分析。

（1）从探索权力的由来入手，追溯网络权力概念的产生，再延伸到联盟权力概念的提出，据此建立联盟权力分析维度；以此为基础，构建联盟权力与企业双元创新之间的研究假设和概念模型，指出联盟权力不仅能直接作用于企业双元创新，还可以通过企业自身的联盟惯例提升企业两种创新活动的水平。

（2）基于"联盟权力—联盟惯例—双元创新"的理论框架，首先提出联盟权力提升企业双元创新水平的9组研究假设；然后通过对330家本土企业的问卷调查，录入、形成数据文件资料，利用AMOS25.0软件对联盟权力、联盟惯例与企业双元创新三者之间关系的研究假设进行实证检验。由此得出：联盟权力能通过联盟惯例提升企业双元创新水平。

（3）在上述研究的基础上，本书引入跨界搜索和跨界整合这两个调节变量，从跨界创新视角分别深入考察跨界搜索、跨界整合对企业双元创新的影响机制，关注二者是否在因变量的两个子维度中存在不同，以及如果有，是否都显著，提出2组研究假设。通过多元回归分析方法的实证检验，最终形成了跨界搜索和跨界整合影响联盟惯例与企业双元创新关系的调节效应模型。

基于以上研究工作，本书的主要研究结论如下：

第一，联盟企业中，联盟权力对企业双元创新有正向影响。联盟权力的四个子维度——知识权力、结构权力、认同权力、关系权力均对企业双元创新有正向影响。本书实证研究共收集330份有效数据，通过科学规范的统计学研究方法得出，知识权力、结构权力、认同权力和关系权力都有助于企业双元创新水平的提升。企业通过联盟权力中的知识权力、结构权力、认同权力和关系权力来获取各种各样的资源，通过联盟惯例将联盟企业家大量存在的知识、信息、经验规范化和系统化，从而提高企业探索式创新和利用式创新水平。

第二，联盟惯例的中介效应存在于"联盟权力—企业双元创新"这对关系中。联盟权力通过促进联盟惯例而影响企业双元创新。本书运用 AMOS 25.0 软件对 330 份数据建立初始模型并进行参数估计，结果显示，联盟惯例的中介作用主要体现在：①在知识权力与企业探索式创新的正向关系中，起完全中介作用；②在认同权力与企业探索式创新的正向关系中，起完全中介作用；③在结构权力与企业探索式创新的正向关系中，起部分中介作用；④在关系权力与企业探索式创新的正向关系中，起部分中介作用；⑤在知识权力、结构权力、认同权力、关系权力与企业利用式创新之间的正向关系中，起部分中介作用。

第三，基于跨界创新视角，跨界搜索和跨界整合在联盟惯例对企业双元创新的影响机制中发挥着重要的调节作用。其中，跨界搜索既能显著调节联盟惯例与企业探索式创新之间的关系，也能显著调节联盟惯例与企业利用式创新之间的关系。跨界整合仅在联盟惯例对企业利用式创新的影响机制中发挥着重要的调节作用，在联盟惯例对企业探索式创新的影响机制中作用并不显著。

目录

第一章 绪论 ·········· 001
  1.1 研究背景与研究意义 ·········· 001
  1.2 研究问题与研究思路 ·········· 007
  1.3 研究方法与研究内容 ·········· 011

第二章 联盟权力研究的演化:从组织到联盟 ·········· 017
  2.1 组织权力的概念与来源 ·········· 017
  2.2 联盟权力的内涵与来源 ·········· 018
  2.3 网络权力与联盟权力 ·········· 019
  2.4 联盟权力与创新 ·········· 020
  2.5 本章小结 ·········· 023

第三章 惯例研究的演化:从组织到联盟 ·········· 025
  3.1 组织惯例的内涵 ·········· 025
  3.2 组织惯例的特性 ·········· 026
  3.3 惯例:从组织、网络到联盟 ·········· 028
  3.4 本章小结 ·········· 030

第四章 跨界搜索与整合:概念、动因及创新联系 ·········· 031
  4.1 跨界搜索的内涵 ·········· 031

4.2 跨界搜索的维度 …………………………………………… 032
4.3 跨界搜索的影响因素 ……………………………………… 034
4.4 跨界整合的内涵 …………………………………………… 038
4.5 跨界整合与创新的相关研究 ……………………………… 039
4.6 本章小结 …………………………………………………… 041

第五章 双元创新的平衡与联盟关系 ………………………… 043

5.1 双元理论 …………………………………………………… 043
5.2 探索式创新与利用式创新的平衡 ………………………… 047
5.3 双元创新与联盟相关研究 ………………………………… 050
5.4 本章小结 …………………………………………………… 055

第六章 联盟权力与企业双元创新的理论模型 ……………… 057

6.1 联盟权力的概念界定与维度划分 ………………………… 057
6.2 联盟权力与双元创新的关系 ……………………………… 061
6.3 联盟惯例的中介效应 ……………………………………… 065
6.4 跨界搜索的调节效应 ……………………………………… 071
6.5 跨界整合的调节效应 ……………………………………… 074
6.6 联盟权力影响双元创新的理论模型 ……………………… 076
6.7 本章小结 …………………………………………………… 076

第七章 研究设计与方法 ………………………………………… 079

7.1 实证研究方法 ……………………………………………… 079
7.2 问卷设计 …………………………………………………… 081
7.3 变量测量 …………………………………………………… 084
7.4 问卷的预调研 ……………………………………………… 091
7.5 样本数据收集与样本描述 ………………………………… 103

7.6 分析方法 ··· 105
7.7 本章小结 ··· 108

第八章　实证分析与结果讨论 ·· 109
8.1 变量的信度和效度检验 ··· 109
8.2 联盟权力影响企业双元创新机理的验证 ······························· 119
8.3 调节作用验证 ··· 129
8.4 结果与讨论 ··· 135
8.5 本章小结 ··· 144

第九章　联盟权力与企业双元创新的案例研究 ································ 147
9.1 案例研究背景 ··· 147
9.2 案例选择与资料收集方法 ··· 150
9.3 案例分析 ··· 157
9.4 案例结论与启示 ··· 178
9.5 本章小结 ··· 180

第十章　研究结论与展望 ·· 183
10.1 主要研究结论与贡献 ·· 183
10.2 未来研究展望 ·· 191

参考文献 ·· 193

附　　录 ·· 223

第一章 绪论

本书第一章（绪论）的内容主要概括如下：首先，阐述了"联盟权力对企业双元创新的影响机制研究"这一选题的现实背景与理论背景，明晰了选题的研究意义和学术价值。其次，从企业发展实际中找出联盟企业的困境，从理论背景中提炼研究问题，确定研究目的，厘清研究脉络。最后，阐明了本书的研究方法，界定了本书涉及的关键概念，并对研究内容和主要创新点进行了介绍。

1.1 研究背景与研究意义

1.1.1 现实背景

在国家经济发展过程中，创新活动一直贯穿其中，并占据重要地位。创新对于经济发展的基本单位——企业的发展也有着重要的作用。然而面对复杂的外部环境，大多数企业很难在不依赖于合作的情况下进行创新，因此，在快速多变的市场环境条件下，不同主体合作而形成的战略联盟（strategic alliance，以下简称"联盟"）已经成为企业创新活动的重要组织形式。

快速多变的市场环境使联盟成为企业共同实施创新行为的重要途径。通过结盟，企业取得了战略、技术、经济收益及风险控制等方面的显著成效，但是其不稳定性和高失败率是阻碍联盟取得更大成功的顽症[1]。例如，在全球航空领域，空客公司和波音公司都曾经借助联盟进行新机型的研发和商业化。在 A380 研发过程中，空客公司组建了包括法国、德国、英国、西班牙等国家企业参加的、由全球供销商组成的松散型联盟，这使得 A380 试飞成功后的商业化道路一直很坎坷。相反，基于前期联盟经验的启发，波音公司组建的是一个相对紧密的联盟网络，联盟伙伴贡献的不仅是资金和订单，还包括产品研发知识和市场渠道。因此，波音787机型（航空史上首架超远程中型客机）虽然经历了交付延误，但试飞后的销售却相对顺畅，持续收到全球各航空公司的订单。同样是基于联盟的创新过程，两家企业的实施效果却截然不同。其中很重要的启示在于，企业不仅需要重视联盟经历，还需要不断进行跨组织的学习和整合，只有这样，才能把联盟的历史经验提炼和内化为更高层面的知识和流程，从而推动持续性创新。

联盟惯例（alliance routine）很大程度上能够创造和维持联盟企业间关系，可以改进联盟治理方式[2]。上述例子中，波音及其联盟利用联盟惯例协调联盟的稳定运行，促进联盟的探索式创新。联盟企业凭借差异化优势驱使联盟中其他企业实现自身意愿、满足自身利益需求的能力，本书称之为联盟权力（alliance power）。配置合适的联盟权力类型能更好地提升联盟企业在技术、产品和服务方面的创新水平。双元创新（包括探索式创新和利用式创新）是企业重要的创新范式，如何提升双元创新水平，特别是何种条件下选择探索式创新、何种条件下选择利用式创新，是联盟企业必须思考的问题。科技的快速发展、市场的迅速更迭，都给企业的生存带来了挑战，企业需要在求生存的同时努力通过寻求合作方共同开发新项目、合作完成新产品等来减少创新的成本。本书主要研究联盟企业的双元创新行为，两个研究维度分别是联盟企业的利用式创新（exploitative innovation，也有学者翻译为开发式创新）和联盟企业的探索式创新（exploratory innovation）。一方面，联盟企业会考虑提升短期的经营效益，主要通过提升运营效率、快速改善产品的外观设计、改进服务流程等方式，即实施利用式创新行为。另一方面，企业有一定的资金、资源的积累后，在可持续发展理念的指导下，会通过研发新技术、开发新产品、增加新服务流程、开拓新市场等方式来提升长期的效益，这种探索式创新行为会给联盟企业带来巨大的利润。对于联盟企业来说，探索式创新需要前期投入，一旦成功将获得巨大经济利益；利用式创新能使资金迅速回笼，获得短期利益。因此，联盟企业将面临几种选择，在目前阶段自身企业是适合利用式创新这种方式，还是适合探索式创新这种方式，或者需要这两种创新同时存在。如果需要同时存在，那么，在利用式创新与探索式创新中到底应该侧重哪种方式，就是本研究的核心内容。在不同情境下，企业有必要协调和兼顾探索式创新和利用式创新，即实现创新二元性（innovation ambidexterity）[1,2]。因此，明晰联盟企业中双元创新的影响因素和作用机理，寻找更好地提升双元创新水平的路径，是本书的重要主题。

现有研究缺乏从联盟权力、联盟惯例视角深入分析战略联盟情境下企业双元创新水平提升机制的尝试，亦较少关注跨界搜索、跨界整合在上述机制中起到的作用，尚未建立起相对精细的系统性理论分析框架，这使得现有研究结论难以对企业维持联盟高效运营提供足够有说服力的理论指导。

1.1.2 理论背景

1. 网络权力研究的兴起与联盟权力研究的融入

"权力"一词最开始用于个体之间，后来逐渐延伸到人与组织、组织与组织。"权力"一词最早源于政治学的概念，从理论研究历史来看，关于"权力"有着多重解释，特别是在不同的角度、不同的情境下，"权力"拥有不同的定义。本书所定义的"权力"主要基于某一企业对其他企业的影响力方面。"权力"是作为影响力的测度工具，从资源的多寡和属性这个基础上延伸而来的。权力的概念被引入管理学领域后，具体应用于企业管理领域，表现为企业对市场产生作用的能力；而随着技术、科技的发展，企业权力逐渐跨越边界，并在网络组织中兴起。网络权力依赖理论认为，网络组织中的企业凭借有形的资产规模、有利的网络位置，以及拥有核心竞争力的技术等形成了网络权力；企业借助网络权力影响、引导和要求其他企业增加合作次数、加强交流联系等，提升了网络的创新绩效[1]。

Gulati（1998）[3]指出，越来越多的企业不再局限于单个企业的生存发展，而是通过发展联盟——网络组织的特殊形式，来获得竞争优势。建立联盟后，虽然企业会面临协调成本增加，以及执行共同战略的整合程度受限等问题，但是可以减少创新成本，获取联盟中更多的知识与合作资源[6]。对于联盟企业这个研究对象，虽然国内外学者对其运作机制、要素及绩效进行了详细探讨，但更多是将联盟视为一个整体分析单元，而非联盟中的单个企业。在绩效方面，现有研究更多关注企业的市场绩效或者财务绩效，对具体如何选择与平衡企业双元创新并没有广泛研究关注[7]。现有文献关于如何更有效地发挥联盟权力这一研究问题的关注更少[8-10]，包括企业如何利用异质性资源、协调联盟成员间的关系等。

联盟企业通过结盟的方式，能够利用知识、结构、品牌方面的优势来获取和控制联盟中的异质性资源等。联盟企业实施的联盟治理活动使联盟在运营时更有效率，提供了更好的技术、经验、资源，从而提升了新服务流程体验感、新产品开发成功率，进而增强了联盟企业的探索式创新和利用式创新能力。联盟的建立对企业经营模式产生了有益的影响，使企业获得了更大的生存发展空间[4]，推动了企业的创新，同时刺激新型市场或新业务的产生，加速整个经济的健康发展和社会组织的不断进化。由此，越来越多的企业结成联盟，联盟也逐渐成为最具潜力的价值创造活动和企业成长的重要形式。

2. 惯例理论、跨界创新理论逐渐受到关注

研究表明，惯例（routine）可以使组织更稳定地运行[2]，同时组织搜索使外部知识流入企业内部，外部知识被转化吸收为内部知识，而后在联盟内被高效共享，从而推动双元创新。目前，企业联盟合作中各企业追求的目标不同，导致机会主义、搭便车行为等不稳定因素频现[1]。联盟惯例可以有效地克服企业联盟的不稳定因素，保障联盟的平稳有序运行。在联盟惯例的作用下，联盟愈发稳定，各企业间存在的大量资源以及外部的知识等都被转移，并进行重新整合，为单个企业的知识吸收与学习提供了前提。而稳定的组织、充裕的外部资源与知识才有助于提升企业双元创新水平[1]。

随着"跨界创新"的热度攀升，学术界愈发关注这一概念，并试图从不同学科、不同研究视角对其定义。本书涉及的跨界创新理论是指突破组织边界的两方或者多方相交的部分，开展企业创新活动，而非仅跨越边界实施创新行为。联盟企业内存在大量的知识、信息等资源，企业可通过跨界搜索和

跨界整合有效地规整各项信息，主动探寻联盟间的资源，并将各种资源进行整合，从而提升企业双元创新水平。联盟这种自我中心网络也为创新活动提供了有利的网络组织形式[1]。然而，随着联盟研究的深入以及权力研究的不断延伸，联盟权力能否提升企业创新水平尚不确定。联盟权力越大，越能促进创新吗？二者之间的（正向或负向）关系是否存在临界值？是否每种创新行为都能提高企业创新水平？本书对上述问题的基本思考是：一方面，联盟权力与企业双元创新之间不一定是简单的线性关系，有可能是非线性关系；另一方面，联盟权力并非简单直接地影响企业双元创新，联盟惯例可能在"联盟权力—双元创新"的关系机制中发挥了重要的中介作用。事实上，并不是存在资源就能促进创新，大量异质性的知识、信息需要联盟企业通过经验或者规范予以内部化、规则化，而后用于增强企业探索式创新或者利用式创新能力。

联盟权力、联盟惯例对维系联盟企业与企业间的稳定合作发挥着重要作用，但由于联盟合作具有系统性及复杂性，国内外对联盟合作的研究多集中在联盟自身的特性、联盟的形成发展、联盟管理能力等理论层面[1]，对联盟权力、联盟惯例在合作中的实践应用研究较少，还缺少定量分析与数据支持。

同时，现有研究对企业联盟中的双元创新问题关注较少，对企业如何利用异质性资源协调联盟间的关系以提高企业双元创新水平，并没有进行系统性的研究。从行业来看，文献大多集中在研究团队、创新网络、产学研联盟以及产业集群等[12-14]，对企业双元创新影响机制的研究仍须进一步深化。因此，如何通过联盟惯例来稳步推进企业的探索式创新和利用式创新是本书首先需要关注的重要问题。综上分析，本书从多维视角讨论联盟权力对企业双元创新的作用机制，这个框架下的研究对于权力依赖理论是一种很好的拓展，对双元创新理论的发展也具有重要的理论意义。其中，本书的联盟权力包括以下四个维度：知识权力（knowledge power）、结构权力（structure power)、认同权力(referent power)、关系权力[①](guanxi power)。

1.1.3 研究意义

本书从企业间的战略联盟层面切入,分析联盟权力对企业双元创新的影响机制,以期促进企业双元创新的发展,并为企业提升双元创新水平提供理论借鉴与现实参考。

本书的理论意义在于:探索了联盟中提升企业双元创新水平的作用机制,对于正确理解联盟权力、联盟惯例与双元创新的内在联系机制具有指导意义,由此充实了企业联盟、组织权力以及跨界创新的理论内容,并为如何更好地配置联盟企业的四种权力作出理论铺垫。虽然许多学者对创新理论进行了多角度、多层次的系统分析,但是只有较少的文献从双元创新的视角展开研究,聚焦于联盟背景下联盟权力对双元创新影响的相关研究尤为缺乏。虽然有些学者开始关注联盟权力在企业创新活动中的作用,但是没有形成系统的研究成果。本书中的研究弥补了这一缺陷,我们将联盟权力与企业双元创新放入同一框架,找出其中的内在影响机制,探究联盟权力对企业双元创新的影响,拟建立联盟权力对创新影响机制的理论模型。因此,本书的研究内容充实了联盟权力、联盟惯例、双元创新领域的理论成果,具有一定的理论价值。

本书的现实意义在于:实践中,许多联盟企业虽然消耗了大量的人力、物力和财力进行创新活动,但是创新效果却不甚理想。特别是对于联盟整体而言,如何整合资源以提升双元创新水平更是亟待解决的难题。本书试图从联盟权力这一视角切入,分析影响企业双元创新的重要因素,希望通过对联盟权力与企业双元创新的实证研究,为企业如何配置联盟权力提出合适的策略,为企业高效管理其联盟关系提供理论依据和战略指导,使企业对联盟的管理更有针对性,从而促进企业探索式创新和利用式创新活动的有效开展。因此,本书的研究具有较强的现实意义。

---

① 关系权力是一种基于人际关系和网络的影响力或权力,特别是在中国文化和商业实践中,与传统的西方权力概念存在显著差异。

由于网络研究的深入，相关概念界定逐渐明确，比如权力在网络组织中的延伸——网络权力、组织惯例在网络组织中的延伸——网络惯例等。相关研究逐渐增多，学者们逐步认识到网络权力、网络惯例的内涵，影响它们的前因要素，以及与一些相关变量（网络能力、吸收能力、组织学习等）之间的关系，也了解到网络权力在网络组织、网络系统合作中的重要作用[1]。然而对上述变量的研究多集中在网络，由于网络组织范围较为宽泛，故有待进一步挖掘，特别是联盟作为特殊的网络组织形式，在企业创新发展中具有重要价值，需要审视相应研究。鉴于既有研究对双元创新在联盟中作用的探讨较少，且缺少系统的理论架构，本书在对联盟企业双元创新的相关研究进行梳理的基础上，首先对联盟权力、联盟惯例、跨界搜索、跨界整合、双元创新等变量的概念进行界定，据此构建联盟权力、联盟惯例与双元创新的关系模型；进而对联盟惯例的中介作用提出关系假设，并对实证分析结果加以总结讨论；同时对跨界搜索、跨界整合的调节作用提出关系假设，并对实证分析结果加以深入分析。

首先，本书丰富了权力依赖理论，尤其是该理论在企业联盟中的应用。其次，本书扩展了跨界创新的相关研究，引导企业在战略联盟背景下利用联盟权力获取更多的联盟资源，并且通过联盟惯例约束并协调联盟内其他合作企业的行为从而维持联盟合作的稳定性，为企业开展双元创新提供理论支撑。更进一步地，通过解释性案例研究，本书对传统的制造业以及三类战略性新兴产业发展现状进行总结，对典型案例企业的联盟权力及双元创新情况进行深入分析，进一步佐证了相关实证研究结论，深化了对"联盟权力—联盟惯例—双元创新"作用机制的理论支持。

1.2 研究问题与研究思路

1.2.1 研究问题

本书在企业发展实际中找出联盟企业的困境，从理论背景中提炼出研究问题：联盟企业如何配置联盟权力，才能最大限度地提升自身的双元创新水平？本书根据逻辑关系，将研究问题逐步抽丝剥茧，从现实/理论背景中提炼出研究问题的主干：联盟权力对双元创新作用机制的实证研究。此部分的研究是本书的基础和核心。本书的第一步就是通过对联盟权力结构的深入剖析，初步形成联盟权力通过作用于联盟惯例进而影响企业创新的分析框架，主要内容包括：

第一，联盟权力结构的理论描述和情景建构。综合考察联盟权力的理论结构，在文献基础上，从知识权力、结构权力、认同权力和关系权力四个子维度进行解析，完善概念的解构过程，完成对联盟权力情景结构量表的开发。

第二，从知识权力、结构权力、认同权力和关系权力这四个子维度分析各自对企业双元创新的影响机理。根据逻辑演绎，考察联盟权力对企业双元创新的直接影响关系，并探讨联盟惯例在其中的作用。

第三，在跨界创新视角下，引入跨界搜索和跨界整合这两个变量，分别验证这两个变量的调节效应。先考察跨界搜索对"联盟惯例—双元创新"的调节效应，再考察跨界整合对"联盟惯例—双元创新"作用机制的调节效应。

1.2.2 研究目的

本书把权力依赖理论、搜索理论、双元理论、创新管理理论、跨界创新研究纳入整体分析框架，着眼于中国本土联盟企业，构建了以联盟权力为自变量、以联盟惯例为中介变量、以跨界搜索和跨界整合为调节变量，以及以企业双元创新水平为因变量的理论分析框架。本书旨在揭示联盟权力对企业双元创新的作用机制，明确联盟权力在企业双元创新中的作用，"联盟权力—双元创新"框架的建立为联盟企业的探索式创新和利用式创新发展提供了有参考价值的建议。本书以中国本土联盟企业为研究对象，通过探究联盟权力的内涵，打开其维度"黑箱"，剖析联盟权力提升企业双元创新水平的过程与路径。本书拟达到以下研究目的：

第一，打开联盟权力维度的"黑箱"。从权力在管理学领域的研究（即组织权力）入手，然后将其拓展到网络领域（即网络权力），最后在联盟背景下，将网络权力的概念延伸到联盟权力。对网络权力进行维度划分，在知识权力和结构权力的基础上，加入认同权力和关系权力，为分析联盟权力对企业双元创新的作用机制奠定基础。

第二，探析联盟权力对企业双元创新的作用机理。基于对联盟权力与企业双元创新之间关系的理论分析，选取"联盟惯例"作为中介变量，从知识权力、关系权力、认同权力和结构权力四个子维度，剖析联盟权力以联盟惯例为中介推动企业探索式创新、利用式创新发展的作用机理。

第三，分析在跨界创新视角下，跨界搜索和跨界整合的调节作用。作为影响企业获取资源方式与双元创新的两个重要变量，跨界搜索可以跨越联盟企业的边界，从联盟中获取知识、技术、经验等，跨界整合可以跨越联盟企业的边界，将从联盟中获取的资源、知识进行整合。本书拟探讨这两个变量在联盟惯例对探索式创新和利用式创新影响中的调节作用。

第四，通过四个典型案例，揭示联盟企业联盟权力、联盟惯例和企业双元创新的作用机制，以及跨界创新视角下，跨界搜索和跨界整合分别对"联盟惯例—双元创新"作用机制的调节效应。本书将通过多案例研究，揭示企业跨界搜索和跨界整合情景下，企业联盟惯例和双元创新的动态演化路径。

1.2.3 技术路线

图 1-1 清晰呈现了本书的研究脉络。左侧纵向的框图是研究过程，读者能从中直观地看到每个阶段的研究思路，即本书的主要研究脉络。中间的纵向框图是研究逻辑与主要研究内容，即本书的研究核心。右侧纵向的框图是对应中间每个模块的研究方法，即解决核心问题所需要的方法。根据技术路线图，本书拟解决的核心问题——联盟企业如何配置权力以促进企业双元创新的整体过程及操作思路跃然纸上。

首先，本书的研究基础包括三个方面：研究的现实背景与理论背景，贯穿全书的研究问题，以及联盟权力、联盟惯例、跨界搜索、跨界整合、双元创新变量的由来与相关研究。其次，通过文献研究和文本分析方法，确立本书联盟权力分析构架，明细联盟权力的四个子维度，即知识权力、结构权力、认同权力和关系权力，并结合权力依赖理论、搜索理论、双元理论、跨界创新研究等理论基础，构建联盟权力影响企业双元创新的研究模型，进

战略联盟视角下的双元创新

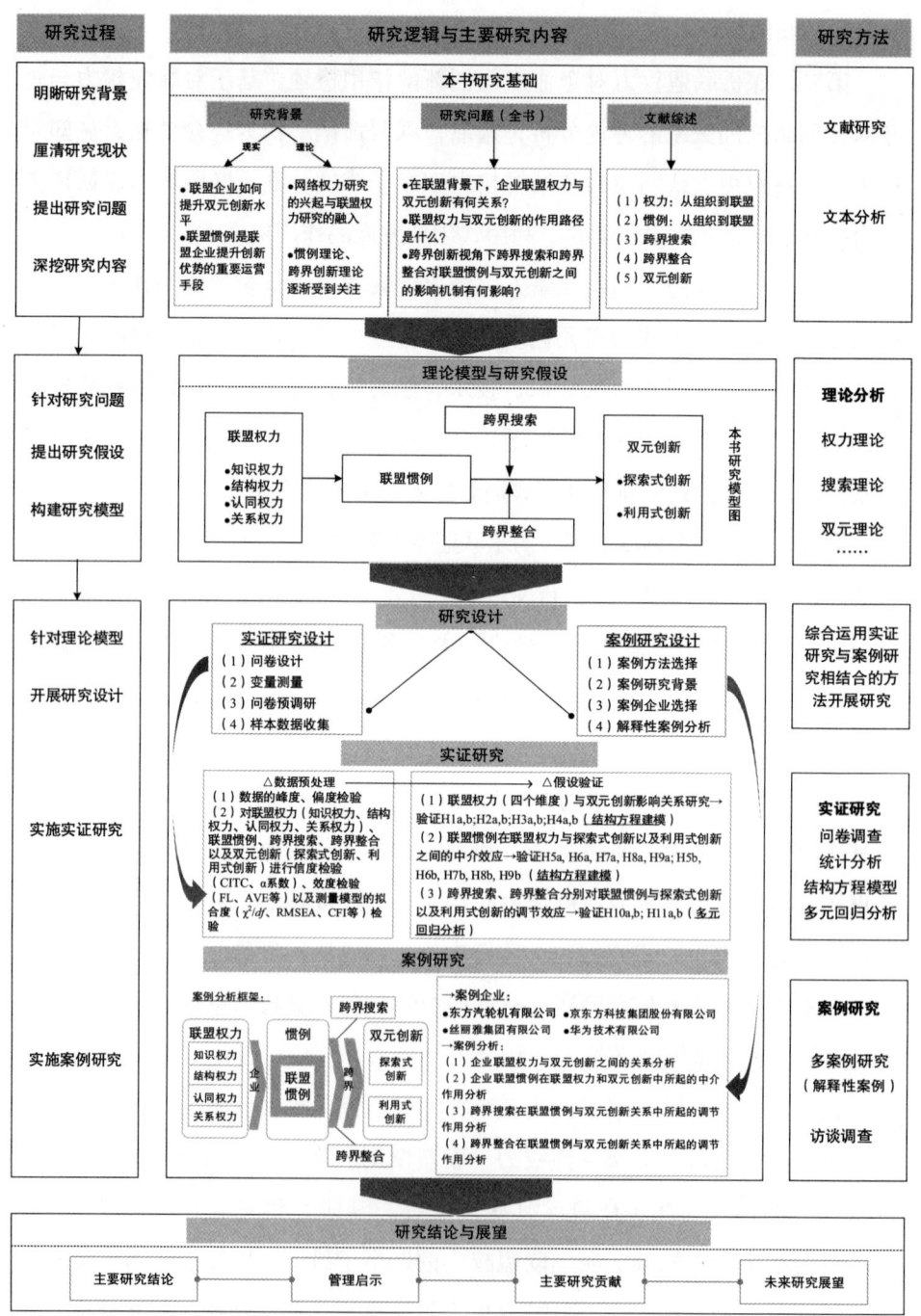

图 1-1　详细技术路线图

而系统地提出联盟权力与企业双元创新关系的假设、联盟惯例的中介作用假设，以及跨界创新视角下跨界搜索和跨界整合调节联盟惯例与双元创新关系的假设。再次，通过问卷调查收集截面数据，运用结构方程建模和多元回归分析，对概念模型和研究假设进行检验。与此同时，通过四个典型企业（东方汽轮机有限公司、丝丽雅集团有限公司、京东方科技集团股份有限公司、华为技术有限公司）的实例，运用案例研究方法再次对本书研究模型中联盟权力、联盟惯例和双元创新的作用机制，以及跨界搜索和跨界整合对联盟惯例与双元创新关系的影响机制进行分析和阐释，以确保研究结论的可信性及可推广性。最后，总结提炼出本书相关主题的未来研究方向。

1.3 研究方法与研究内容

1.3.1 研究方法

综合研究目标和主要研究内容，本书拟采用以下五种研究方法：

1. 文献研究

通过文献研究对权力依赖理论、搜索理论、惯例理论、跨界搜索、跨界整合、双元理论和跨界创新研究进行归纳总结，为研究问题"联盟权力对企业双元创新的影响机制"的提出作铺垫，并且为联盟权力、跨界整合等变量的测量方式提供理论依据。

2. 访谈调查

围绕联盟权力、联盟惯例、跨界搜索、跨界整合和双元创新的关系问题到相关企业开展实地调查访谈，与联盟企业高层对话，探讨量表的准确性，对量表进行反复修订，保证问卷的题项能尽可能还原目标构念，从而保证各个构念具有较高的信度和效度。

3. 问卷调查

在广泛深入地学习文献，以及深入企业参与访谈之后，设计初始问卷，使用初始问卷进行预调研。与后期相比，预调研获取的数据量较少。将预调研获得的数据进行汇总，录入有效数据，首先对变量进行探索性因子分析，然后再考察变量的信度；若探索性因子分析的结果符合构念的维度划分，并且数据可靠、内容有效，那么形成最终问卷。根据研究设计，本书从联盟视角出发，探究联盟权力与双元创新之间的关系。借鉴前人研究得出的联盟权力、联盟惯例、双元创新、跨界搜索、跨界整合的测量量表，设计目标变量的测量指标和测试问卷，最终形成本书的调查问卷。问卷调查包括直接发放纸质问卷和以电子邮件、网址链接发送电子问卷等形式。

4. 统计分析

本书根据研究设计，合理运用 SPSS25.0 和 AMOS25.0 两种统计软件，对假设模型进行了验证、修改，最终得出最优模型。首先，在预调研中使用 SPSS25.0 对量表进行探索性因子分析，而后进行效度和信度的检验。在正式问卷获得的数据中，分别运用 SPSS25.0 和 AMOS25.0 对测量量表的信度和效度进行检验，确认调查问卷的可靠性和有效性。其次，运用 SPSS25.0 对联盟权力、联盟惯例、跨界搜索、跨界整合等变量进行描述性统计以及相关性分析。再次，运用统计软件 AMOS25.0 对联盟权力与双元创新之间的直接效应、联盟惯例的中介效应进行检验。最后，运用 SPSS25.0，对跨界搜索和跨界整合的调节作用进行检验，并得到相应的统计结果。

5. 案例研究

本书选取了四家企业作为分析样本，包括一家传统制造业企业和三家战略性新兴产业企业，通过对典型企业的分析，对实证分析中的结果进行解释，用商业实践中的企业真实案例阐明联盟权力与双元创新的内在作用机理。

1.3.2 关键概念界定

围绕本书的研究目的和拟解决的核心问题，特对以下关键概念予以界定：

联盟权力：是对联盟企业在联盟中影响力的一种度量尺度，即联盟企业凭借差异化优势，动员或影响联盟内其他企业的一种能力，使得其他企业能够满足自身企业利益需求。本书所指的联盟权力包括知识权力、结构权力、认同权力以及关系权力。

知识权力：指联盟企业利用自身知识的优势，使得联盟内其他企业由于核心知识而对该企业产生依赖性的一种能力。

结构权力：指联盟企业在联盟中占据特殊地位（拥有关键资源），拥有某种优势结构，联盟内其他企业因其位置而对该企业产生依赖性的一种能力。

认同权力：指联盟企业由于拥有良好的品牌文化、多个上下游合作渠道、闻名遐迩的声誉等资源要素，而对联盟内其他企业产生的影响力。具体表现在：联盟内其他企业愿意与其合作，或者优先选择与其合作，认为与其合作可以产生良好的经济效益而维护双方关系。

关系权力：指联盟企业在中国情景下，通过在联盟企业中或联盟企业外产生正式或非正式关系而获得的影响力。

联盟惯例：指联盟企业受到外部环境刺激后，对存在于联盟中的、可甄别的、反复多次出现的一系列动作系统进行高频次调整、改进和学习的过程，是企业在难以预测的环境中牵引执行习惯和经验性动作的规范，并为企业所保留和存储，能帮助联盟减少动荡的一种方式。

跨界搜索：从搜索理论演化发展而来，其核心内涵是跨越联盟边界和知识基础，主动向外探寻，向外进行信息搜索。

跨界整合：从资源整合研究演化而来，其核心内涵是跨越联盟边界和知识、经验、技术、行为模式等基础，主动选择和重构。

双元创新：本书中的双元创新包括探索式创新与利用式创新两个维度。其中，联盟企业通过研发新技术、开发新产品、增加新服务流程、开拓新市场来提升长期的效益，此为探索式创新。而联盟企业通过提升运营效率、快速改善产品的外观设计、改进服务流程等来提升短期的经营效益，则为利用式创新。

1.3.3 研究内容安排

围绕"联盟权力对企业双元创新的影响机制研究"这一主题，根据图1-1，本书结构具体安排如表1-1所示。

表 1-1 本书章节安排

章节		主要内容
第一章	绪论	阐述"联盟企业如何提升企业双元创新水平"的研究背景及意义;简要表述所使用的研究方法、结构、研究思路和技术路线以及创新点
第二至四章	概念论述	对联盟权力、联盟惯例、跨界搜索和跨界整合的相关文献进行梳理和回顾,说明概念的由来及演化,评述现有研究还未涉及的内容,将此作为本书的理论基础,为联盟权力与企业双元创新的理论模型的构建作铺垫
第五章	双元创新的平衡与联盟关系	对双元理论进行论述,阐述了探索式创新与利用式创新的平衡,以及双元创新与联盟相关的研究
第六章	联盟权力与企业双元创新的理论模型	本书打开了联盟权力的"黑箱",对其维度进行了划分,并提出了联盟权力对企业双元创新的作用机制,以及联盟惯例对企业双元创新的影响机制。在机制作用下提出11组假设,通过逻辑演绎推导出联盟惯例的中介效应以及跨界搜索和跨界整合的调节效应
第七章	研究设计与方法	首先说明选择问卷调查法和案例研究法的原因,然后根据科学的方法,真实地展现出设计问卷的具体流程,最后根据预调研的实际情况,依靠数据的分析结果定稿。同时,记录后续大规模发放问卷的问卷收集、数据录入、统计分析情况
第八章	实证分析与结果讨论	首先,开展联盟权力等变量的信度和效度检验;其次,通过结构方程模型揭示联盟权力通过作用于联盟惯例而影响企业双元创新的作用机制;再次,基于跨界搜索和跨界整合,通过多元回归模型对联盟惯例与双元创新的调节效应进行验证;最后,验证联盟权力对企业双元创新的作用机制模型以及联盟惯例对企业双元创新的影响机制模型
第九章	联盟权力与企业双元创新的案例研究	基于数据统计分析结果,以东方汽轮机有限公司、华为技术有限公司、京东方科技集团股份有限公司、丝丽雅集团有限公司为分析样本,通过这四个典型企业的案例研究,解释联盟权力对企业双元创新的作用机制,以及跨界创新视角下跨界搜索和跨界整合对联盟惯例与企业双元创新关系的影响机制
第十章	研究结论与展望	总结本书的主要结论,详细阐明其中的创新点,阐述联盟权力对联盟企业的管理启示以及未来研究中需要深入的方向

1.3.4 主要创新点

本书在综合运用权力依赖理论、双元理论、搜索理论、创新管理理论的基础上,剖析联盟权力对于提升企业双元创新水平的影响机制,以及联盟惯例的中介调节机制。本书重点开展了三个方面的研究:一是构建"知识权力—认同权力—关系权力—结构权力"的联盟权力分析架构;二是建立联盟惯例的中介效应模型,以及跨界创新视角下跨界搜索和跨界整合的调节效应模型,进而系统地提出了理论假设并进行实证验证;三是运用案例研究法对上述实证结果进行解释。本书的研究特色和创新主要体现在以下几方面:

第一，打开了"联盟权力"这一构念的"黑箱"，拓展了（组织）权力在联盟领域的维度划分。本书中的"联盟权力"是由组织权力和网络权力发展演化而来的，目前学术界对联盟权力没有较为统一的定义和测量。本书基于联盟背景，从权力依赖理论视角提出联盟权力包含四个子维度，即知识权力、结构权力、认同权力、关系权力，有助于克服联盟研究中联盟权力概念宽泛、难以测量等问题。

第二，深化了联盟权力对企业双元创新作用机制的研究。联盟企业凭借联盟权力可以更好地协调联盟内部成员的矛盾，保证联盟有序运行。学术界也认识到，联盟惯例是联盟企业获取异质性知识的重要来源以及维持联盟稳定的要素，且对于企业创新水平的提升起着重要作用。本书构建了"联盟权力—联盟惯例—双元创新"的结构框架，企业通过联盟权力中的知识权力、结构权力、认同权力和关系权力来获取各种各样的资源，促进联盟惯例的稳定运行，对大量知识、经验、资源进行合理规划，以保障联盟内企业合作的高效进行，为联盟企业减少创新成本，推动企业的探索式创新和利用式创新。

第三，丰富了跨界创新理论的研究。本书从跨界创新视角出发，丰富了有关跨界搜索与跨界整合关系的情景变量。跨界创新视角是本书的亮点，联盟企业间是跨界合作，为了提升创新水平，更需要考虑跨界创新。本书分别从跨界搜索和跨界整合两个角度探讨联盟惯例对探索式创新和利用式创新的影响，这也是对联盟权力作用机制的进一步补充，揭示了"联盟惯例—双元创新"关系中，跨界搜索和跨界整合作为调节变量的影响。本书研究进一步丰富了联盟惯例的相关理论，深化了双元创新理论的相关研究。

第四，基于案例研究方法，深化了联盟相关理论的解释效力。本书在对联盟权力对双元创新的作用机制进行实证检验的基础上，通过解释性案例研究，对传统制造业的一家典型企业以及战略性新兴产业中的三家典型企业的发展现状进行总结，对案例企业的联盟权力及双元创新情况进行深入分析，深化了对"联盟权力—联盟惯例—双元创新"作用关系的理论解释。

第二章 联盟权力研究的演化：从组织到联盟

2.1 组织权力的概念与来源

"权力"一词最早由 Emerson（1964）提出[4]，该研究认为，权力是个体对其他个体的约束力。这一概念在不同学科领域中有着不同的理解和应用。在政治学中，权力可以被定义为影响社会价值分配的能力，组织间和人与人间的权力被视为政治分析的中心概念[5-6]，政治学视角下的权力强调组织间和人与人间的相互作用和影响。而社会学视角下的权力是指政府机构的活动向他人施加的依赖关系[7]。早期学者从不同学科角度对权力进行研究，对其概念的界定方式主要有两种：一是将权力视为组织内部的关系权力[8]，二是从纵向维度来理解权力[9]。更进一步地，可以从横向和纵向两个方面来理解权力。横向权力主要是指同一层级的个体或组织对其他个体或组织的约束与控制；而在纵向权力中，这种约束与控制关系则主要体现在不同层级的个体或组织之间。

组织权力（organizational power）作为组织行为驱动力及关系互动的核心，其有效实施涉及资源以及使用这些资源的自主权[8]。组织权力的本质是利用资源以实现组织目标的能力，主要表现为对其他组织的控制力和影响力[10]，组织权力主要包括四个方面：强制、操纵、控制和主观化[11]。而对于组织权力来源的研究，学者们主要基于不同理论视角，从合约观、层级观、制度观、资源观以及依赖观等进行深入阐释[12]。其中，基于合约观，组织权力是以组织间的合约为权力基础，使组织具有持续性和稳定性，进而影响组织的发展[13]。组织权力来源的层级观认为，组织通过科学的"法律合理性"体系为权力的形成提供基本约束机制，也为企业管理结构的长期稳定奠定合法性基础[14]。持有制度观的学者认为，组织权力建立在新制度理论基础之上，主要来源是制度、规则、规范、协议等[15-16]。组织权力来源的资源观根植于资源基础理论，持有这种观点的学者认为企业所掌握的资源（包括有形资源和无形资源）可以转化为独特能力，而这种独特、难以复制的能力正是组织权力以及持续竞争优势的源泉，这里所指的资源主要包括物质资本、人力资源等关键资源[17]。而持有依赖观的学者则从组织间关系理论和社会网络理论出发，认为组织权力来源于组织间的物质依赖、关系依赖以及网络结构依赖等依赖关系[18]。

总的来说，权力作为一个多维度、多层次的概念，在不同学科领域中有着广泛的应用和深刻的影响。对权力的深入探究有助于更好地理解社会结构和组织行为，同时也为组织管理和决策提供了重要的理论支持。通过掌握权力的来源和运作机制，组织可以更有效地管理内部关系和对外关系，从而实现其目标和愿景。

2.2 联盟权力的内涵与来源

联盟权力是指联盟关系中的企业因其拥有差异化的资源禀赋，而能够驱使其他企业来满足自身利益需求的一种权力类型[19-20]。企业为了维护其在联盟关系中的主导权并赢得竞争优势，往往会在选择联盟伙伴和建立联盟关系时，选择能为自身带来有效知识和资源、实现价值创造和价值增值的合作者[21-22]，并通过签订联盟合同来保证各方权益。但事实是，企业间的合作与联盟并非总是平等的：拥有资源优势和能力优势的企业，对其他企业的依赖程度通常低于这些企业对它们的依赖程度，这就会导致联盟企业间的非对称依赖关系[23]，这种非对称依赖关系本质上反映的是企业在资源和结构属性上的差异。具体来说，虽然在某些联盟关系中，核心企业也会依赖于其他企业的技术或资源，但这种依赖关系会促进技术进步和资源有效利用[24]。更进一步地，核心企业可以选择多种渠道来避免或者削弱对特定成员企业所提供的技术或资源的高度依赖，但依靠核心企业的资源和技术而发展起来的部分成员企业如果脱离了对核心企业的依附关系，可能会面临较大的挑战。这些企业可能缺乏独立的资源获取能力和市场地位，一旦脱离与核心企业的联盟关系，它们的竞争力和生存能力可能会受到严重影响。因此，这种非对称的依赖关系本质上反映的是核心企业与成员企业之间的非对等关系。

综上所述，联盟权力在企业间形成了一种非对称的依赖关系，这种关系体现了联盟中不同企业的资源和能力差异。核心企业通过对优势资源的控制和分配，能够对联盟内的其他企业施加影响，并在很大程度上控制联盟的方向和发展。这种非对称的依赖关系不仅影响了联盟内部的权力结构，也对联盟的稳定性和发展前景产生了重要影响。因此，理解和管理联盟权力对于确保联盟关系的长期稳定和成功发展至关重要。

2.3 网络权力与联盟权力

网络权力最早是社会学中人际网络研究的核心构念，主要是指处在社会网络中的个体能够对他人施加影响的一种权力[25]。网络权力根植于网络关系中的权力概念，它是针对社会网络中组织间关系的相关阐释，也可以被视为企业在网络交换和协调过程中对不同网络节点的影响、约束与控制。目前来看，学术界尚未就网络权力的概念达成一致意见。部分学者认为，网络权力是指处于特定网络关系中的企业对其他企业的影响力、约束力甚至是控制力[26]。这种权力的来源主要是企业相较于其他企业的资源优势和位置优势[25,27]。在产业集群网络中，网络权力的主体则从企业拓展到集群，但其本质还是指这些集群对其他集群的影响、支配乃至控制。当然，对于网络权力的界定，处于不同学科或者研究视域的学者也会有不同的释义。

基于复杂理论视角，网络权力源于某些企业对稀缺资源的占有、控制和有效运用，这些企业对其他企业的战略决策和行为具有影响力和控制力[28]。基于资源基础观，由于企业间的网络关系建立在各企业主体所掌握的异质性资源基础上，而成员企业之间的资源禀赋和资源属性差异，使得资源匮乏的企业愿意跨越自身边界来寻求合作，因此，持有资源搜寻和集聚目的的企业必然会在合作关系中处于被动地位,并受到资源禀赋较好的企业的约束和牵制[29],网络权力随即产生并发挥作用。由此可见,网络权力不仅加速技术创新网络的高速运转,而且制约创新网络的最终成效。在实证研究中,一般将网络权力划分为知识权力和结构权力[30-31]。知识权力指的是企业通过知识的掌握和使用来影响网络中其他成员的能力,而结构权力则是指企业由于在网络结构中的位置而产生的影响力。基于网络治理视角,网络权力主要源于资源优势、结构优势和制度约束三个方面[32-33]。资源优势指的是企业因拥有关键资源而在网络中获得的影响力,结构优势是指企业在网络中的位置和连接方式给予企业的权力,而制度约束涉及规则和规范对网络成员行为的影响。

综合来看,网络权力是一个多维度、多层次的概念,其来源和表现形式在不同的理论视角和研究领域有所差异。在联盟领域,尽管对组织权力关系的研究尚处于初级阶段,但网络权力的概念和理论已经为我们提供了理解和分析组织间复杂关系的重要工具。深入研究网络权力,可以帮助企业更好地理解和管理组织间的合作和竞争关系,从而在快速变化的市场环境中获得优势。

2.4 联盟权力与创新

在组织行为的研究中,从组织层面看,权力包括职位权力与个人权力[34];从领导力层面看,权力主要包括专家权力、声誉权力、所有权权力以及结构权力[35]。在社会学的研究中,权力包括强制权力、奖赏权力、专家权力以及认同权力等[36]。而在供应链管理的研究中,权力包括媒介权力和非媒介权力[37]。本书通过对网络权力相关文献进行梳理,分析发现,学者们在研究网络权力时,对其维度划分尚未达成一致。虽然联盟权力不同于网络权力,但是由于联盟是网络的一种特殊形式,因而充分挖掘网络权力的来源与分类是理解联盟权力的基础。为此,笔者对网络权力的维度划分进行梳理(见表2-1),从而为本书的联盟权力研究提供参考。

第二章 联盟权力研究的演化：从组织到联盟

表 2-1 网络权力的部分代表性研究

文献	维度划分	测度	数据来源	研究方法
刘立和党兴华（2014）[324]	无	运用2个题项来测量网络权力	问卷调查	实证研究
孙国强等（2016）[325]	无	中心度	模型构建	实证研究
Zhao等（2008）[326]	①非媒介权力（分为专家权力、参照权力、法定权力）②媒介权力（分为奖赏权力、强制权力）	新开发量表，分别采用4个题项对专家权力、法定权力、奖赏权力以及强制权力进行测量；采用3个题项对参照权力进行测量	问卷调查	实证研究
谢永平等（2014）[327]	①强制权力 ②非强制权力	①强制权力借鉴Zhao等（2008）[326]：4个题项；②非强制权力：5个题项	问卷调查	实证研究
张巍和党兴华（2011）[45]	①知识权力 ②结构权力	①知识权力：借鉴知识权力的策略量表并进行修改，主要考察人才和技术等方面，用5个题项进行测量；②结构权力：主要考察中心性、联结强度以及联结密度，用4个题项进行测量	问卷调查	实证研究
魏龙和党兴华（2017）[30]	①知识权力 ②结构权力	①知识权力：主要外在表征形式为知识的独特性、影响力和控制力三个维度，共6个题项；②结构权力：从中心性、结构洞和联结强度三个方面来测度	问卷调查	实证研究
邓峰（2015）[328]	①知识影响力 ②规模影响力	①知识影响力：主要衡量联盟企业的专利数量、技术领先程度、新产品研发情况等，共计7个题项；②规模影响力：主要考察核心企业的市场占有率、资产规模以及品牌知名度，共计3个题项	问卷调查	实证研究
韩莹和陈国宏（2016）[47]	集群网络权力：①网络能力权力 ②网络位置权力 ③网络关系权力	分别采用3个题项对网络能力权力、位置权力以及关系权力进行测量	问卷调查	实证研究
易明（2010）[33]	集群网络权力：①企业网络权力（包括进入权、管理权、代理权）②行业协会权力 ③地方政府权力	构建数学模型	模型构建	模型构建与文本分析

资料来源：根据相关文献整理。

虽然上述有关网络权力的维度划分已经得到充分研究，但是这些权力维度划分并不完全适用于企业联盟中的权力关系。这是因为，联盟内各企业所追求的利益目标各不相同，为了完成这些利益目标并实现联盟价值的最大化，成员企业会不惜一切代价维护自身利益，争取在联盟关系中占据主导性优势。联盟权力是企业凭借其技术优势和资源优势，使得其他企业对其产生不对称性依赖，并对这些企业施加影响和控制的一种权力。借鉴权力依赖关系的核心观点[4]，处于（联盟）网络中的企业之间的相互资源关系是权力产生的重要来源，而企业联盟是一种特殊的网络关系，联盟权力也具备网络权力的基本特征，因此，本书在延续网络权力研究的层面上，对联盟权力进行补充与维度划分，并按照权力来源的资源差异将联盟权力分为知识权力、结构权力、认同权力和关系权力，并分别探讨这四个维度与创新之间的相关研究概况。

知识权力是指企业因为掌握某种关键知识而具备的一些特定优势，使企业对其他企业具有一定的影响力[23]。对于知识权力的相关研究，主要体现在以下两个方面：一是探讨知识权力的诱发因素，主要包括网络嵌入、知识资源以及关系资源等。例如，康淑娟和安立仁（2019）[38]基于价值链创造视角，考察了网络嵌入和创新能力对知识权力的作用机制。他们发现，在全球价值链嵌入的情形下，企业能够提高其创新能力和知识权力。郭献强等（2014）[39]从资源依赖的角度出发，尝试揭示影响知识权力产生的前置因素。研究证实，促成知识权力形成的因素主要包括知识资源和关系资源。二是从能力、网络及其演化视角深入研究知识权力对创新的影响机制。其中，王建军等（2020）[40]探讨了知识权力与创新绩效之间的作用机制，研究发现，知识控制力和影响力都会显著提升企业创新绩效，并且跨界搜索在二者之间的正向关系中扮演着中介角色。徐可等（2014）[41]认为，在技术创新网络中，知识权力和结构权力都对网络惯例有积极影响。党兴华和查博（2011）[42]则发现，技术创新网络治理的本质是网络组织间的关系治理，而关系权力在此过程中发挥了重要作用。

结构权力是指企业由于其在网络结构中的核心位置，而具备某种位置优势和结构优势。结构权力主要包括中心性和结构洞，是网络权力的一部分[30,45]。对于结构权力的来源研究，徐可等（2019）[31]通过对396家高新技术制造在孵企业的实证分析发现，创新驱动（创意产生、创意转化、创意扩散）有助于企业赢得结构权力。具体来讲，在创意转化到创意扩散阶段，企业将新创造的产品、技术或服务推广到市场，这是结构权力的重要来源。通过文献梳理发现，对结构权力与创新的关系研究仍然处在探索阶段。

认同权力是指企业因掌握特定的品牌、渠道、声誉以及地位等，从而对其他企业具有一定的影响力，并且使得其他企业愿意与该企业建立和维持良好的合作关系。通过文献梳理发现，"认同"最早源于领导力研究，主要是指个体层面的认同，即员工对领导者的追随与认同[43]，而对于认同权力本身的研究较少。魏旭光等（2016）[44]通过基于扎根理论的探索性研究，认为认同权力有助于企业拓展结构自主性。而针对认同权力与创新相关的研究较为匮乏。

关系权力是指以正式或非正式的关系网络为企业间联系的桥梁，并对其他企业施加影响和约束的权力。这一概念最早源于领导关系研究领域[46]，其后学者将关系权力拓展到集群网络关系中[47]。具体来讲，在集群企业这一特定企业群体中，网络权力主要包括网络能力权力、网络位置权力以及网络关系权力，这里的网络关系权力对利用式知识共享、创新绩效有积极影响。但是，更进一步的文献分析发现，对关系权力与创新之间关系的研究还较为匮乏，未来还有较大的研究空间。

2.5 本章小结

本章介绍了一些核心构念，包括组织权力、联盟权力和网络权力，同时探讨了联盟群体与创新之间的关系。通过系统检索和分析相关文献，本章总结了组织权力、联盟权力和网络权力的研究热点和发展前沿，并指出了现有研究的局限性和未来研究的潜在方向。通过这种全面的文献梳理，本章旨在为后续研究提供坚实的理论基础，并指明研究切入点和研究对象。

第三章 惯例研究的演化：从组织到联盟

3.1 组织惯例的内涵

组织惯例是从演化经济学理论中引入的概念，已被广大学者认可为组织的重要特征和企业完成目标的主要手段，对组织行为有重要的影响。从提出概念起，研究者们就不停尝试对惯例的内涵进行明确的界定。惯例在组织机构中无处不在。惯例并不是通过文字或者法律就能被执行的，而是出于自身习惯或其他原因被组织遵守的。"组织惯例"的概念由 Stene（1940）[48]首次提出，该研究认为，组织惯例主要是组织内部个体在完成特定组织任务时，成员间的协作使得个体行为不断重复，从而在组织中形成特定的协作习惯和行为范式。这种根植于古典组织理论的观点，成为后续学者研究组织惯例的重要基础。而对于组织惯例的内涵界定，目前主要有三种不同方式。

一是作为"规则"（rule）的组织惯例。这种视角下的组织惯例包含有形规则和无形规则。其中，有形规则往往是显性的，并且可习得；而无形规则往往是隐性的，并且很难习得。更进一步地，组织惯例是存在于组织建构与运行过程中的战略、规则、编码与知识等[49]，其本质是一种行为程序[50]。

二是作为"行为模式"（action mode）的组织惯例。在该方式下，组织惯例被定义为有规律的、可预测的企业行为模式，是一种协调一致的行为能力惯例，也是企业组织具有的固定的运作或做事方式。企业组织的生产、经营、管理、研发等一系列活动都具有一定的惯例，企业的运作离不开组织惯例。组织惯例具有一定的稳定性和惰性，其重要性会随着时间的推移得到复制和遗传，因此组织惯例在特定的企业以及企业组织文化中担当着信息和技能的载体。从行为模式这个角度来对组织惯例进行概念界定，目前还没有较为一致的意见。一些学者仅着眼于行为模式，认为惯例是一种可重复和可识别的行为模式[51]，组织惯例就如同组织内的基因，是对组织所受内外冲击的一种反应。另一些学者则强调行为模式的产生依赖规则[52]。持有这种观点的学者以社会结构化理论为基础[53]，从组织二元性的角度将组织惯例视为受到规则指引和约束的，并且可重复的行为模式[52]。

三是基于"倾向"（preference）的组织惯例。这种视角下的组织惯例被看成是一种以个体习惯为基础的组织层面的习惯[54]。Nelson 和 Winter（1982）[55]从生物演化理论视角，认为组织惯例本质上是一种组织基因（organizational genes）。也有学者认为组织惯例是存在于社会结构中的一种特定的行为倾向，这种倾向是由多主体相互协作不断演化发展出来的组织层面的"习惯"，也就是说，组织惯例也可以被视为一种组织倾向[54]。

还有学者从能力、知识的角度来理解组织惯例。基于能力观，组织惯例可被视为组织能力的重要来源，甚至与组织能力等同[56-57]。基于知识观，组织惯例可被视为一种知识。知识分为显性知识和隐性知识。显性知识是能够被大众传递的正式和规范的知识，它客观存在，能为普通成员所接受和吸收。隐性知识则是指高度个性化、难以沟通、难以与其他人共享和认知的知识，通常在主观意义上以个人经验、习惯、观念、团队默契、组织文化等形式存在，而难以用文字和语言表达。广义上讲，组织惯例是隐性知识与显性知识的结合；狭义上说，它主要是隐性知识的集合。因此，组织惯例难以为企业员工所共享和认知。同时，组织惯例也是企业的一种组织"记忆"。企业的这种组织记忆是对企业以前管理和生产活动相关的有用信息和知识的"保存"，企业是组织记忆的载体。企业组织内的各种管理和生产活动包含大量的知识和信息，这些知识和信息借助组织结构、组织成员的个人记忆来储存。此后，这些知识和信息成为企业决策的依据，当企业需要时就会被重新启用。

3.2 组织惯例的特性

自 Nelson 和 Winter（1982）[55]提出惯例概念以来，学术界对组织惯例尤其是其特性进行了深入探讨[59-60]。组织惯例的特性主要包括模式化、重复性、集体性、自然浮现、过程性等八个要素[59]。由于联盟惯例也会具备组织惯例的某些特性，因此明晰组织惯例的特性是理解联盟惯例的重要基础。为此，本书对组织惯例的八个特性进行详细阐释。

（1）模式化（pattern）：作为"模式"的惯例主要包括行动（action）[61-62]、活动（activity）[63-64]、行为（behavior）[65-66]和互动（interaction）[67-68]。

（2）重复性（regeneration）：重复性是指惯例可以不断反复和演化，这是组织惯例的重要特征[69-70]。当然，那些仅仅发生一次的组织行为也不能形成惯例，更不可能被称为惯例。

（3）集体性（collectivity）：惯例是涉及多主体的集合现象[52]。这主要是因为，通常来讲，惯例分散在组织中，并且执行惯例的个体也处于组织中的不同单元、结构与位置。

（4）自然浮现（mindlessness accomplishment）：主要的观点性研究论文都主张个体通常是无意识地遵循惯例[71]；大多数实证研究证实，组织惯例不是有意识的规划，而是在不断合作与磨合过程中逐渐形成的，它是潜移默化地存在于联盟组织内部的一种基本行为模式和规范共识[72]。

（5）过程性（processuality）：可以视惯例为一种组织变革过程，从本质上看，组织惯例是过程性的分析单元[73]，需要从过程视角进行分析。

（6）情境依赖性、嵌入性和专属性（context-dependence, embeddedness and specificity）：惯例存在于不同的组织结构中，并且会随着情境变化而不断演化[74]。其中，专属性包括历史专属性[75]、本地专属性[76]以及关系专属性[77]。惯例的情境依赖性、嵌入性以及专属性已经在后续研究中得到进一步验证[78-79]。

（7）路径依赖性（path-dependence）：学术界已就惯例的路径依赖性达成共识[55]。具体来讲，惯例可能会根据不同结果来进行调整适应，也会根据前期环境变化或反馈在行动之前进行动态调整[80]。更进一步地，Feldman和Pentland（2003）[52]认为，变革是惯例的内生因素，并且每次变革都涉及一个或几个惯例的"组成部分"的更新。

（8）触发性（trigger）：惯例是受到与行动者相关因素以及外部线索的触发而生成的。后续实证研究证实了这一点。有学者认为，消极反馈比积极反馈更能够触发惯例的生成[81]。同时，惯例会随着组织外部环境的变化和组织学习的持续进行而发生变化。因此，惯例的稳定性是相对的[82-83]。

3.3 惯例：从组织、网络到联盟

通过文献梳理发现，惯例概念的发展是沿着个体到组织、静态到动态的轨迹演化。早期的惯例研究强调，惯例是一种固定的个体行为模式，这种行为模式会对外部刺激产生系列反应[84]。个体层面的惯例主要表现为事件图式或脚本，并通过个体认知来维持。当群体性模式与给定的情境建立联系时，就会产生习惯性惯例[85]。随后，惯例研究可以从个体层面拓展到群体层面和组织层面（即组织惯例）[49]。更进一步地，跨组织惯例是两个企业在不断合作和磨合过程中经总结而得到的稳定的行为模式[68]。早期对组织惯例的研究大致可以分为两种：一种是组织惯例的静态研究，主要考察组织惯例的内在结构、特征以及影响机制[59,86]；另一种是组织惯例的动态研究，着重考察组织惯例如何演化的问题，涉及组织惯例变革性、稳定性以及变异性等[80,87-88]。

延续组织惯例的研究，学者们将研究视域从组织拓展到网络层面，提出"网络惯例"的概念。网络惯例是在网络关系中经过网络成员不断交互合作而形成的相对稳定的，并且能够被网络成员接受的规范共识和行为模式[89]。网络惯例为企业获取外部资源和提升能力提供了可行路径，并且能够维持网络组织的稳定性[89-90]。从网络惯例的形成可以看出，网络惯例具有路径依赖性[91]和路径创造性、整合网络资源[89]、灵活性与变革性、适应性[92]、异质性和一致性[93]等特征。跨组织惯例就是在两个企业重复合作的过程中发展（逐步显示）和提炼出的稳定模式。学者们认为网络惯例能够维持和协调网络组织间关系，有助于降低商议成本，改进联盟治理方式，传递和共享网络中的知识。

企业的发展模式逐渐向网络组织形式的发展模式靠拢，联盟正是一种特殊的网络组织形式。那些存在于网络之中的惯例，仍能演化运用到联盟之中。借鉴组织和网络层面的惯例研究，联盟惯例主要是指企业在联盟活动中不断重复而形成的规律性的、可描述的且可识别的行为模式[94-95]。通过文献梳理发现，惯例研究逐步被运用到集群、网络和联盟等领域，但是涉及联盟惯例的研究较少。总体来看，对于联盟惯例的研究还处于探索阶段。网络惯例被视为由多个行动者相互锁定、相互触发的一系列行动，在理解网络惯例上有三方面障碍：①网络惯例通常需要在多个行动者之间来表现，相较于那些只需要单个行动者的现象而言更加难以被观察和掌握；②网络惯例具有自发性，即网络惯例往往通过多个行动者之间的逐步相互学习来自发呈现，由于涵盖了组织变革成功和失败的复杂历史而更加难以被理解；③每个行动者只拥有对网络惯例某个部分的基础知识，并且这些知识常常是局部的和内隐的，所以要从整体上对网络惯例进行分析和观察就难上加难。

从能力上看，组织惯例使组织中合理的、可被感知的准则得以形成，在最低的成本水平下增强管理控制，令组织行为的合理性得以最大化展现。同时，惯例具有近似于"休战协定"的能力[47]，促成了成员之间以完成任务为目的而选择的妥协，其默认的规则可以减少同级成员的冲突，压制组织中的冲突。从心理安全度上看，行为惯例化能帮助组织成员规避不确定性、增加安全感[47]。组织成员在互动中受到惯例的影响往往遵循规则行事，避免了企业在默契之外的行动所产生的不确定性，增加了按照熟悉的处理方式行事而带来的安全感。在企业联盟中，惯例给组织带来了平稳，使联盟成员在有安全感的环境下工作，更利于各项工作的完成。象征式互动论视角下，首先，惯例的内生创造和再创造模型认为惯例是组织行为的基本构成要素和组织能力的源泉；其次，当惯例在多个成员间重复出现时，这些互相依赖的行为模式可以被识别出来，从而提高组织的办事效率。组织学习理论认为惯例是储存知识和能力的途径，扮演着组织记忆的角色；惯例还能编码组织知识和能力，是组织学习的必要手段。一般认为惯例是组织重复执行类似任务过程中的试错性学习以及对过去行为的选择和保留的结果，反映了组织过程的某种因果联系和经验性知识。

组织惯例稳定对企业降低经营风险的不确定性大有裨益，大部分的惯例理论将惯例看作是不变的，认为组织成员只是重复过去的行为。组织惯例具有路径依赖性，因为惯例是在过去的基础上形成的。此外，惯例的群体互动性又体现了组织惯例更新的可能性。目前，国内学者要集中于运用惯例来研究技术创新，而从组织惯例的重复发生、路径依赖、群体互动角度以及对技术创新的路径依赖角度出发，围绕技术创新选择过程进行的研究不多。

根据上述文献的查阅、归纳和整理，组织惯例的应用研究仍然较少，在组织惯例内在因素和外在环境的基础上，应该对组织惯例与其他影响企业绩效因素的研究进行更深入的挖掘。自2003年到2017年4月的15年间，中国知识资源总库的系列网站中有关惯例的研究文献数量呈现增长趋势，初期逐年递增，并于2007年达到顶峰，而后每年保持稳定，总数累计24 213篇。本书基于对组织惯例、网络惯例的研究，将联盟惯例表述为：联盟企业中存在的一个有规律可循的、描述性的、重复且可识别的组织行为模式。联盟惯例的提出，为学者进一步深入研究联盟企业如何提高创新绩效提供了新的理论视角和分析框架。

3.4 本章小结

本章的核心内容是对惯例的概念进行深入探讨，并梳理其在组织、网络和联盟等不同领域中的应用和研究进展。首先介绍了组织惯例的基本含义，并对其主要特性进行了系统的总结。然后，从组织到网络，再到联盟的发展逻辑，详细回顾和总结了相关领域的研究成果，并对这些领域中变量间的关系进行了简要的分析和梳理。本章旨在为理解和应用组织惯例提供一个全面的视角，特别是在探索其在企业联盟领域中的潜在应用和意义方面，指出了现有研究的不足和未来的研究方向。通过这种综合性的梳理，本章旨在为未来的研究提供理论参考和研究路径。

第四章 跨界搜索与整合：概念、动因及创新联系

4.1 跨界搜索的内涵

"跨界"的字面意思指跨越边界的组织行为，本质上属于组织变革的范畴，这一词最早出现在组织行为的相关研究中[50]。近年来，有关跨界的研究逐渐引起了战略管理[96-97]、组织学习[58,98-99]以及创新管理[100-101]等领域学者的研究重视。"跨界搜索"这一概念最早源于知识搜索领域，即组织为了拓展现有知识基础，往往会选择进行跨界搜索，从而获取新技术和新知识[102]。在此之后，学术界从不同理论视角和研究情境对跨界搜索的内涵进行了深入探索，但相关研究较为分散。

跨界搜索主要强调跨越组织边界和现有知识基础来获取外部知识资源，从而补充、完善组织现有的知识储备，为企业创新提供稳定、可靠的知识基础，这有助于企业提升创新能力和赢得竞争优势[103-104]。同时，由于一定时期和范围内的企业行为具有路径依赖性，因此跨越边界的搜索行为能够在一定程度上帮助企业摆脱路径依赖，以获取异质性资源[105]。

深度的跨界搜索行为本身不仅会增强对外部资源的依赖，还会在一定程度上造成内外部资源的浪费，增加企业运营成本和机会成本等[106]，这就要求企业必须具备强大的学习能力，以有效利用外部资源，并减少知识获取和整合过程中可能出现的成本。企业内部资源的支撑在这个过程中也至关重要[107]。虽然外部知识对企业创新有着不可或缺的作用，但如何有效利用这些知识资源，以及如何减少由此产生的额外成本，是企业需要面临的双重挑战。因此，在进行跨界搜索时，企业应当识别和挖掘与其创新战略密切相关的知识资源，这不仅可以减少跨界搜索的成本，还能降低创新过程中的风险[109]。综上所述，本书将跨界搜

索定义为：企业跨越组织边界和现有知识基础，搜寻对企业发展有益的知识和资源，从而为企业创新提供丰富且可靠的异质性资源。

在实践中，跨界搜索的成功与否往往取决于企业的战略眼光、资源配置能力和外部网络建设。企业需要在内外部环境中找到平衡点，既要重视外部资源的引入，也要注重内部资源的有效利用和协同。通过这样的跨界搜索和资源整合，企业可以更好地适应市场变化，把握创新机会，从而在激烈的市场竞争中脱颖而出。

4.2 跨界搜索的维度

从跨越边界的距离来看，组织搜索主要包括本地搜索和跨界搜索[103]。在研究上，跨界搜索的维度划分呈现出多元化的趋势，反映了该领域的复杂性和多样性。目前，学术界尚未就跨界搜索的概念达成一致，对其维度划分也没有较为统一的方式。在阐述现有研究对跨界搜索的维度划分之前，必须明确的是，既然跨界搜索是跨越组织已有边界的组织行为，那么界定跨界搜索的关键就在于明确企业所跨越的具体边界。据此思路，结合相关文献，本书对跨界搜索的维度划分进行了简要总结，如表4-1所示。

表4-1 跨界搜索的维度划分

跨界搜索的维度划分		主要研究内容	主要文献
划分内容	维度		
科学、技术、产品市场边界	①跨界技术知识搜索 ②跨界市场知识搜索	跨界搜索活动可能会发生在特定的职能领域，甚至跨越价值链上的不同环节	王建军等（2020）[40]；Ahuja 和 Katila (2004)[110]；He 和 Wong (2004)[193]；Atuahene-Gima (2005)[169]
认知、时间、空间边界	①本地搜索 ②远程搜索 ③供给侧搜索 ④需求侧搜索 ⑤跨空间搜索 ⑥宽度搜索 ⑦深度搜索	组织如何通过认知、时间或空间层面的跨界搜索行为来获取新的技术、市场等方面的知识	Sidhu 等（2007）[113]；Leiponen 和 Helfat (2010)[114]；Lin 和 Li (2013)[115]；Wu 和 Shanley (2009)[116]
组织联盟边界	①前瞻性跨界搜索 ②追随性跨界搜索	组织如何跨越现有联盟边界来寻求新的合作伙伴，以及如何在此过程中获取外部知识	Rosenkopf 和 Nerkar (2001)[103]；Faems 等（2005）[118]；王娟茹等（2020）[119]；Lavie 和 Rosenkopf (2006)[120]

资料来源：根据相关文献整理。

第四章 跨界搜索与整合：概念、动因及创新联系

对于组织跨界搜索的研究，主要从三个方面进行。一是基于搜索的科学、技术、产品市场边界，这种边界划分主要依据可能发生跨界搜索的职能领域或价值链环节，并突出了跨界搜索可能发生的职能领域，如市场知识和技术知识搜索。这类研究聚焦于企业如何在不同市场和技术领域内寻找新的机会，以及如何将这些机会转化为企业的竞争优势。二是基于认知、时间、空间边界，将跨界搜索分为本地搜索和远程搜索[103,112]，这种分类反映了搜索活动的地理和心理距离，关注的是企业在本地环境与更广阔的全球环境中寻找机会的方式。而也有研究将跨界搜索划分为需求侧搜索、供给侧搜索、跨空间搜索[113-116]。这些分类揭示了不同类型的搜索活动对企业创新的不同影响。同时，也有学者从知识基础角度，将跨界搜索分为宽度搜索和深度搜索[106,112,117]。上述研究主要从（市场、技术）知识获取的角度来研究跨界搜索，这个角度关注的是企业在知识获取方面的广度与深度，反映了企业如何平衡探索新知识与深化现有知识之间的关系。三是从组织联盟边界层面，对跨界搜索展开研究[103, 118-119]。这一视角强调知识流动与共享在跨界搜索中的重要性。例如，Lavie和Rosenkopf（2006）[120]基于双元视角探究联盟形成问题时，从探索—利用的功能、结构、属性维度，认为跨界搜索本质上是通过搜索合作伙伴以形成企业联盟，并在此过程中实现知识流动与共享。王娟茹等（2020）[119]从联盟角度将跨界搜索划分为前瞻性跨界搜索和追随性跨界搜索，以探究其对知识整合和突破式创新的影响关系。

综上所述，跨界搜索作为一种多维度的组织行为，其研究内容涵盖了从技术、市场到空间和时间的多个层面。这些研究不仅增加了我们对跨界搜索本质的理解，也为企业如何有效实施跨界搜索提供了多角度的指导。通过理解这些不同的维度，企业可以更有效地进行跨界搜索，以促进创新并增强竞争力。

4.3 跨界搜索的影响因素

作为企业在不同领域中进行信息和知识获取的重要行为，跨界搜索对于促进企业创新和提升组织绩效具有至关重要的作用。这种搜索活动超越了传统的知识获取方式，不仅涉及对新信息的获取，而且包括对新知识的应用以及对现有知识的再创造和重组。在企业中，领导者和创业者承担着跨界搜索的关键角色。他们的战略决策、信息处理能力以及对不同信息和机会的注意力分配，直接影响着企业在新领域的探索和在现有领域的深化。领导者的视野、认知多样性和开放性思维是推动跨界搜索成功的关键因素。他们需要具备识别和利用跨界机会的能力，这不仅包括对新技术和市场趋势的洞察能力，而且包括对内部资源和能力的充分认识与利用能力。在跨界搜索的过程中，领导者必须面对多样化的挑战，包括如何有效整合来自不同领域的信息，如何管理和减少进入陌生领域所带来的风险，以及如何在保持核心竞争力的同时实现创新。有效的跨界搜索不仅要求领导者具备高度的战略洞察力，而且需要团队在各个层面上进行协作，以确保信息的有效流通和知识的创造性利用。此外，跨界搜索还涉及如何平衡探索新领域和利用现有知识的双重任务。这需要企业在组织结构和文化上作出相应的调整，以支持跨界搜索的实施。例如，企业可能需要引入跨学科团队，建立更为灵活的组织结构，以及鼓励更开放和协作的工作文化，以促进跨界思维发展和创新。

跨界搜索的相关实证研究如表 4-2 所示。要明确跨界搜索的影响因素，首先要明确搜索的主体。从个体层面来看，领导者和管理者的认知能力、经验背景和信息处理能力是影响跨界搜索效果的关键因素。例如，具有多元化经验的领导者更可能识别并利用跨界信息，从而推动组织创新。此外，领导者的注意力分配也影响着组织聚焦于何种类型的外部知识。跨越边界的搜索行动是领导者/创业者发出的，在此过程中，领导者/创业者的信息处理能力和注意力都会影响创新成果和组织绩效[121-122]。

表 4-2 跨界搜索的相关实证研究[①]

研究文献	搜索维度	前置因素	过程机制	影响结果	期刊来源
（一）个人层面的搜索行为					
Dollinger (1984)[121]	边界搜索活动	信息处理能力	---	组织绩效	*Academy of Management Journal*
Dahlander 等 (2016)[122]	个体外部搜索宽度	注意力	---	创新成果	*Strategic Management Journal*
（二）组织层面的搜索行为					
Laursen 和 Salter (2006)[106]	外部搜索宽度、深度	～～	开放性、吸收能力、突破式创新	创新绩效	*Strategic Management Journal*
Sidhu 等 (2004)[127]	探索导向	环境动态性、组织愿景、组织前瞻性和资源冗余性	环境压力和管理者意图	---	*Journal of Management Studies*
Danneels (2008)[125]	组织跨界搜索	市场能力、研发能力	---	---	*Strategic Management Journal*
Wu 和 Wu (2014)[265]	本地和国际知识搜索	～～	技术边界跨越	产品创新	*International Business Review*
Zhang 等 (2017)[132]	跨越边界的需求侧搜索	～～	创新独占性（调节）	突破式技术创新	*Management Decision*
Yu 等 (2020)[126]	本地搜索、跨界搜索	～～	知识惰性	商业模式创新	*Journal of Knowledge Management*
Lin 和 Li (2013)[115]	供给侧、需求侧、跨空间搜索	技术/市场动荡性、竞争强度	跨界搜索（调节）	突破式创新	*Industry and Innovation*
郭国庆和吴剑峰（2007）[133]	技术探索广度、强度	～～	知识库特征（包括深度、广度、潜在机会）	创新绩效	《南开管理评论》
杨苗苗和王娟茹（2020）[329]	前瞻性、追随性跨界搜索	～～	知识整合（中介）	可持续竞争优势	《科学学研究》
王建军等（2020）[40]	跨界知识搜索（包括市场、技术知识）	知识权力	跨界搜索（中介）；知识重构能力（调节）	创新绩效	《软科学》

---

① 跨界搜索的英文为 boundary-spanning search，也有学者将其译为跨界搜寻。因此，本书以"跨界搜索""跨界搜寻""boundary-spanning search"为关键词，分别在 CNKI 以及 Web of Science 数据库中进行检索，并对符合要求的重要文献进行整理，最终形成表 4-2。

(续表)

研究文献	搜索维度	前置因素	过程机制	影响结果	期刊来源
熊正德等（2020）[111]	技术知识、市场知识跨界搜索	网络位置	吸收能力（调节）	制造企业服务创新绩效	《科学学研究》
王娟茹等（2020）[119]	前瞻性、追随性跨界搜索	~~	知识整合（中介）；机会敏捷性（调节）	突破式创新	《研究与发展管理》
贯君等（2019）[117]	搜寻宽度、深度	~~	探索能力、开发能力、网络惯例（调节）	创新绩效	《管理评论》
胡保亮等（2018）[124]	供给侧、需求侧、跨地理空间搜索	高管团队行为整合	跨界搜索（中介）	商业模式创新	《科研管理》
肖丁丁和朱桂龙（2017）[330]	跨越组织边界、技术边界	~~	双元能力的平衡与互动（中介）	创新绩效、财务绩效	《经济管理》
胡畔和于渤（2017）[331]	跨界搜索	~~	能力重构（中介）；战略柔性（调节）	企业创新绩效	《研究与发展管理》
张文红和赵亚普（2013）[134]	市场知识、技术知识跨界搜索	~~	行业竞争强度、所有权类型	产品创新	《科研管理》
吴晓波等（2008）[130]	搜索宽度、深度	技术特性、市场预期等	---	---	《科学学研究》

注："~~"代表跨界搜索；"---"表示原研究中不存在这一因素。
资料来源：根据相关文献整理。

更进一步地，鉴于跨界搜索对组织创新和绩效提升具有重要影响，现有研究对跨界搜索的前置因素、过程机制以及影响结果进行深入探讨[123]。首先，影响跨界搜索的前置因素涉及组织层面。在组织层面，组织的各种资源，如财务资源、人力资源和知识资源，均能够影响其跨界搜索的能力。组织内部的知识管理和网络建设也是重要因素，它们影响着组织能否有效地获取并利用外部知识。组织层面的影响因素涉及能力[125]、知识[40]、网络[111]等。

其次，影响跨界搜索发挥作用的情境因素或过程机制包括知识（如知识重构、知识整合以及知识惰性等）[40,119,126]、能力（如吸收能力、双元能力）[125]、

第四章 跨界搜索与整合：概念、动因及创新联系

网络（如网络惯例）[117]以及外部环境特性（如开放性、环境压力、环境动态性）[127]等。外部环境的特性，如开放性、市场动态和行业竞争程度，对跨界搜索有着直接影响。在开放和竞争激烈的环境中，企业更倾向于通过跨界搜索来寻找创新机会。同时，内部过程机制，如知识管理的方式（重构、整合）以及组织的吸收能力和双元能力，也会影响跨界搜索的效果。具体来讲，在探索与利用的双元关系中，探索本质上包括搜索、变异、实验、柔性、创新以及风险承担等[128]，其主要特征是追求新知识并且跨越组织边界来搜索发现新技术、新商业机会、新产品或新流程等[129]。基于此，Sidhu等（2004）[127]在研究组织探索导向的前置因素时，认为环境动态性、组织愿景、组织前瞻性以及资源冗余性对探索导向有积极影响。吴晓波等（2008）[130]认为，积极影响企业搜索宽度（search breadth）的因素包括组织资源、外部知识丰富度以及搜索经验；而积极影响企业搜索深度（search depth）的因素有技术特性、市场预期以及搜索经验。陈学光等（2010）[131]认为，研发团队的海外嵌入（包括关系强度和网络规模）对企业知识搜索有积极影响。具体而言，关系强度对知识搜索深度有积极影响，而网络规模对知识搜索广度有积极影响；在具体实施跨界搜索时，企业可能面临的挑战包括资源限制、知识不匹配和整合困难。有效应对这些挑战需要企业建立灵活的组织结构，加强内部协作，以及建立高效的知识管理系统。

最后，跨界搜索的影响结果主要体现在商业模式创新[126]、突破式技术创新[132]以及组织绩效[121]、创新绩效[106]等。总体来看，现有研究关注较多的是跨界搜索对创新（主要包括产品创新和技术创新等）的作用关系[133]。例如，Lin和Li（2013）[115]通过对高技术新创企业的实证研究发现，跨界搜索不仅正向影响新创企业的突破式创新，而且在市场力量对两种创新（技术和市场创新）的影响方面也起着重要作用。张文红和赵亚普（2013）[134]则基于对中国制造业企业的数据分析，发现有效推进产品创新的重要因素有技术知识跨界搜索、市场知识跨界搜索，但遗憾的是，同时

进行这两种知识的搜索反而会抑制产品创新行为，而组织冗余可以缓解这种消极影响。

综上所述，跨界搜索作为一种跨领域的信息和知识获取行为，对于推动企业创新和提升组织绩效发挥着关键作用。它要求企业领导者具备全局视野和战略洞察力，同时也需要企业在组织和文化层面作出相应的调整与优化，以支持跨界搜索的有效进行。通过这样的努力，企业才能够在激烈的市场竞争中保持持续的创新能力和竞争优势。

4.4 跨界整合的内涵

跨界整合作为现代企业发展的关键策略，涉及资源的识别、获取、配置和利用这一系列复杂过程。首先，企业必须明确所跨越的边界，这些边界可能包括行业边界、知识领域边界，甚至国家边界。边界的确定为资源整合提供基础框架，帮助企业明确整合资源的来源和特性。一般而言，资源整合是指基于企业发展需求和战略目标，在特定技术手段的支撑下对上述资源进行配置和有效利用，并在资源流动与共享过程中推动企业创新的动态过程[137]。本书对跨界整合的理解与概念界定主要借鉴有关资源整合的新近研究。跨界整合是指企业在战略联盟过程中，对流动和扩散在企业间的资源进行搜索、吸收和重构，通过有效利用企业外部的异质性资源，弥补进而丰富企业自身的资源束，为企业创新奠定丰富的资源基础[135]。跨界整合过程主要包含知识、技术、信息和资源方面的搜索与整合，而资源是企业创新和竞争优势的重要来源[136]，因此，本书主要从资源层面来解构联盟企业的跨界整合行为。

在资源的识别阶段，企业需要依靠自身的资源体系，识别出满足创新与持续发展需求的资源缺口。这一过程不仅是资源整合的起点，也是后续资源获取和利用的基础。企业通过对外部环境和内部能力的深入分析，可以有效地识别出哪些资源是必需的，哪些资源是可以通过跨界整合获得的。在资源获取阶段，企业通过建立伙伴关系、联盟或合作网络，从其他企业或组织处获取所需资源。这一过程不仅依赖企业的外部网络构建能力，也与企业的谈判技巧和合作策略息息相关。获取的资源可能包括技术知识、市场信息、人才等，其目的在于弥补企业在特定领域的资源不足。资源配置是将获取的资源与企业现有资源进行有效结合的过程。它不仅包括有形资源的重新分配，还包括无形资源的整合，如知识共享、技术融合等。在这一过程中，资源配置的高效性直接影响资源整合的成效和企业的创新能力。资源利用是将整合后的资源应用于企业的经营和发展中，以实现价值创造的过程。这个阶段的核心在于将资源转化为实际的产品、服务或技术创新。资源利用的效率和效果，直接关系到企业创新的成效和市场竞争力的提升与否。

这里需要指出的是，对于资源较为匮乏的企业来讲，资源整合的四个过程不应是相互割裂的，而应当是相互依赖、相互影响并且不断循环的，尤其是在企业跨界行为中，资源要素的识别、获取、配置与利用更是互相关联且互相牵制的。总的来说，跨界整合是一种动态的、持续的管理过程，它要求企业不断地调整和优化资源组合，以适应不断变化的市场环境和技术发展。通过有效的跨界整合，企业可以在竞争激烈的市场中获得新的增长点，实现持续的创新和发展。

4.5 跨界整合与创新的相关研究

目前，跨界整合已经出现在银行业、消费业以及电子通信等关乎国计民生的各个商业领域，但是，就理论研究来看，对于跨界整合的研究还较少，目前仍处于实践先行、理论研究滞后的状态。结合研究主题，本书试图从资源整合及其与创新相关的研究进展来窥探跨界整合的内核，进而打开跨界整合的"黑箱"。

"创新"这个词由来已久，经济学家约瑟夫·熊彼特（Joseph Schumpeter）于1912年首次使用这一概念，他当时指出创新就是率先发起一个新的过程，在这一过程中组织所掌握的资源得以重组，重组的结果是使组织获得垄断利润。可见，熊彼特理解的创新能力在本质上指的是整合或者组合能力。而后，学者们又对创新的概念进行扩展，认为创新是以商业化为目的，对新知识和新行为的采纳和应用，是企业在未来竞争环境下获取市场份额的重要机制和复杂活动[96]。从这个角度而言，创新能力是对新知识的应用能力、商业能力和获取竞争优势的能力。目前，有学者认为根据模式的不同，可将创新分为渐进式创新和突破式创新。渐进式创新是在企业现在的基础上，对企业原有模式和路径的提炼、改良和拓展；而突破式创新是在打破企业原有模式和路径的基础上，建立新的运营模式和路径的过程[97]。这一概念其实也说明，企业创新能力不仅是对新知识的应用能力，还包括创造新知识和新路径的能力。渐进式创新相对突破式创新来说是一种较为平缓的，在企业集团目前技术前提下，针对企业正在进行的方式、方法、流程的细化、提取、修订、延伸；突破式创新是一种较为激烈、彻底的创新方式，意味着突破企业现有的受阻的工作流程和工作方式，创立全新的工作流程和工作方式[92]。对于现实中的情景，诸多企业并不会只存在渐进式创新或者突破式创新，这两种模式往往同时出现，只是顺序或所占比重有所不同。针对创新能力，大多学者认为技术创新能力主要包括管理能力、投入能力、研发能力、制造能力、营销能力、实现能力等子能力。而一些学者从战略管理视角出发，将创新能力划分为对可利用资源的分配能力（资源配置能力）、对行业发展与技术发展的理解能力（或学习能力）、对企业结构与文化条件的创新能力（或组织创新机制）、战略管理能力等。企业能够从其他机构获取技术和知识等信息，这些异质性信息是创新行为的源泉。集团企业相对来说更喜欢与供销商、院校和企业研究院等组织机构合作，以得到更有力的、可实践的新想法或技术。企业创新的大部分想法不是源于自身的发明创造，而是来自外部刺激；为了获取异质性信息，与外部企业的接触显得特别关键，融合运用外部合作机构信息的能力成为创新能力不可缺少的要素。

4.6 本章小结

本章通过综合分析和评价跨界搜索与跨界整合领域的现有研究,旨在深入探讨这两个概念的内涵、关键维度和主要影响因素,以及它们与组织创新之间的关系。通过对广泛文献的系统梳理,本章试图揭示跨界搜索与跨界整合研究中的知识空白和潜在不足,从而为这些领域的未来研究提供清晰的方向和切入点,为进一步的理论探索和实证研究提供坚实的基础。

第五章 双元创新的平衡与联盟关系

March（1991）[128]认为，企业需要在有效利用已有资产与能力的同时进行大量探索活动，以从根本上适应组织变革和外部环境变化带来的挑战。但是，组织往往处在进退两难的境地，即是从事大量基于现有产品、服务和生产流程等方面的利用活动以确保现有的生存能力，还是着眼于新产品、新技术以及新工艺、新生产流程等方面的探索活动，以挖掘不确定性未来的更多可能性。对于探索与利用的关系研究，不仅是双元研究的核心，也是理解双元创新相关研究的重要基础。因此，本章主要对双元理论（研究层次、应用领域）、探索式创新与利用式创新的平衡关系，以及双元创新与联盟的相关研究进行综述。

5.1 双元理论

双元理论萌芽于20世纪70年代，根植于组织进化理论中有关应对外部环境变化的探讨。该理论认为，组织在生存和发展过程中会陷入两难境地：既存在"组织生产率悖论"[147]，即过分追求标准化和效率提升可能会损害组织柔性；又存在"组织创新悖论"，即过分追求组织柔性可能难以形成规模效应[148]。基于此，Duncan（1976）[332]提出构建双元型组织结构以平衡并协调发展过程中的悖论问题[2]。但是，直到March（1991）[128]在组织学习领域提出探索与利用两种学习方式，双元理论才受到广泛研究关注[149]。笔者以"ambidexterity"和"ambidextrous"为主题词，检索Web of Science数据库中1985年到2021年的相关文献，总共收集到410篇文献，其中商业类和管理类文献多达384篇①。检索结果显示，2014年以来发表的相关研究文献呈井喷式增长，双元理论逐渐成为管理领域中的主流研究范式[150]。

5.1.1 双元理论的研究层次

双元理论在多个层次上被应用研究。

（1）个体层次。个体层次的双元性是指管理者在特定时间内同时开展探索与利用活动的行为导向[151-152]。同时，个体层次的双元性研究也体现在对双元型领导的关注上，这种领导者的特质是同时处理多种矛盾、多任务并行[149,153]，以及同时精炼与更新自身技能和专业知识[152,154]。

（2）团队层次。团队层次的双元研究旨在考察高层管理团队如何设计和构建双元型组织系统，通过（正式和非正式的）行为整合机制来适应外部环境变化[155-156]。

（3）组织层次。组织层次的双元研究认为，组织结构（正式）和社会关系（非正式）都会对组织双元性产生影响[149,157]。这里，正式的组织结构主要是指组织结构的分权化、常规化以及惯例化，这使得企业发展与运转有章可循[152]。

（4）组织间层次。既有相关的研究也仅仅聚焦于企业联盟领域。一方面，影响联盟双元（alliance ambidexterity）的因素主要有组织间联盟中的强连带（strong ties）和桥连带（bridging ties）[158]；另一方面，企业在跨越时间、空间和领域等基础上的探索与利用活动的平衡有助于推动联盟形成。值得一提的是，企业所跨越的领域主要包含功能、结构以及属性三个方面。其中，功能领域主要强调联盟关系的本质，结构领域侧重于评估联盟伙伴的网络地位，而属性领域主要关注合作伙伴的组织属性在时间上存在的偏差[159]。因此，总体来看，目前聚焦于组织间的双元研究还较为匮乏。

5.1.2 双元理论的应用领域

双元理论正逐步成为战略管理、技术创新、人力资源管理以及创业管理

---

① 文献检索时间截至2021年1月。

等学科的主流研究范式。随着研究的不断深入,国内外学者尝试从不同视角来探讨双元性的内涵、主要类型,并基于不同研究领域探索组织双元的实现机制。目前,双元思想已被广泛应用于组织同时执行不同且相互竞争的战略行为研究,这些竞争性的战略行为主要包括探索与利用[120,128,160]、柔性与效率[161]以及内部和外部技术知识源[162]等。双元理论的应用主要体现在组织学习、技术创新、组织架构以及组织适应等方面,相关研究详见表5-1。

表5-1 双元理论的应用研究

研究领域	双元性体现	主要实现机制	主要研究
组织学习	探索式创新与利用式创新	时间分离、组织分离、领域分离	March (1991)[128]; Li 和 Huang (2013)[163]
技术创新	突破式创新与渐进式创新	高管团队整合机制、组织整合机制	Benner 和 Tushman (2002)[167]; Atuahene-Gima (2005)[169]; Lin 等 (2017)[168]; Smith 和 Tushman (2005)[171]; Jansen 等 (2009)[155]
组织架构	效率与柔性	结构双元、情境双元	Tushman 和 O'Reilly (1996)[1]; Ebben 和 Johnson (2005)[161]; 郭润萍和蔡莉(2017)[172]; Raisch 等 (2009)[174]; Wang 和 Rafiq (2014)[175]; Gibson 和 Birkinshaw (2004)[176]
组织适应	连续与变革	规律性的变革	Burgelman (1991, 2002)[179-180]

资料来源:根据相关文献整理。

(1)组织学习(organizational learning)领域。探索式学习与利用式学习是双元理论在组织学习领域中的具体体现,旨在探讨及调节探索式学习与利用式学习之间的矛盾关系。这种关系的探讨最早可以追溯到 March (1991)[128]。该研究认为,保持探索与利用活动的平衡是组织适应以及维持组织生存和发展的关键,探索与利用活动不可兼得。后续学者试图探索组织究竟如何有效平衡这两种学习方式,从而实现组织的生存与发展。一方面,部分学者延续 March (1991)[128]的观点,认为探索与利用两种学习方式难以兼得。另一方面,也有学者认为组织可以同时实施这两种行为[163],并且提出,时间分离、组织分离以及领域分离是组织有效平衡双元学习的实现机制[164]。

（2）技术创新（technological innovation）领域。突破式创新和渐进式创新是双元理论在技术创新领域的重要体现[165-166]。其中，突破式创新主要是利用新技术和新知识对产品、服务或生产流程等进行全面革新，而渐进式创新主要是利用现有知识和技术手段对产品、服务或生产流程等进行逐步调整和完善。学术界一般认为，渐进式创新对现有产品的改变相对较小，能充分发挥已有技术的潜能，并强化现有的成熟型公司的优势，特别是强化已有企业的组织能力，对企业的技术能力、规模等要求较低。对于突破式创新，英文文献里常用的词汇是 radical innovation, breakthrough innovation, disruptive innovation。创新是收集、处理信息并生产产品和服务，其中被企业或客户接受的部分称"新"。radical innovation 和 breakthrough innovation 均被理解为突破式创新。突破式创新可分为两种类型：基于技术的突破式创新（technology-based radical innovation）和基于市场的突破式创新（market-based radical innovation）[103]。基于技术的突破式创新吸收最新的先进技术，并依据现有市场的现有产品提升用户体验；而基于市场的突破式创新与现有市场、服务不重叠，而是基于新的异质性技术，从现有市场中创造出新的边界和用户价值。可见，两种划分标准的区别在于着重点不同（是否开发出新市场），但共同之处在于均强调新的、先进的技术带来的颠覆性产品或体验。

除此之外，也有学者在将双元理论运用到技术创新领域时，将双元创新划分为探索式创新和利用式创新。这种划分最早可以追溯到 Benner 和 Tushman（2002）[167]的研究。该研究于 2002 年首次将"探索"与"利用"的双元思想运用到技术创新领域，认为利用式创新是在现有技术轨迹基础上，对现有组件和体系结构进行改进，而探索式创新则涉及不同技术轨迹基础上的转变。此后，学者们进一步从组织层面探究探索式创新和利用式创新战略及其绩效表现[168-169]。也有研究探讨了团队层面[170-171]以及组织层面[155]的整合机制对实现企业双元创新的重要价值。

（3）组织架构（organizational architecture）领域。效率与柔性是双元理论在组织架构领域中的重要体现。有学者认为效率与柔性不可兼得。例如，

Ebben 和 Johnson（2005）[161]通过对私营小企业的实证研究发现，同时追求效率和柔性的企业相较于仅追求效率或柔性的企业在绩效表现上更差。但主流研究仍然强调同时追求效率与柔性是可行的[1,172]。有鉴于此，学者们尝试探索实现效率与柔性均衡的机制：结构双元（structural ambidexterity）和情境双元（contextual ambidexterity）[173]。其中，结构双元主要是指在不同组织单位中实施的探索活动与利用活动[174]，而情境双元是指同一业务单元内按照一定的周期顺序进行的探索与利用活动[175]，二者是影响组织内部不同部门和不同层级的高阶能力[176]。

（4）组织适应（organizational adaptation）领域。在组织适应过程中，保持连续和变革的有效平衡是组织生存和发展的关键[177-178]。这主要是因为，变革事项和内容过多或者变革频率过高、节奏过快都会导致组织秩序混乱，但是较强的连续性长期来看也会导致组织惰性，这种惰性主要体现为结构惰性、文化惰性甚至是个体员工的思维惰性等[1]。因此，为有效处理连续与变革之间的矛盾关系，组织可以通过规律性的变革来保证组织二元性[177]，也可以强调发挥不同层级管理者的推动作用，即中层管理者实施连续性改进，而高层管理者主导根本性变革[150]。后续研究基于演化理论，进一步提出诱发和主动两种战略过程是实现连续与变革的有效途径。其中，诱发性战略过程主要是指组织变革基于现有知识基础和资源范围，推动企业战略（技术、市场等）的不断调整、完善和演化；而主动性战略过程主要强调跳出现有资源的约束，及时识别和抓住潜在机会，高效创造新事物（包括市场、产品、技术、服务、工艺流程以及生产流程等）[179-180]。

5.2 探索式创新与利用式创新的平衡

5.2.1 探索与利用的内涵及相互关系

适应性过程研究的焦点问题是探索新可能性与利用旧可能性之间的关系[128]。基于组织学习的双元研究认为，探索包括搜索、实验、创新、风险承担等,而利用包括选择、细化、生产、效率和执行等。目前,国内外对于探索与利用关系的研究主要有两种主流观点:第一种观点是矛盾或悖论关系[128],即认为探索与利用活动隶属一体两端,二者相互排斥[181]。这主要是因为,一方面企业资源是有限的,探索与利用活动需要竞争有限的企业资源;另一方面,由于探索与利用可能发生在嵌套系统的各层级(个人、组织和社会系统),因此找到二者之间的均衡是比较难的。第二种观点是互补关系,即认为探索与利用并不是绝对对立的,组织可以有效平衡这两种活动[182-183]。因此,越来越多的研究认为实现探索与利用活动的平衡是维持企业生存和发展的必然要求,兼具探索与利用(或突破与渐进、效率与柔性等)的双元型组织是一种适应机制[1,184]。

5.2.2 探索与利用的均衡模式

现有研究已提出基于结构双元[185]、情境双元[176]、领导双元[152]、联盟双元[158]等具体类型的探索与利用间均衡关系的构建方式。二者之间的均衡总体上包括三种模式:

(1)平衡及联合均衡模式。Cao 等(2009)[186]基于结构均衡视角识别出平衡双元(balanced ambidexterity)和联合双元(combined ambidexterity)两个维度。

(2)间断均衡模式。Simsek 等(2009)[187]基于组织双元的结构维度和空间维度,识别出和谐双元(harmonic ambidexterity)、周期双元(cyclical ambidexterity)、区隔双元(partitional ambidexterity)以及交互双元(reciprocal ambidexterity)。

(3)跨领域均衡模式。由于探索与利用活动对组织知识和资源的要求不同,在企业中的具体表现有所差异,因此有效管理这两种活动也应当采用不同的策略。但是,值得一提的是,在组织发展的某一特定领域内,高强度的探索与另一领域内的高强度利用缺失可以同时存在[164],而实现这两种活动的有效互动和共存的主要途径是组织通过多个领域和层面的探索与利用活动来实现双元性[188]。

5.2.3 探索式创新与利用式创新的平衡与交互

如前所述，探索式创新是企业/组织旨在探索与挖掘新的发展领域和价值创造空间的一种活动，需要先投入一定的人力、资金等以开发新技术、新产品或者提供新服务，创造顾客需求和抢占市场空间，从而获取企业持续发展所必备的核心竞争优势，主动顺应组织变革需求和环境变化。而利用式创新是企业/组织着眼于现有发展领域和价值创造环节，利用现有知识和技术手段对既有产品、服务以及技术等方面不断完善，被动适应组织变革和环境变化的一种活动。由此可见，探索式创新和利用式创新在创新所需的知识、资源基础以及创新产出和创新成效等方面存在质的差异，与这两种创新活动相适配的组织架构、技术手段和生产流程等也存在较大差异[189]。

更进一步地，对于探索式创新与利用式创新之间关系的探讨，主要有三种观点：第一种观点认为二者是相互排斥的。这种观点以 March（1991）[128]为代表，认为由于在资源投入、与创新发展相适配的组织结构以及组织惯性等方面存在较大差异，企业无法同时开展探索式创新与利用式创新这两种活动。第二种观点认为二者是相互依存的。这种观点以 Birkinshaw 和 Gibson（2004）[190]为代表，认为为推进探索式创新和利用式创新，企业会建立一套完善的组织制度和系统以同时推进这两种创新活动。也就是说，企业可以通过调整组织结构和资源分配方式，使二者实现"共存共荣"[192]。第三种观点认为这两种创新活动既相互排斥又相互依存，即兼具互斥性和互补性。这种观点以 He 和 Wong（2004）[193]为代表，认为探索式创新与利用式创新之间的互斥性主要是由于资源的有限性，而互补性主要是指探索式创新和利用式创新往往不是割裂的，而是相互促进的。简言之，利用式创新能够集聚技术、市场等方面的信息和知识，并积累创新经验，从而为探索式创新做铺垫；而探索式创新活动因其创新的程度和幅度以及所需的资源和技术水平都远高于企业既有水平，会为利用式创新奠定深厚的知识（主要包括市场、技术等）基础和资源基础。

随着研究的不断深入，探讨探索与利用活动的（动态）平衡与交互效应成为双元研究的新近焦点[194]。平衡观认为，有效平衡探索与利用活动是保证企业生存和发展的关键[193]。其中，探索式创新适用于那些能够获取创新发展所需的内外部资源的企业，一般而言，探索式创新对企业绩效尤其是长期绩效的正向影响较为显著；而利用式创新适用于那些资源匮乏并且很难从企业外部获取资源的企业，这种创新活动只能够提升企业短期绩效。交互观认为，实现探索与利用活动的互动是组织动态能力的具体体现[195]，这能够产生协同效应，从而构成企业绩效提升的重要源泉[186]。但是，并非所有的探索与利用活动的互动都能够提高企业绩效，组织只有将两者间的有效互动与企业发展战略及外部竞争环境相匹配，才能够实现绩效提升的目标，仅仅在企业内部追求两者间的互动并不能实现这一目标[196]。由此可见，不仅要使企业的探索式创新与利用式创新之间的有效互动与外部动态环境（包括市场环境、竞争环境等）相适应，而且要将这种互动关系与企业发展战略、发展基础（主要包括知识基础、技术基础以及资源基础）紧密结合。

5.3 双元创新与联盟相关研究

5.3.1 双元创新的内涵与维度划分

本书通过对双元创新相关研究的系统梳理，着重就双元创新的维度划分进行分析和总结，如表5-2所示。目前，对双元思想在技术创新领域的维度划分，没有明确的界定标准。研究的对象和角度的不同可能导致两种主要的创新分类方式：探索式创新与利用式创新、突破式创新与渐进式创新。

表 5-2 双元创新的维度划分与主要研究汇总

划分方式	主要研究内容	理论基础	研究方法	主要研究
探索式创新 (exploratory innovation)/ 利用式创新 (exploitative innovation)[①]	将组织双元思想引入产品创新领域	资源基础理论	案例研究	Danneels (2002)[235]
	对过程管理作用于技术创新和组织的影响进行系统研究	技术创新理论、组织适应理论	理论研究	Benner 和 Tushman (2003)[192]
	探索式/利用式创新及二者之间的平衡对组织绩效的作用关系	双元理论	文献研究	李剑力 (2009)[197]
	考察双元创新对企业绩效（短期财务绩效和长期竞争优势）的作用机制	动态能力理论	实证研究	焦豪 (2011)[333]
	双元导向的决策与创新双元之间的作用关系	高阶理论、战略过程理论	实证研究	Kortmann 等 (2015)[334]
	基于集体主义文化视角解决双元型组织中探索与利用的矛盾关系	组织效能理论	实证研究	Yang 等 (2015)[335]
	企业战略选择、双元创新与企业[②]绩效的影响机制	—	实证研究	马鸿佳等 (2016)[336]
	双元创新对企业绩效的作用关系	资源基础理论	实证研究	杨学儒等 (2011)[337]
	关系学习、双元创新对企业绩效的作用关系	资源基础理论、社会交换理论	实证研究	宋春华等 (2017)[338]
	企业双元创新形成机制研究	动态能力理论	实证研究	亢秀秋等 (2019)[339]
	环境和组织因素对双元创新的作用关系	—	实证研究	Jansen (2005)[319]
	高层管理者的特征、组织结构和情境特征对组织双元性的影响关系	高阶理论	实证研究	Chang 和 Hughes (2012)[340]
高阶理论	CEO 权力对探索式/利用式创新的影响	行为代理理论	实证研究	Sariol 和 Abebe (2017)[341]
探索式创新战略/利用式创新战略	技术创新中探索与利用之间的平衡互动关系对企业绩效的影响机制	技术创新理论、组织适应理论	实证研究	He 和 Wong (2004)[193]
	知识资产对企业双元创新战略的作用	联盟理论	实证研究	Lin 等 (2017)[168]

---

① exploratory innovation 也可译为探索性创新，exploitative innovation 也可译为利用性创新或开发式（性）创新。
② 主要指天生国际化企业。

(续表)

划分方式	主要研究内容	理论基础	研究方法	主要研究
突破式创新/渐进式创新①	组织学习（探索式/利用式学习）与双元创新的关系	组织学习理论、动态能力理论	实证研究	许晖和李文（2013）[342]
	如何平衡和管理双元悖论	—	案例研究	Andriopoulos 和 Lewis (2010)[343]
	企业研发模式（合作研发和内部研发）对双元创新的影响	知识基础理论、技术创新理论	实证研究	于飞等（2017）[344]
	制造业企业的（本地、跨界）知识搜寻对双元创新的影响	知识基础理论、双元创新理论	实证研究	王建平和吴晓云（2017）[345]
	双元创新对组织绩效的影响	社会网络理论	实证研究	王道金等（2020）[346]
突破式创新战略/渐进式创新战略	网络自主权以及企业双元创新战略对商业模式创新的关系研究	社会网络理论	实证研究	朱明洋等（2020）[347]

注："—"表示原研究中不存在这一因素。
资料来源：根据相关文献整理。

突破式创新与渐进式创新都是重要的创新模式，其中，突破式创新的技术创新路径具有发散性和非线性特征，技术创新的重点在于获得新技术或新产品。突破式创新在知识储备、研发资金和战略定位等方面要求较高，企业需要面对突破性技术创新高度的不确定性、风险和困难。突破式创新强调知识的组合与创造，它是与初期实验室研究紧密相关的一个系统研究的结果。随着科技进步的速度提高和信息技术的发展，企业已经很难单靠自主研发获得突破性技术创新的成果，而是更多地需要和外部的企业建立联结、共同研究。虽然知识的同质化有利于企业的知识吸收，但突破式创新需要知识的异质性，企业需要进行更多的外部搜寻（distant research）以求得更多机会。渐进式创新是在现有产品、服务和技术的基础上进行小幅度、逐步的改进和优化，以提高性能、降低成本和增强用户体验。这种创新通常涉及较低的风险和投入，注重持续改进和逐步积累，通过不断的小改进来保持竞争力和适应市场变化。渐进式创新是企业在日常运营中常用的策略，旨在稳步提升

---

① 突破式创新（radical innovation）也称突破性创新，渐进式创新（incremental innovation）也称渐进性创新。

产品和服务的质量和效率。李剑力（2009）[197]认为，探索性（探索式）创新和开发性（利用式）创新这种划分方式更多地强调了组织自身的战略主动性和柔性。借鉴 He 和 Wong（2004）[193] 的研究，本书认为，二者之间的主要区别在于探索式创新和利用式创新主要从企业自身出发，以企业/组织既有资源和能力为基础，与组织创新发展的战略目标相适配；而突破式创新和渐进式创新更多是从竞争对手或者行业/产业发展出发，不仅事关企业创新成效，而且事关企业长远的发展空间与格局[193]。由于本书的研究主题是企业联盟及其创新活动，因此，本书将双元创新划分为探索式创新和利用式创新，聚焦于探查组织双元创新行为在联盟层面的驱动因素。

此外，He 和 Wong (2004)[193]、Lin 等（2017）[168]将双元创新分为探索式创新战略和利用式创新战略，分别探讨了二者对企业绩效的影响以及知识资产对二者的作用。朱明洋等（2020）[347]将双元创新分为突破式创新战略和渐进式创新战略，研究了二者与商业模式创新的关系。

5.3.2 双元创新与联盟的相关研究

尽管学者们承认平衡探索与利用活动的重要性，但实现二者之间的均衡并非易事[164]。因此，随着双元研究的不断深入，学者们逐步关注到双元的外部性，并进一步提出"联盟双元"的概念[158,198]，并从功能、结构以及组织属性等方面对其进行定义[120]。也有学者将双元思想运用到联盟领域，提出探索式联盟和利用式联盟的概念，其中，探索式联盟旨在搜寻和开发新技术，从而建立联盟关系，而利用式联盟则是以完善既有技术和深挖现有机会来发展潜能的联盟行为。由于联盟本质上是一种企业间的合作行为，因此，探索式联盟与利用式联盟也可以从合作伙伴的角度来区分，即探索式联盟主要是与新合作伙伴或者价值链上游的伙伴建立联盟关系，而利用式联盟则是与既有合作伙伴或者价值链下游的伙伴建立联盟关系[199-200]。

针对联盟与组织双元的关系研究，其结论主要体现在：一方面，企业联盟形成中更倾向于跨时间和跨领域的探索式与利用式活动之间的均衡[120]。更进一步地，在组织间双元活动中，联盟的强连带和桥连带是联盟均衡的重要触发器[158]；结构双元也强调组织可以通过建立战略联盟网络来形成相对独立且聚焦于不同功能的组织单元[199]。另一方面，企业可以通过跨越组织结构和领域来建立战略联盟，从而实现探索式学习和利用式学习的均衡以及绩效提升。随着组织边界的拓展甚至模糊，发生在某一特定领域的探索与利用活动对企业绩效的正向作用可能不再显著，因此，企业不得不考虑跨越组织边界，以自身的知识基础和资源束为根基，搜寻多样化知识和异质性资源，并为有效平衡探索与利用活动以及绩效提升奠定可靠基础[164]。同时，研发联盟也会影响探索与利用活动的均衡[198]，产品开发联盟和创业团队的交互记忆系统也有助于企业实现探索与利用活动的均衡[201]。此外，也有学者探讨了环境因素对组织二元性与绩效的调节作用。一项基于仿真模型的研究发现，联盟构成的双元特性在不确定环境下对企业绩效的正向作用更为显著，但是，为了在稳定环境下提升企业绩效，联盟形式应当更为聚焦[164]。

而对于双元创新与联盟的关系研究，目前仍处在探索阶段。其中，王思梦等（2019）[95]从惯例角度，探讨了联盟惯例对双元创新能力（渐进式、突破式创新能力）的影响机制，并发现联盟惯例的三个维度，即行动逻辑、内隐规范、交互共识都会显著提高企业双元创新能力，且联盟惯例对渐进式创新能力的正向作用更加显著。李瑶等（2014）[202]提出"联盟双元创新"的概念，并探讨了社会资本悖论（主要包括认知资本、结构资本和关系资本）与联盟双元创新的作用机制。该研究发现，股权式战略联盟可以通过有效管理三种社会资本悖论来实现联盟双元创新（包括探索式创新和利用式创新）和绩效提升。因此，从整体来看，双元创新与联盟的内在关系研究较为匮乏，特别是针对联盟究竟如何影响双元创新的相关研究亟待完善。

5.4 本章小结

本章主要对双元理论、双元创新和联盟相关研究进行了归纳梳理,试图找到现有研究中的不足之处,厘清延伸概念的意义,进而明确本书的研究切入点和研究对象,并明确双元创新的平衡及其与联盟的关系。

第六章　联盟权力与企业双元创新的理论模型

本章在前述的基础上,构建研究的理论模型。理论模型中涉及的变量分别是联盟权力、联盟惯例、跨界搜索、跨界整合以及双元创新。本章的结构安排如下:首先,对联盟权力及其四个维度——知识权力、结构权力、认同权力以及关系权力进行概念界定。其次,通过分析联盟权力与双元创新之间的关系,提出知识权力、结构权力、认同权力以及关系权力与双元创新之间关系的假设。最后,在上述关系中,考虑了联盟惯例的中介作用以及跨界搜索和跨界整合的调节作用,并以此提出相关假设,从而为第七章的研究设计和第八章的实证分析奠定基础。

6.1 联盟权力的概念界定与维度划分

组织中的权力是存在于关系之中,通过有效利用资源来实现个人/组织目标的能力[10]。在第二章有关组织权力相关研究综述的基础上,本书认为,虽然有关权力的研究尤其是权力模型都被广泛用于领导者权力研究[10,36],但是这些权力维度划分并不完全适用于联盟之间的权力关系。这是因为,在联盟关系中,联盟成员可能会有不同的利益诉求,为了实现自身利益的最大化,成员之间会争夺联盟关系中的主导权。一般来讲,占有技术和资源优势的企业往往会赢得其他企业的依赖和战略靠拢,这使得核心企业对其他成员企业的行为和战略决策具有一定的影响力和控制力,这便是联盟权力的重要来源。

基于社会网络理论,存在于创新网络关系中的企业,往往会以知识与企业在网络中所处的位置和结构为基础,这会使得企业在资源以及结构上存在一定的差异性,而这种基于资源禀赋的差异以及企业自身所处的网络结构差异，促进了企业之间依赖关系的形成。在权力依赖视角下，企业间的依赖关系尤其是由资源禀赋差异促成的依赖关系使得资源丰富的企业具备对资源匮乏的企业的影响力和约束力，长此以往会产生较强的权力约束关系[45]。联盟是网络的一种特殊形式，充分挖掘网络权力的来源与分类是理解联盟权力的基础。借鉴有关网络权力的相关研究，本书认为网络权力本质表现为网络关系中组织成员间在知识以及结构方面的双重差异性，这会导致企业间产生相互制约又相互依赖的矛盾关系，此为权力制约关系的重要表征。有鉴于此，借鉴网络权力的概念及维度划分（主要包括知识权力和结构权力），并且考虑企业声誉、地位[203]以及关系[16]在联盟构建和权力产生过程中的重要作用，认同权力是联盟权力的重要方面。与此同时，参考Santos和Eisenhardt（2009）[16]在研究创建市场与塑造边界的相关主题时的结论，即构建联盟阶段企业行动的核心领域是关系，因此，关系权力也是考察联盟权力的重要因素。基于以上分析，本书所指的联盟权力主要包括知识权力、结构权力、认同权力、关系权力。

6.1.1 知识权力

企业所掌握的知识是企业竞争优势的重要来源，而这些知识的特性——稀缺性、互补性以及不可替代性，是组织在网络与联盟关系中占据核心位置的重要缘由[19]。通常，组织所掌握的知识要素的特性越鲜明，即稀缺性、互补性以及不可替代性的程度越高，组织在联盟关系中所处的位置越靠近中心，并且对其他成员企业或组织的影响力或者控制力就越强。此外，从知识本身的效用来看，企业间联盟关系的核心在于知识的获取与知识价值的再创造，联盟关系越强，知识流动与共享的速度越快、程度越深[41]。由此可见，一方面，知识可以被视为联盟关系形成的基础；另一方面，知识也会进一步增加联盟关系的强度和黏性。但是，知识资源也是有限的，每个企业所掌握的知识及其所产生的效益是有差异的，那些绩优企业往往是知识上的富有者，并且能够对知识产生影响和约束，这种影响（约束）与被影响（被约束）关系的本质是对知识的依赖[39]。一般来讲，知识资源的差异性是非对称依赖关系的基础。也就是说，知识权力发挥作用的核心逻辑是企业之间由于知识级差而形成的知识依赖[204]。因此，企业所占据的知识资源是企业知识权力的重要来源，它的外在表征是核心企业对其他联盟成员企业的控制力与影响力。基于以上分析，本书将知识权力界定为：企业因其所掌握的某种核心知识，从而具备的能够对其他成员企业施加影响的能力。

6.1.2 结构权力

通常来讲，基于网络结构视角的研究者认为，在网络结构视角下，权力是联盟节点之间与其所处的网络位置相关的关系函数。基于此，权力的产生依赖于成员之间位置和结构不同所带来的资源优势，并且这种资源是独立的、难以替代的，网络企业所掌握的相对权力可能会受到自身所掌握资源的相对价值的影响[205]。联盟关系不完全等同于网络关系中的企业关系，其中的权力大小还会受到联盟成员企业外部资源可获取性的影响，而并非多主体所拥有的资源的加总。进一步地，资源的可获取性以及获取路径的便捷性，是组织权力优势的重要考量因素。具体来说，在联盟关系中掌握位置优势的企业往往在有价值的信息获取、机会挖掘以及资源获取等方面占据先发优势。此外，核心企业也会因其位置和结构优势，使得其他企业对其产生从属关系或者依赖关系，从而成为联盟核心企业以及权力的集中体。由此可见，结构权力发挥作用的核心源于联盟中企业之间的关系联结在强度、频率以及位置等方面存在差异。基于以上分析，本书将结构权力界定为：联盟企业因其位置优势和结构属性，而具备的对其他联盟节点企业施加影响和控制的权力。

6.1.3 认同权力

认同主要是指个体对他人以及所处组织的认同感、敬畏感甚至归属感[206-207]。在企业联盟中，企业声誉和地位对联盟关系的形成具有重要作用[203,208]。一方面，声誉会促进企业之间的合作，这种无形资产是影响联盟关系形成的重要因素[208]。企业愿意与声誉较好的企业建立长期合作关系，并愿意追随高声誉企业的战略行动和决策。因此，声誉与信任和认同相关联，促进联盟关系的形成及稳定；同时，高声誉企业往往会在联盟关系中占据主导地位，并对其他联盟成员企业的战略决策和行为施加影响。另一方面，企业在联盟关系中的影响力大小也会受到企业地位的影响[209]。通过地位溢出效应，地位较低的企业选择依附于地位较高的企业，以增强自身的影响力；而地位较高的企业的影响力本身就很大，并且往往主导联盟关系的形成，同时也必然会对其他联盟成员企业的行为和决策施加影响和控制。基于以上分析，本书将认同权力界定为：企业因其自身的地位、声誉等优势，而使得其他企业愿意与之保持长期合作关系所产生的影响力和控制力。

6.1.4 关系权力

组织中的权力主要包含个人、职位和关系三个方面，其中，关系权力是基于个人关系的一种权力类型[210]，是一种个体与他人之间的情感关系，但更多的是通过正式或者非正式关系网络而获得的一种影响力[211-212]。不同于个体层面的关系，组织之间的关系从个体层面扩大到组织层面，随着企业中网络的建立与不断发展，单个企业的作用逐渐弱化，一个企业越能建立良好的网络关系，就越能从网络中获取各种资源。在建立网络的同时，企业可以获得一定的租金，这种租金主要包括内部租金和关系租金。一般而言，关系租金主要是从网络组织中产生的。企业在与其他外部组织合作或者结成联盟的相互联系中获取的超额利润，一般具有"因果模糊性"（没有明确的因果关系，不是建立关系就一定能获取利润）和"时间压缩上的非经济性"（时间和利润也没有直接联系）两种特征，因而企业能够持续获得关系租金[213]。从上述表述中可以看出，企业层面的关系观主要体现在通过关系网络继承一种由关系组成的关系租金，并在多方企业中实现共同利益机制，因而，关系观在联盟领域的运用揭示了关系资本给联盟企业创造的绩效核心优势。基于以上分析，本书将关系权力界定为：企业之间通过正式或非正式关系开展战略合作，并在这种长期互动过程中对其他企业施加的影响力和控制力。

6.2 联盟权力与双元创新的关系

基于对联盟权力的概念界定和维度划分,本节的主要内容是分析联盟权力的四个维度(知识权力、结构权力、认同权力、关系权力)与双元创新(探索式创新和利用式创新)之间的影响机制,并提出相应的假设。

6.2.1 知识权力与双元创新

一方面,从资源占有情况来看,企业掌握知识权力意味着对关键资源的掌控权和使用权,因为关键知识是权力的来源,影响着企业的战略选择[214]。另一方面,知识本身也是一种权力。这主要是因为,知识能产生权力,权力也会促进知识的产生。根据资源依赖理论,企业自身的能力和资源是网络权力的重要来源,进一步地,稀缺、不可模仿和不可替代的知识资源又是企业知识权力的来源和支撑[215]。借鉴 Lattif 和 Hassan(2008)[23]的研究,知识权力不仅包括与信息、生物和纳米相关的高科技技术,还包括基于知识的制造业技术和基于知识的农业技术等。知识权力中的知识指的是广义上的知识概念,即一切能产生价值的知识都是知识权力发生作用的基础。因此,知识权力意味着企业掌握其他联盟伙伴不具备的核心知识,这是联盟企业开发新产品、提供新服务以及挖掘新技术的重要知识基础和资源来源。进一步地,从知识权力的来源来看,知识权力的产生是因为企业间在知识和网络结构的位置上存在级差,这种知识级差和网络位置优势的外在表征形式是掌握丰富知识的企业对知识匮乏企业的约束力或影响力[23,40]。由此,核心企业因掌握独特的知识级差和权力优势而对联盟企业的选择产生影响。而联盟双方之间目标的可兼容性是企业选择联盟伙伴的重要因素[216],这是因为,对联盟伙伴的选择本质上是为了寻求和整合联盟伙伴的异质性资源和多样化发展机会;在此过程中,核心企业会整合内外部资源,不断淘汰原有的产品、技术以及生产线等,开发新技术(系统),构建新的生产线或推出新产品、新服务。企业除通过知识权力本身的影响力和控制力对联盟中其他企业的决策造成影响外,还能通过知识交流来约束其他企业的行为。基于此,企业可通过对联盟中其他企业关键资源(如信息、技术和社会网络)的占有与整合,并影响或者约束这些企业的战略决策和经营行为,为企业创新过程提供战略伙伴和优质创新资源[217],以在产品创新和服务创新过程中取得先发优势乃至长期竞争优势。

从知识权力产生的网络视角看,知识权力的根本来源是联盟企业之间在知识、技术等资源禀赋上的差异,这促使在知识、技术等方面资源较为丰富的企业很容易就对其他成员企业施加影响,并占据网络关系中的主导权和话语权,影响整个网络的稳定性[218]。显然,核心企业所具备的知识越独特、越不可模仿和不可替代,其竞争优势和知识权力就越大,进而对其他成员企业的控制力就越强。一方面,从联盟角度讲,企业掌握一定的知识权力意味着它在联盟伙伴选择以及以核心技术为基础的知识交流中占据主导地位,并能在伙伴的联盟活动中不断改进现有产品和服务,以及不断完善现有生产/服务的工具和设备等生产手段。另一方面,核心企业的知识权力越大,意味着它掌握了越多的关键核心技术和其他主导性知识资源,联盟企业在新产品开发上的速度就越快,产品更新换代的速度也越能迎合市场上顾客的需求变化。同时,核心企业还能够通过运用专家权（如企业具备掌握特定技术或者工艺技能的专家或者高级研究人员）,向其他企业输送在行业内具有一定话语权和影响力的高级专家或人才,从而为联盟中关键性资源匮乏的成员企业提供技术支持和战略指导。经常性的友好交流合作可以使得联盟内各企业在技术研发、产品开发、服务流程改进、产品外观改进等方面进行深入交流[37],推动企业之间的战略合作,并进一步推进探索式创新和利用式创新。因此,本书提出如下假设:

假设 1a：知识权力对探索式创新有正向影响。

假设 1b：知识权力对利用式创新有正向影响。

6.2.2 结构权力与双元创新

如前所述,结构权力是指企业凭借其在网络关系中的结构和位置优势而具备的某种特定优势,这使得核心企业影响、约束甚至控制其他企业的战略决策与企业行动。一般来讲,中心性和结构洞是考察企业结构权力较为重要的两个方面，前者强调企业距离网络中核心位置的远近程度，后者是指资源存储的饱满程度[31]。同样地，在企业联盟活动中，核心企业往往能够运用特定地位（身份）赋予的权力而获取利益。具体来讲，在网络中处于中间位置的一般为核心企业，这些企业在资源禀赋和综合实力上拥有绝对优势，也能够与联盟网络中的其他成员企业建立强关系联结，还能够凭借位置优势在快速变化的动态外部环境中迅速捕捉和有效利用其他企业所提供的信息和知识[219]，这为企业创新提供了方向和知识基础。同时，权力较大的核心企业能够有效协调合作关系，统一联盟活动中的成员行为，深入挖掘联盟伙伴的优势资源，并在有效巩固自身既有技术知识的基础上，汲取伙伴企业的核心技术优势，从而开发全新产品和服务，并不断挖掘行业内的全新技术，以实现创新突破。

联盟是企业间的双向行为，具备结构权力的核心企业在从合作伙伴处获得商业信息、技术等资源的同时，还会向合作伙伴输出商业信息和技术资源，促使合作伙伴根据更新的市场信息和顾客需求变化对原有产品生产线进行调整，并逐步优化现有产品和服务。与此同时，在联盟活动中，核心企业也会控制联盟中信息的走向，防止联盟伙伴间因频繁沟通而遗失关键信息。换言之，企业在联盟中会对核心信息、关键技术以及商业机密等有所保留，这使得企业的创新活动很大程度上只是对原有产品、服务、技术以及生产工艺流程的"小修小补"，真正颠覆行业或产业的创新活动在具体实践中并非普遍存在。此外，联盟企业之间在合作过程中的关系强度受到其在联盟网络中所处位置和结构的影响，一般而言，那些在联盟网络中占据主导优势的先发者（first mover）往往会采取利己的合作模式来进一步维系和巩固这种权力优势，这使得企业之间的依赖关系不对等甚至失衡，最终导致企业之间很难长期进行深入合作[29]，从而使得基于联盟关系的创新活动局限于更新生产、服务的工具和设备，逐步改善现阶段拥有的产品和服务的工艺流程或技术水平。因此，本书提出如下假设：

假设 2a：结构权力对探索式创新有正向影响。

假设 2b：结构权力对利用式创新有正向影响。

6.2.3 认同权力与双元创新

联盟企业的认同权力主要表现为企业在联盟伙伴中的口碑、声誉、社会地位以及价值观认同等。首先，企业在联盟伙伴中掌握认同权力，可以表现为企业在联盟网络中具有一定的组织声誉，使利益相关者对核心企业的品牌和形象具有正向的综合性认知，声誉是企业的无形资产[220]。更进一步地，良好的声誉本身意味着一种信任和高度认同，好的声誉令企业在联盟社交圈中能够获得较好的口碑，甚至是行业地位，可以方便企业在获取人才、顾客以及市场等相关信息和资源过程中具有绝对优势和先动优势，这是有效捕捉创新机会、开展探索式创新的关键[221]。此外，基于认同权力而获得的声誉和口碑一方面会增强企业自身从事研发的动力，另一方面也会强化伙伴企业与核心企业的关系纽带和支持力度[222]，这种深度嵌入式的合作会提升企业探索式创新的动力和成功概率。

除此之外，认同权力也强调核心企业对整个联盟网络发展演化的综合考究。换言之，认同权力不仅表现为核心企业因其自身的地位、声誉等优势而拥有的对联盟伙伴的绝对影响力，还表现为核心企业对整个联盟网络发展的把控。因此，企业即便拥有品牌、市场、渠道以及声誉等方面的绝对优势，也会在某些特定业务或商业领域进行利用式创新，这不仅是基于优化联盟网络中资源配置的考虑[223]，也是基于联盟网络整体均衡发展，以及通过知识扩散与协同创新以实现绩效提升的考虑[224]。因此，本书提出如下假设：

假设 3a：认同权力对探索式创新有正向影响。

假设 3b：认同权力对利用式创新有正向影响。

6.2.4 关系权力与双元创新

关系权力的来源主要是正式或者非正式的关系网络。在企业的社会网络关系中，企业的角色与地位会对其权力地位产生影响[225]。此处的关系（guanxi）是指利用连接或网络来确保个人或业务关系中的利益[226]。关系是中国社会最具活力的动态之一,它最早是指个体之间的网络关系,随后以陆亚东为代表的华人管理学者将关系概念逐渐引入基于中国情境的企业管理研究中[227-228]。关系是影响企业绩效的重要前置因素[229-230],这已经得到学术界的广泛认同。在联盟活动中,关系权力使得企业一方面能够因关系而获取合作伙伴的信任和承诺,这正是促使企业间建立长期稳定伙伴关系的基本前提[231-232],也是企业建立联盟的目的;另一方面能够使企业对其他联盟成员企业的影响力和绝对控制力得到加强。这种合作与权力依赖关系使得企业能够在联盟伙伴关系中获取创新所需的有效信息、技术和资源,这种先前承诺关系不仅降低了创新的风险,而且增加了企业开发新产品、技术以及提供新服务等方面的创新动力,从而推动企业的探索式创新。

关系权力发生作用的本质在于企业间的相互依赖和相互依存关系。关系权力本身意味着核心企业对伙伴企业的控制权,这种权力上的依赖与控制能推动核心企业在创新活动中采取较为激进的方式,从而促使核心企业结合自身的发展实际,循序渐进地开展创新活动。具体来讲,核心企业与伙伴企业之间的频繁互动关系一方面使得核心企业不断更新既有市场、技术等方面的信息和知识,在此基础上的深度合作使企业不断改进现有产品的款式、类别,以及现有服务的形式和具体内容等;另一方面使得核心企业稳固了与合作伙伴之间的纽带,这种长期的合作关系可能产生惯性和路径依赖[233],从而促使核心企业更倾向于对现有产品、服务或技术逐步改进而不是实施颠覆性变革。因此,本书提出如下假设:

假设 4a:关系权力对探索式创新有正向影响。

假设 4b:关系权力对利用式创新有正向影响。

6.3 联盟惯例的中介效应

6.3.1 联盟惯例在联盟权力与探索式创新之间的中介作用

本书中的联盟惯例是指联盟中的核心企业和联盟中其他成员企业之间在多次接触、交易以及合作过程中形成的相对稳定的一种"联合行动"的方式，它是一种有规律可循的、可被描述的、重复且可识别的组织行为模式[95]。此外，借鉴李忆和司有和（2008）[196]的研究，考虑到创新发展过程中对知识和资源的要求不同，并且创新程度（创新幅度）也有较大差异，本书将双元创新解构为探索式创新和利用式创新。

在企业联盟活动中，企业处理生产经营中遇到的类似问题时，往往依赖于默认规则和稳定的行为模式。这主要是因为经验丰富员工的引导，或是受到现有方法和合作模式的影响。这种依赖不仅会提供一个稳定的操作框架，还可能激发员工的创造性思维，因为熟悉的环境可以让员工更自由地思考可能的改进。同时，联盟伙伴间的默契，一方面有助于多样化知识的交融与碰撞，另一方面也会诱发联盟伙伴间的头脑风暴，这是新产品、新服务以及新技术产生的动力源泉。同时，联盟伙伴间的交互共识会减少各企业在创新协作过程中的分歧和资源浪费，更容易令各企业齐心协力地解决创新过程尤其是探索式创新活动中的瓶颈问题。因此，本书提出如下假设：

假设 5a：联盟惯例对探索式创新有正向影响。

本书提及的双元创新之一探索式创新的实现形式是通过脱离或者超越现有知识基础，创造出全新的知识，从而推动企业的新技术开发，推出新产品或新服务[129,167]。知识权力作为企业因掌握特定知识而对伙伴企业施加的控制力和影响力，其核心来源是对知识的绝对控制权。因此，掌握知识权力的企业更倾向于推动联盟惯例的形成，知识基础和控制权力仅是引导、加快联盟惯例形成的部分要素。同时，成功的探索式创新活动还需要企业在创新活动开展之初就能够充分识别创新机会、挖掘创新潜力、把握创新动向以及监控创新风险等。有鉴于此，知识权力能促进联盟伙伴的经验内部化，有利于联盟惯例的形成，从而降低探索式创新的风险以及出现分歧的概率。与此同时，联盟企业间达成的隐性或不成文的行为规范和合作模式，其本质是长期合作过程中所积累的隐性知识，这进一步夯实了探索式创新的知识基础；更进一步地，联盟企业间在创新实践中达成的默契和信任，一方面降低了探索式创新中途夭折的风险，另一方面增强了企业之间的凝聚力和协同效应。因此，本书提出如下假设：

假设 6a：联盟惯例在知识权力与探索式创新的正向关系中起中介作用。

结构权力的来源是企业联盟关系中的位置优势和权力距离。一方面，结构权力的中心性使得企业因其位置优势而掌握先发优势；另一方面，结构权力的结构洞意味着掌握了独特、丰富且不可替代的资源优势的企业更能在合作中影响联盟惯例的形成。因此，不管是结构权力的中心性还是结构洞，都会强化企业联盟惯例。在实践中，联盟网络中的位置优势和资源优势并不构成探索式创新的充分条件。换言之，联盟核心企业与伙伴企业在行动逻辑、内在的隐性规范以及达成的规范共识等方面的相互作用，极大地推动了探索式创新。一方面，联盟核心企业在行动模式、创新经验等方面与伙伴企业形成信任与默契，这种交互过程会加强企业间知识的流动与资源的共享，从而拓宽探索式创新的知识基础，扩大其资源池。另一方面，联盟核心企业与伙伴企业间相互依存的合作关系极大地降低了创新风险和资源冗余程度，缩短了协调创新过程中意见分歧所花的时间，从而避免了延缓探索式创新进程或错失探索式创新发展机会。因此，本书提出如下假设：

假设 7a：联盟惯例在结构权力与探索式创新的正向关系中起中介作用。

如前所述，联盟核心企业所具备的声誉、地位以及品牌等优势，是企业认同权力的来源，这使得核心企业能够对那些愿意维持双方关系的伙伴企业产生一定的影响或者约束，因此，核心企业所具备的上述优势也是联盟惯例形成的重要基础。有鉴于此，考虑到企业声誉、独特品牌等方面对企业绩效提升的正向作用，伙伴企业会加强与核心企业的联盟与合作，促进联盟惯例形成，并在知识流动与共享、技术交流和互动的过程中，不断在产品开发、服务提供以及技术研发等方面寻求突破性进展。但是，在企业联盟中，伙伴企业对联盟核心企业的认同和吸引力，不足以构成探索式创新的重要前提。换言之，虽然认同权力提高了联盟企业之间的相互吸引与依存的程度以及成功实现探索式创新的概率，但是，由于企业所掌握的资源存在异质性以及网络级差，企业联盟的存在可以使联盟企业熟知伙伴企业的企业风格、合作意图以及先前经验，联盟企业间的关系更加稳固，增强了企业创新活动在信息、知识、技术以及资源等方面的基础积累，促使企业更好地推进探索式创新。因此，本书提出如下假设：

假设 8a：联盟惯例在认同权力与探索式创新的正向关系中起中介作用。

关系权力是指组织中或组织外领导者通过正式或非正式关系网络获得的影响力。因此，核心企业所掌握的关系权力使得组织成员间的合作关系具有稳定性，在一定程度上促进了联盟惯例的形成，并增加了联盟成员间技术、资源共享与知识流动的广度与深度，这夯实了企业开展探索式创新的知识基础。个人层面的关系以及作为整个企业软实力的关系权力[227]，并不构成企业开发新技术和新产品的关键。致力于开展创新活动的联盟核心企业倾向于加强与伙伴企业之间的合作，并在此过程中不断参考和完善既有创新经验，达成行为规范以及共识等，以迅速捕捉合作伙伴的意图并达成默契，这增强了联盟成员间的关系黏性和稳定性，从而推动了企业的探索式创新。因此，本书提出如下假设：

假设 9a：联盟惯例在关系权力与探索式创新的正向关系中起中介作用。

6.3.2 联盟惯例在联盟权力与利用式创新之间的中介作用

作为一种稳定的行为方式和合作模式[68]，联盟惯例在企业创新中的重要作用体现在两个方面。一方面，联盟惯例可以作为载体来积累网络组织中产生的知识，而这种基于惯例的"共同知识"可以调节网络成员间的关系和行为，使其在探索和利用的创新过程中，达成信息管理和问题处理方面的一致性，这有助于形成联盟组织之间稳定的运作模式和管理方式。同时，通过惯例产生的一致的行为模式也能够极大地减少组织成员互相沟通和调节的时间成本，从而有效化解企业在创新过程中遇到的分歧与矛盾。更为关键的是，惯例作为一种网络行为方式，普遍存在于网络组织的活动之中，主要表现在企业的组织结构、执行过程、历史传统、专利技术、规章制度、战略战术甚至企业文化等诸多方面，是网络组织层面的隐性知识。由此可知，联盟惯例的外在表征形式是稳定且可持续和循环的做事方式、标准化的作业程序和统一的行为准则，被用以指导组织之间的合作行为，协调和巩固相互之间的关系，促进知识的相互流动[236]，并最终构成了企业创新的知识基础。另一方面，由于联盟企业在创新活动中会参考以往的工作行为方式与经验，甚至遵循既有的游戏规则，这可能会形成路径依赖甚至组织惰性。更进一步地，参照以往的行为方式与既有经验，受制于思维定式或路径依赖甚至囿于既有创新模式[237]，企业更倾向于对现有产品和技术进行逐步完善，或者对既有产品生产线或工艺流程进行渐进性改进与逐步创新。因此，本书提出如下假设：

假设 5b：联盟惯例对利用式创新有正向影响。

作为一种企业间的行为模式，联盟惯例代表的长期稳定的合作关系会减少企业间因分歧而产生的时间成本甚至是资源浪费，促使企业强化与联盟伙伴合作的广度与深度；同时，成熟稳定的组织惯例使得企业在协调和整合方面的能力更强，能更有效地促进知识互动和转移[238]。因此，企业间的联盟不仅降低了创新风险，还夯实了创新的知识根基。更进一步地，知识权力作为一种因拥有特定知识而获得的影响力[23]，会对企业联盟惯例与利用式创新活动产生重要影响。一方面，从企业所掌握的知识本身而言，由于核心企业掌握了其他企业不具备的核心知识，并且这些知识难以模仿，因此，企业在长期合作中形成联盟惯例的过程，也是知识共享、知识整合以及知识转移的过程[239-240]，基于此，企业会不断改进现有的产品和服务线的工艺流程与技术，进而提升其创新成效[47]。另一方面，从知识的外部表征和效用来看，知识权力可以表现为企业间长期合作而形成的联盟经验以及对其他企业在决策和行为方面的约束力[241]，企业会根据这种稳定的联盟惯例来调整自身的策略与创新行为。因此，本书提出如下假设：

假设 6b：联盟惯例在知识权力与利用式创新的正向关系中起中介作用。

联盟企业在创新网络中的位置优势和结构优势是其结构权力的重要来源，这种基于位置和结构的优势能够对联盟中其他组织成员的战略选择和行为决策形成一定的约束力和控制力[41]。一方面，不同于边缘化的企业，核心企业往往在信息和资源获取上具有先发优势，自然也就会获得更多的优质创新资源（包括知识、技术、市场以及人才资源等），这构成了企业创新的资源基础[242]。另一方面，这种位置优势和结构优势也会进一步促使核心企业与联盟伙伴在技术研发以及市场信息和技术知识的交流互动等方面实现协同效应，其最终目的还是提升创新效率。但不可避免的是，联盟企业之间会因网络位置和结构方面的差异，在创新合作过程中产生分歧、利益冲突并最终导致关系破裂或联盟解散。而联盟惯例在维系和稳定联盟关系方面发挥至关重要的作用。具体来讲，联盟惯例作为多主体参与且稳定的行为模式，一是加强了企业间的纽带联系，二是有效减少了企业间因沟通协调而产生的时间成本或机会损失，以上二者都会增强各企业在技术研发、知识共享等方面的互动。进而，联盟企业在原有创新的基础上，通过与伙伴企业的信息互通、知识共享以及资源流动不断调整现有产品及其生产线和生产工具、现有技术以及工艺流程，为利用式创新奠定了可靠基础。因此，本书提出如下假设：

假设7b：联盟惯例在结构权力与利用式创新的正向关系中起中介作用。

在联盟惯例的形成过程中，企业因其所拥有的品牌、声誉以及地位等资源而产生的对其他企业的影响力和控制力，不仅会促进联盟的形成，也有助于企业赢得知识权力。基于此，核心企业经常会收到其他联盟企业的合作邀约，一方面提高了自身的声誉和影响力，另一方面提升了其资源集聚程度，这些从整体上都会成为联盟企业开展创新活动的资源基础和优势条件。但是，仅凭企业的品牌、声誉等软性实力建立起来的创新合作关系可能会受到利益冲突和环境动态变化的挑战，而基于长期合作而形成的稳定的行为模式会有效减少这种弊端所带来的损失。具体来讲，对于联盟成员企业而言，长期稳定的合作关系会增强企业之间的信任和关系承诺，有利于构建相同或相似的组织文化，从而创造和谐的创新氛围和环境[243]。此外，掌握认同权力的企业往往掌控联盟关系的发展演化，而其他企业也会因此遵循和效仿联盟企业的创新实践与行为模式，联盟企业之间逐渐形成了路径依赖和交互依赖[244]。这一方面会进一步巩固既有的联盟惯例，加强企业间的信息互动和（技术）知识共享与再创造;另一方面会进一步推动完善现有产品、技术以及生产流程与工具等,从而推动企业的利用式创新。因此,本书提出如下假设:

假设8b:联盟惯例在认同权力与利用式创新的正向关系中起中介作用。

关系权力是联盟企业通过正式或者非正式网络而形成的对其他企业的制约关系,反映了企业间相互影响、相互制约的内在关联性。通过长期合作构建的关系有助于增强企业间的知识流动和资源整合,促进联盟惯例形成,加强联盟的稳定性;这种建立在权力基础上的关系会增强关系黏性和关系承诺,从而为企业进行创新奠定可靠基础。更进一步地,是"若即若离"还是"亲密无间"会极大地影响企业的创新绩效[240]。具体来讲,网络密度较高时,联盟惯例会削弱联盟合作伙伴关系(不管这种关系较强还是较弱)对企业创新的影响;而网络密度较低时,联盟惯例会增强联盟伙伴之间的关系强度,并提高企业创新成效。在联盟企业间的创新活动中,关系权力势必有助于企业开展利用式创新活动,但由于联盟网络在属性和参与主体的数量上存在差异,联盟企业只有在联盟惯例的引导下,经过长期的商业合作与创新协同,不断加强彼此之间的信任程度,适时调节联盟成员间的关系和行为,使得联盟企业在创新过程中保证信息捕捉和机会把握的时效性[68],才能有效地推进企业的利用式创新。因此,本书提出如下假设:

假设9b:联盟惯例在关系权力与利用式创新的正向关系中起中介作用。

6.4 跨界搜索的调节效应

6.4.1 跨界搜索对联盟惯例与探索式创新关系的调节作用

基于演化视角,联盟惯例是指当联盟与外部环境相冲突时,由企业对联盟中一系列行为不断学习、修正和完善而形成的经验性规范,并被企业保留和反复使用[247]。因此,从本质上看,联盟惯例是组织不断学习和演化的结果,而组织学习是企业吸收异质性知识和技术,整合企业内外部知识和资源以推动企业创新的重要方法与途径[192]。更进一步地,企业间长期稳定的联盟关系以及和谐默契的行为模式,一方面减少了较高创新风险导致的企业间冲突，另一方面增强了联盟成员间的关系黏性。基于此，联盟企业间会通过借鉴与效仿合作伙伴的工作方式、合作经验、问题处理方式，汲取合作伙伴的技术知识以及优势创新资源，从而为企业的探索式创新奠定知识基础和资源基础。但是，在联盟网络中，联盟惯例与探索式创新之间的正向关系可能会受到其他因素的影响。这主要是因为，在联盟网络中，企业间联盟惯例的形成建立在企业之间跨越认知、时间、空间以及产品和市场边界甚至联盟边界的基础上。因此，二者之间的正向关系会受到跨界搜索这一调节因素的影响。一方面，明确跨界搜索的目的是理解其作用的基本前提。一般来说，企业跨界搜索的目的是获取异质性知识和资源[103]，这就需要企业不断提高其学习能力和技术研发水平，以在跨越边界的搜索过程中及时捕捉有效信息和知识，挖掘发展机会，此外还需要对既有的思维方式（甚至是思维定式）以及行为方式进行不断完善、调整和深化[248]。另一方面，跨界搜索的关键在于所跨越边界的界定。企业在进行搜索的过程中，可以只跨越一种边界，也可以同时跨越多种边界，后者扩大了搜索的范围，可以帮助企业收集更多的信息资源，弥补自身资源缺陷。在联盟网络中，跨界搜索意味着企业能够迅速捕捉到行业中替代产品的市场动向，提供互补性产品的企业动态，并充分掌握本行业的技术发展趋势，明确竞争环境中产品、技术以及流程上的创新动向，这既是搜寻市场信息、识别和捕捉发展机会的过程，也是获取、整合和利用外部（异质性）知识的过程[112]。更进一步地，当跨界搜索程度增强时，企业能够跨越边界（包括市场边界、技术边界甚至是组织边界等），在充分分析外部竞争环境的前提下，有效搜寻、识别、筛选和利用有价值的知识和资源，这一方面加速了创意的产生，另一方面在联盟成员间营造了竞争氛围和创新环境[249]，有助于催生出全新的产品、服务和技术等方面的创新活动[119]，从而极大地推动企业的探索式创新。根据已有文献和逻辑演绎，本书提出如下假设：

假设10a：跨界搜索正向调节联盟惯例与探索式创新的正向关系，即跨界搜索程度越强，联盟惯例对探索式创新的促进作用越强。

6.4.2 跨界搜索对联盟惯例与利用式创新关系的调节作用

联盟惯例的形成是促使企业进行有效联盟管理的重要支撑和可靠依据[68]。联盟惯例并非单独的联盟经历或经验，只有将这些联盟经验内化并发展为联盟惯例，才能促使企业进行有效的联盟管理并实现能力跃迁。由此可见，联盟经验是促进企业间联盟惯例形成的助推器。更进一步地，经验的累积和惯例的形成本质上也是一种组织学习过程，即企业通过不断实践以获得新经验和新知识，并在"干中学"的过程中改善、优化现有惯例[250]。因此，联盟惯例的形成本质上是组织知识积累的过程。联盟惯例外在表征为稳定的做事方式、标准化的作业程序和统一的行为准则，对指导组织之间的合作行为、协调和巩固彼此间的合作关系，以及促进知识流动都发挥着重要的作用；联盟企业则通过稳定的联盟关系，加强信息互通、知识流动以及资源共享，从而为产品、市场以及服务等方面的创新活动奠定可靠基础。从本质上看，联盟惯例与利用式创新活动之间的关系表现为联盟成员间的伙伴关系及稳定行为模式对创新活动的正向推动，但是，二者之间的正向关系可能还会受到其他权变因素的影响。

联盟惯例的本质是企业跨越组织边界搜索合作伙伴，并基于长期合作和不断磨合形成稳定默契的合作关系和行为模式[68]。联盟惯例的形成本身也是企业跨界搜索的必然结果，因此，联盟惯例对利用式创新的积极作用可能会受到跨界搜索的影响。具体来看，在联盟网络中，当联盟惯例形成后，企业跨越地理位置、组织边界来搜索不同行业或不同合作程度的联盟成员[251]，并加强与这些联盟成员在市场/行业信息和技术知识等方面的交流与互动[94]，一方面会增强企业对竞争市场信息以及行业发展趋势的深入把控，另一方面会增强企业对合作伙伴以及竞争对手的了解，从而使企业有针对性地改进和完善现有产品、技术以及服务等，及时响应环境和市场需求的动态变化。同时，由于联盟惯例能够维持和协调组织间的稳定关系，而跨界搜索虽然会在知识积累与资源集聚方面有显著成效，但可能会存在一定的风险，因此，企业更倾向于对现有产品、服务和技术进行渐进性改进与完善，而非实行全面革新。因此，本书提出如下假设：

假设 10b：跨界搜索正向调节联盟惯例与利用式创新的正向关系，即跨界搜索程度越强，联盟惯例对利用式创新的促进作用越强。

6.5 跨界整合的调节效应

6.5.1 跨界整合对联盟惯例与探索式创新关系的调节作用

联盟惯例是建立在多主体参与和不断磨合基础上的行为规范和模式，这种基于惯例的共同知识可以调节联盟成员间的关系和行为[55]，使联盟成员在探索式创新过程中保持步调一致。在企业联盟网络中，联盟惯例与探索式创新的正向关系可能会受到其他因素的影响。一方面，创新本质上是一个知识搜寻与整合的过程[248]。无论是探索式创新还是利用式创新，其核心目标都是创造新事物，涵盖从创意的产生到产品、服务或技术的实现的整个过程。此外，企业之间基于共同认可的行为模式进行合作，可以有效减少创新过程中由观点分歧带来的时间和管理成本。这种行为模式的统一有助于提高创新效率，从而加速新产品和新服务的开发与推广。另一方面，从创新所需的资源来看，打破资源束缚、实现资源优化配置一直是创新创业领域的核心议题[252]，而资源整合作为企业资源管理的关键环节，是探索企业创新及其成效的关键视角[75,142]。更进一步地，联盟惯例对探索式创新的促进作用可能会受到知识和资源层面的搜寻与整合行为，即跨界整合的影响。

跨界整合是指企业在战略联盟过程中，要对组织间内外部资源的流动和扩散具有一定的敏捷性，即通过快速识别、吸收和重构这些内外部资源，使得企业在占据不同来源、不同特性以及不同功效的资源方面有先动优势，并将其发展内化为企业自身的知识和资源基础，这是企业赢得竞争优势和提高创新能力/成效的重要来源[134]。本书中的跨界整合主要指资源层面的跨界搜寻与整合行为，这种整合主要包括企业内部、外部以及内外部相结合的资源[253]。当跨界整合程度较高时，在联盟活动中，企业的探索性目标的实现必然涉及内外部资源的同时整合。更重要的是，相较于单一企业的资源整合，这种建立在联盟惯例基础上的多主体参与下的伙伴关系及其带来的不同资源类型，使得企业有机会获得更多的异质性资源和稳固的外部伙伴关系[254]，以此为企业创新尤其是探索式创新提供丰富的资源池。因此，本书提出如下假设：

假设11a：跨界整合正向调节联盟惯例与探索式创新的正向关系，即跨界整合程度越强，联盟惯例对探索式创新的促进作用越强。

6.5.2 跨界整合对联盟惯例与利用式创新关系的调节作用

组织惯例具有重复发生、路径依赖以及多主体联动等特征，同样地，联盟惯例的形成也具有一定的路径依赖性[120, 255]。因此，考虑到资源的有限性、组织惯例以及路径依赖的约束，企业会倾向于在动态环境变化中进行利用式创新，即对现有产品、服务以及技术等进行逐步提升，以降低创新风险。但是，联盟惯例与利用式创新之间的关系也同样会受到跨界整合的影响。这主要是因为，一方面，企业因资源有限而不得不采取利用式创新行为；另一方面，利用式创新会降低环境不确定性所带来的风险。但是，当跨界整合程度不同时，联盟惯例对利用式创新的影响可能有些许差异。具体来讲，一方面，企业会调整其资源整合的方式[256]，当跨界整合程度较高时，企业会倾向于采用稳固式的资源整合方式来对现有资源进行重组，并替换企业既有的资源束，将获得的跨界资源运用到企业经营活动中[145]。另一方面，企业资源整合主要包括资源获取和资源配置，当跨界整合程度较高时，企业会强化识别与获取资源的深度和广度，并且在整合企业内部、外部以及内外部相结合资源的基础上进行有效配置和使用[139]，因此，这种跨越边界的资源搜寻与整合过程使得企业循序渐进地开展创新活动。基于以上分析，本书提出如下假设：

假设11b：跨界整合正向调节联盟惯例与利用式创新的正向关系，即跨界整合程度越强，联盟惯例对利用式创新的促进作用越强。

6.6 联盟权力影响双元创新的理论模型

在借鉴联盟相关文献的基础上,本书提出联盟权力的概念,将其划分为知识权力、结构权力、认同权力和关系权力四个维度,并对联盟权力与双元创新的作用关系进行假设推演;在提出假设时,本书考虑了联盟惯例在二者之间的中介作用,以及跨界搜索和跨界整合在二者之间的调节作用。基于此,本书的理论模型如图 6-1 所示。

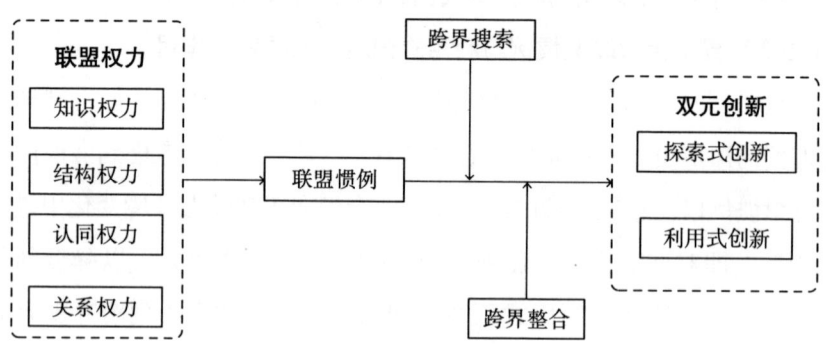

图 6-1　本书理论模型

6.7 本章小结

本章在借鉴相关研究成果的基础上,对联盟权力(包括知识权力、结构权力、认同权力和关系权力)与探索式创新和利用式创新的关系机制分别进行了更为深入的理论分析,厘清了知识权力、结构权力、认同权力和关系权力分别通过促进联盟惯例形成进而提升企业双元创新水平的内在机理。随后,本章在跨界创新的视角下,引入跨界搜索和跨界整合两个调节变量,考察了二者分别对联盟惯例与探索式创新和利用式创新正向关系的调节效应。根据基本概念模型和推导论证,本章提出了相应的研究假设并汇总于表 6-1 中。

第六章 联盟权力与企业双元创新的理论模型

表 6-1 研究假设汇总

序号	假设编号	假设内容
1	假设 1a	知识权力对探索式创新有正向影响。
2	假设 1b	知识权力对利用式创新有正向影响。
3	假设 2a	结构权力对探索式创新有正向影响。
4	假设 2b	结构权力对利用式创新有正向影响。
5	假设 3a	认同权力对探索式创新有正向影响。
6	假设 3b	认同权力对利用式创新有正向影响。
7	假设 4a	关系权力对探索式创新有正向影响。
8	假设 4b	关系权力对利用式创新有正向影响。
9	假设 5a	联盟惯例对探索式创新有正向影响。
10	假设 6a	联盟惯例在知识权力与探索式创新的正向关系中起中介作用。
11	假设 7a	联盟惯例在结构权力与探索式创新的正向关系中起中介作用。
12	假设 8a	联盟惯例在认同权力与探索式创新的正向关系中起中介作用。
13	假设 9a	联盟惯例在关系权力与探索式创新的正向关系中起中介作用。
14	假设 5b	联盟惯例对利用式创新有正向影响。
15	假设 6b	联盟惯例在知识权力与利用式创新的正向关系中起中介作用。
16	假设 7b	联盟惯例在结构权力与利用式创新的正向关系中起中介作用。
17	假设 8b	联盟惯例在认同权力与利用式创新的正向关系中起中介作用。
18	假设 9b	联盟惯例在关系权力与利用式创新的正向关系中起中介作用。
19	假设 10a	跨界搜索正向调节联盟惯例与探索式创新的正向关系,即跨界搜索程度越强,联盟惯例对探索式创新的促进作用越强。
20	假设 10b	跨界搜索正向调节联盟惯例与利用式创新的正向关系,即跨界搜索程度越强,联盟惯例对利用式创新的促进作用越强。
21	假设 11a	跨界整合正向调节联盟惯例与探索式创新的正向关系,即跨界整合程度越强,联盟惯例对探索式创新的促进作用越强。
22	假设 11b	跨界整合正向调节联盟惯例与利用式创新的正向关系,即跨界整合程度越强,联盟惯例对利用式创新的促进作用越强。

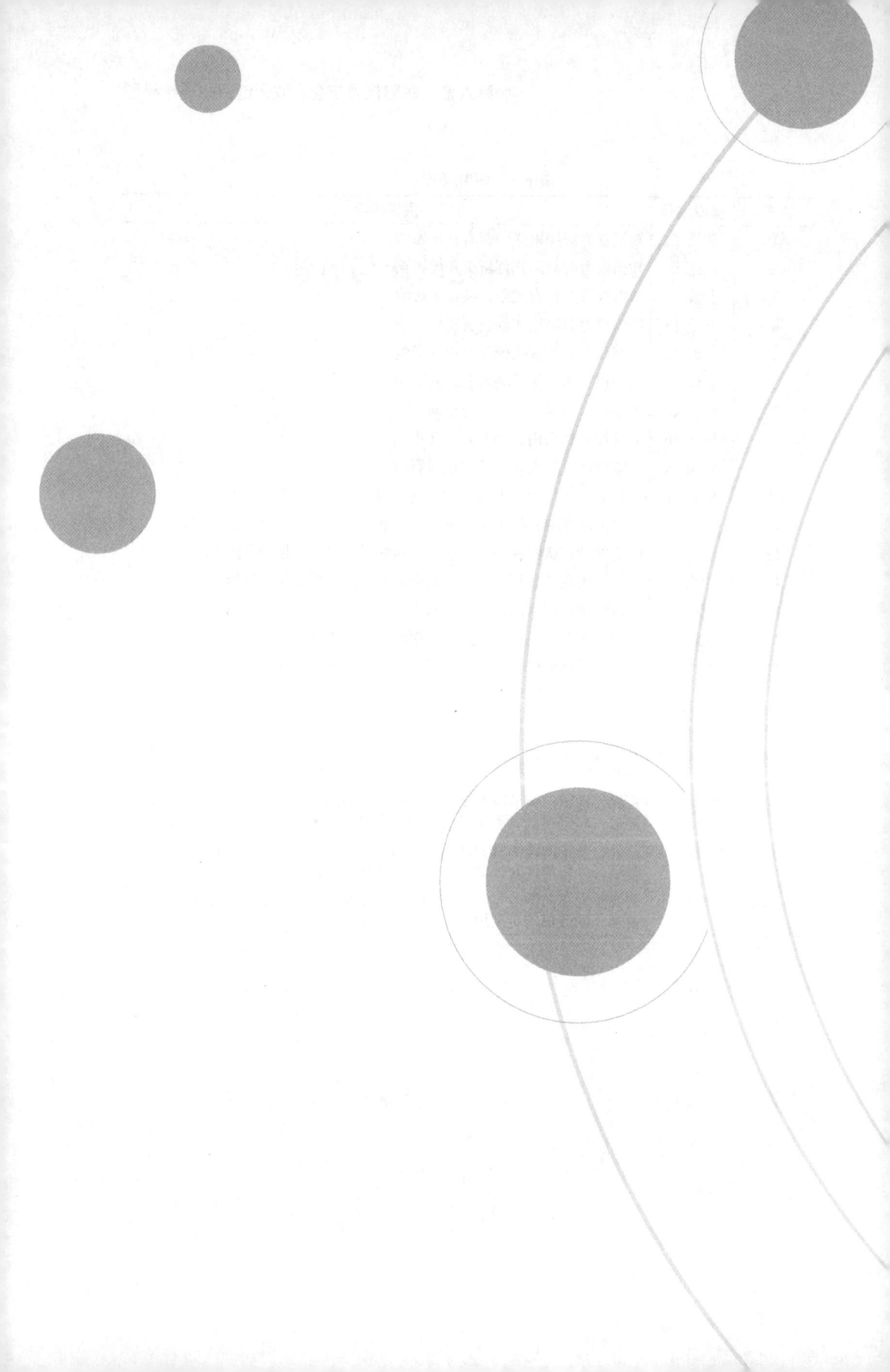

第七章　研究设计与方法

本章内容涵盖了研究设计的具体方面,如量表的内容与设计流程,并对五个关键变量——联盟权力、联盟惯例、跨界搜索、跨界整合和双元创新进行了详细测量。同时,本章还详细描述了问卷设计、变量测量、问卷预调研、样本数据收集等科学且规范的步骤,并完成了最终问卷的制定。在此基础上,本章还进行了样本筛选和实证检验,为第八章和第九章的进一步研究奠定了坚实的基础。

7.1 实证研究方法

实证研究方法在管理研究中被广泛运用。管理学领域中的实证研究方法涵盖实验法、问卷调查、二手数据、准实验法和案例研究这五个方面[257]。结合本书的研究主题,本章主要采用问卷调查和案例研究相结合的方式来开展研究。

首先,问卷调查是实证研究中的重要研究手段。问卷调查可以将一些无法直接观察的行为或者需要借助测量工具才能测量的行为进行量化,并可用于收集特定样本信息,从而对样本总体进行量化描述[258]。一般来讲,问卷调查的目的在于对特定现象进行描述和假设检验。目前来看,其普及程度较高的原因在于其在数据收集方面实用性强、可行性高、成本低廉等。但是,由于问卷本身的质量会影响问卷填写,而问卷数据收集的质量会影响实证研究结果,此外在实际问卷调研过程中,有多种干扰因素可能会影响研究成果,因此,采用多种研究方法来进行问题研究无疑是极佳的选择[259]。

特别地,在实证研究部分,本书涉及的关键构念——联盟权力、联盟惯例、跨界搜索、跨界整合和双元创新等的相关数据很难通过公开数据库获取。同时，一方面，对于本书关键构念的直接相关研究还较少；另一方面，有关上述研究主题的研究大都是采用问卷调查的方式来获取数据的。有鉴于此，本书也主要通过问卷调查的方式来获取相关数据，主要步骤如下：首先，通过长期跟踪相关企业，了解企业发展现状以及创新过程中出现的问题，进而梳理出值得研究的理论问题，并借鉴成熟量表，设计出本书的研究量表。其次，实地走访典型企业，并向这些企业的中高层管理者发放纸质问卷，在预调研收集的意见基础上，对问卷设计与题项的措辞进行修改和完善。最后，对所收集到的数据进行清理和检查，确保这些数据的信度和效度达到可接受的水平。

本章的实证研究主要包括：首先，在预调研过程中，对变量进行探索性因子分析，确认变量下子维度的个数是否正确，再进行描述性统计分析以及信度检验等。其中，探索性因子分析是降维的一种方式，主要考察变量是否存在子维度，并根据解释方差判断子维度的个数；描述性统计分析旨在概述样本企业的基本情况；KMO 检验和 Bartlett 球体检验是对变量效度的考察；信度考察主要通过 CITC 和 α 系数实现。接着，对变量的信度和效度进行进一步分析，并通过结构方程模型和多元回归分析对变量之间的关系机制进行验证，从而为数据结果的统计分析做好科学、严谨的准备。

其次，案例研究作为一种考虑情境与研究问题相适配的研究设计[260]，其目的在于通过定性观测数据解释现象背后的本质问题。通常来讲，案例研究主要包括探索性、描述性、因果性案例研究三种类型[257]。当研究者对需要开展研究的研究问题及其性质、典型案例以及研究工具等都没有清晰的认知时，可以采用探索性案例研究来深入挖掘研究问题和研究内容，并为正式研究提供可靠支撑。而当研究者对研究所涉及的研究问题、典型案例及其特性等有初步想法时，可以借助描述性案例研究（也被称为解释性案例研究）来加深对研究问题的理解以及对典型案例的充分掌握。不同于探索性案例研究和描述性案例研究，因果性案例研究是指研究者需要了解和探查管理现象，以解释现象中的因果关系,从而确定这些不同现象之间的因果关系函数。本书将采用描述性案例研究(详见本书第九章),来对现象以及实证研究结果进行进一步论证。

7.2 问卷设计

科学合理的问卷设计是保证数据信度和效度的重要前提,因此本书将根据下述科学流程,结合文献研究、专家访谈、企业调研等进行问卷设计,以保证数据质量。

7.2.1 问卷设计原则

问卷调查是一种数据收集方法,此处的问卷,顾名思义是为调查而设计的问卷,以方便深入了解研究对象的各类信息。由于问卷调查可以突破时间、空间等限制,跨越地理距离和时间距离来发放问卷和收集数据,因此本书通过问卷调查来对处于较大空间范围、涉及多个研究对象的企业进行实地调研、问卷数据收集,并对所获取到的一手资料进行实证研究和假设验证。这种做法的优点是:能够节约一定的人力成本、时间成本以及研究经费等;一般门槛较低,操作较为简单,在发放、收取问卷的过程中容易上手。科学设计问卷是保证获取数据有效、实证结果可信的基本前提。在管理学界,学者们比较认可的问卷设计的基本原则主要包括:问卷中的所有题干都应该表述准确、贴合问卷对象常用的语境;题干中的问题要联系实际,不能太生僻或者过于学术;题项表述应当清晰易懂,尽量避免双重否定或存在多种理解方式的表达;提问要保持中立,应该客观、不带倾向性。对于本书研究所使用的问卷,我们参考了国外成熟的、引用较多的量表,结合中国情景,在实际调研访谈中,与专家老师进行了反复商讨修订,确保在问卷科学、规范的前提下为"联盟权力—双元创新"的研究模型提供有力支撑。

7.2.2 问卷设计过程

本书通过邀请联盟企业高管填写问卷获取了一手数据,调查问卷的内容主要包括:自变量——联盟权力,中介变量——联盟惯例,调节变量——跨界搜索和跨界整合，因变量——双元创新，控制变量——联盟企业的研发投入、年龄和规模等。同时，参考 Churchill（1979）[262]、马庆国（2002）[263]等研究，为了保证问卷设计的严谨性以及所收集数据的可信性，本书在遵循问卷设计原则的基础上，主要通过三个阶梯走到问卷定稿的终点：

1. 文献研究

在设计问卷时，应先考虑已有学者对联盟惯例进行的测量，该学者使用的量表是否适用于本研究，以及这个量表是否引用量较大并且得到认可。在这一环节，笔者主要通过文献阅读与梳理，找到合适的量表，并根据本书的研究设计进行调整，形成初步问卷设计方案。联盟权力和跨界整合也按照联盟惯例设计题项的思路进行，而对于跨界搜索和双元创新，目前有较为成熟的量表测量方式，可以直接运用到本书的研究中。

2. 专家访谈与企业调研

在调查问卷初步设计完成之后，针对问卷的题项向科研团队里的专家学者请教并征求意见。同时，向企业专业人士询问建议，对问卷的选项进行多次修改完善，具体包括问卷选项中行为表述的用语习惯、接受程度、用词准确性等方面。

另外，去企业进行实地调研，针对现实中出现的管理、生产、销售等问题进行提问，并记录下来；直接与管理者进行面对面访谈，每个访谈持续半小时到一个半小时不等，访谈内容包括对问卷选项的看法，问卷选项、词语用法所存在的不足或者不当以及其他反馈意见。笔者分别前往中国移动通信集团四川有限公司、四川长虹电子控股集团有限公司、四川九州电子科技股份有限公司、宜宾丝丽雅集团有限公司、四川仟坤建设集团有限责任公司等多家集团公司，听取针对问卷的修改意见，并在访谈的基础上对调查问卷进行了更完善的修订。

3. 问卷前测

为了保证调查问卷的信度和效度，在确定最后问卷之前，笔者预先进行了小数量的预测。问卷前测的目的是通过提取变量的度量题项和预先试运行数据检验假设是否可行。本书的研究选取了成都、深圳等高新技术产业开发区内的30多家企业，通过面对面实地调研和访谈的形式进行问卷调研。根据被调查者的反馈和建议，笔者对部分题项的用词方式和排版设计等进行了修改完善，形成了最终的调查问卷。笔者在问卷前测阶段共发放133份问卷，其中，剔除缺项、作答前后矛盾以及作答时选项明显大量重复等无效问卷，最终获得了92份有效问卷，问卷的有效回收率为69.17%。笔者进一步录入了这92份有效数据，并利用SPSS25.0进行了预测试，包括探索性因子分析等，这样可以考察联盟权力、联盟惯例等测量变量的信度和效度是否可靠、能否反映构念的内涵，从而确定最终调研问卷。

7.2.3 问卷防偏措施

本书的研究采用的是李克特5点量表，笔者依据权力、惯例、跨界搜索的研究文献判断该量表足够测度目标构念。7点量表虽然分级更细，但用于本书的研究可能会起到反作用，使被调查者困惑，不能第一次时间作出判断。此外，由于问卷本身的特点，被调查者的主观判断会对研究问卷的有效性产生直接影响。为了减少这种影响，笔者借鉴陈晓萍和沈伟（2018）[258]的研究，采用以下措施来减少因问卷设计而在问卷收集过程中可能出现的各种偏差问题：在选择调查对象以及问卷填写对象时，对被试企业筛选的标准是被试企业必须有一个独立的企业法人，且成立的时间最好在3年以上，以保证问卷填写者能够明确了解问卷题项所表达的含义，并密切结合企业联盟与创新发展实际来进行作答。

由于调查内容是关于联盟权力对双元创新的影响，因此调查对象主要为中层管理者和高层管理者，问卷的主要发放对象为有战略联盟的企业；这些企业的创新活动比较频繁、联盟程度较高，确保了实证研究数据的质量。样本来源于全国十个城市，包括成都、绵阳、德阳、无锡、深圳、宜宾、广元、上海、北京、杭州。

考虑到研究的实效性，所设计的研究问卷的各个变量的题项均针对的是联盟企业目前的状况。同时，在设计问卷时，笔者更多地关注目标构念的测度，尽量避免涉及联盟企业的技术机密等，并说明问卷信息仅用于学术研究，不涉及任何商业机密。

7.3 变量测量

根据"联盟权力—双元创新"的研究框架，本书对联盟权力、联盟惯例、跨界搜索、跨界整合和双元创新的测量主要分为两个方面。第一，对于联盟权力、联盟惯例、跨界整合的测量是从网络权力、资源整合的研究中延伸而来的，笔者借鉴中文核心期刊以及外文期刊中的量表，根据实际情况进行修订。第二，对于跨界搜索和双元创新的测量，现在的管理学领域中有学者们认可的成熟量表，可以直接运用到本书的研究中。除控制变量外，变量的每个测量题项都通过李克特5点量表来衡量，其中，"1"表示"很不同意"，"5"表示"很同意"。

这里需要说明的是，由于联盟权力、联盟惯例、跨界搜索和跨界整合的相关研究正处在不断探索发展的过程中，尤其是联盟权力和联盟惯例的概念界定与测量尚处在萌芽状态，因此对于不同研究视角、不同研究背景以及不同研究内容，其维度的划分方式有所不同。笔者基于对企业联盟的持续研究，对联盟相关的概念进行了界定和深入分析，尝试推动相关主题的研究深化。

首先，本书中"联盟权力"的概念是由组织权力和网络权力演化而来的，目前对联盟权力没有较为权威的定义和测量。联盟是网络的一种特殊形式，但网络关系中的权力与联盟权力存在差异，后者是在前者基础上的演变与深化；网络权力主要包括知识权力和结构权力，而在企业联盟活动中，企业声誉和地位是推动联盟形成的重要因素[203]，因此，本书将认同权力纳入联盟权力的考量。此外，借鉴Santos和Eisenhardt（2009）[16]关于创建市场与塑造边界的研究，在构建联盟阶段，企业行动的核心领域是关系，由此可见，企业联盟本质上是一种企业间的关系，有鉴于此，本书将关系（权力）纳入联盟权力的考量。综上,本书借鉴现有研究有关网络权力的维度划分和测量[31],并结合本书研究主题,试图从知识权力、结构权力、认同权力和关系权力四个维度来解构联盟权力。

其次,联盟惯例的概念主要从组织惯例[59]和网络惯例[263]演化而来。联盟是一种特殊的网络关系,在企业惯例行为中,联盟关系中的惯例具备网络惯例的基本特征,即路径依赖性和路径创造性[91]。同时,联盟惯例也是一种特殊的组织惯例,因此,联盟惯例与组织惯例在内生发展模型上具有相同的特征,即都包含形式面、执行面和载体三个方面[86]。其中,形式面可以被描述为参与者用来指导、解释和参考惯例特定表现的抽象模式;执行面可以被描述为特定人群在特定时间、特定地点的即兴行为;而载体是惯例的形式面和执行面的有效联结,它主要包括书面规则、程序和表格以及一般的物理设置等具体形式。借鉴 Pentland 和 Feldman(2005)[86]的研究,本书视组织联盟为一个资源、信息和技术汇聚的生成系统,这一系统包括形式面、执行面及其载体。本书的研究主要聚焦于联盟惯例的执行面和形式面,以此来衡量联盟中的常规行为和结构。

再次,跨界搜索的概念是从跨界演化而来的。早期关于跨界的研究将跨界分为本地、内部跨界、外部跨界以及突破四种类型,其中,内部跨界和外部跨界行为主要从(技术)知识的角度进行考量[103]。基于此,知识的搜索与整合是跨界搜索的重要内容[114, 117]。与此同时,也有研究认为,跨界搜索的概念整合了来自不同行业的知识、技术、信息和其他资源[264]。由此,本书从知识、技术以及信息等方面来考察企业的跨界搜索行为。

最后,跨界搜索是跨界整合的前提,企业跨界过程中所搜索的知识、技术和信息等为企业跨界整合奠定了基础。更进一步地,知识、技术和信息是广义上的资源,而资源的整合是企业联盟与创新的前提和基础。学术界比较认可的,并且本书跨界整合也沿用的资源管理主要包括三大板块:资源结构化、资源捆绑以及资源利用[135],而资源整合需要综合以上三大板块,这构成了企业开展双元创新活动的资源基础[265]。因此,本书主要侧重从资源方面来解构跨界整合。

7.3.1 自变量：联盟权力

如前所述，本书将联盟权力划分为四个子维度：知识权力、认同权力、关系权力、结构权力。其中，知识权力是指核心企业凭借其自身的关键知识资源而使得联盟成员企业对其产生依赖，从而具备了对这些联盟成员企业的影响力和控制力。借鉴 Galaskiewicz 和 Wasserman（1989）[267]以及 Townley（1993）[268]有关知识权力的论述，结合郭献强等（2014）[39]对知识权力的测量，本书主要用 5 个题项来完成对知识权力的测量（见表 7-1）。

表 7-1 知识权力的测量量表

变量	序号	题项	测度依据
知识权力	A11	我们企业掌握联盟中其他成员企业不具有的核心知识。	Galaskiewicz 和 Wasserman (1989)[267]；Townley(1993)[268]；郭献强等 (2014)[39]
	A12	我们企业的技术知识难以模仿。	
	A13	我们企业的知识优势可以对联盟中其他成员企业的决策产生影响。	
	A14	我们企业具有指导联盟中其他成员企业的合作经验。	
	A15	我们企业能够通过知识交流约束联盟中其他成员企业的行为。	

结构权力是指核心企业凭借其在联盟关系中的结构优势和位置优势而获得的对其他联盟成员企业行为和决策的控制力与影响力。借鉴 Batjargal（2003）[269]、徐可等（2014）[41]以及徐可等（2019）[31]对结构权力的划分，同时结合本书的研究主题，根据企业调研和专家意见，最终确定用 4 个题项对结构权力进行测量（见表 7-2）。

表 7-2 结构权力的测量量表

变量	序号	题项	测度依据
结构权力	A21	我们企业经常比合作伙伴更快获得商业信息。	Batjargal (2003)[269]；徐可等 (2014)[41]；徐可等 (2019)[31]
	A22	我们企业能够主导商业信息在联盟中的流动。	
	A23	我们企业经常为合作伙伴传递信息。	
	A24	我们企业时刻关注和控制联盟中的信息，防止因其他成员企业间频繁沟通而自身遗失关键信息。	

认同权力是指核心企业因其所掌握的品牌、声誉、上下游多方渠道等软实力而赢得的联盟其他成员企业的认可和信赖。参考 Santos 和 Eisenhardt（2009）[16]有关组织间权力尤其是认同权力的论述，借鉴魏旭光等（2016）[44]有关认同权力的案例分析，本书主要将认同权力拓展到企业层面，并主要从企业的口碑、声誉、价值观以及社会地位等方面来进行测量（见表 7-3）。

表 7-3 认同权力的测量量表

变量	序号	题项	测度依据
认同权力	A31	我们企业在联盟合作伙伴中的口碑很好。	Santos 和 Eisenhardt（2009）[16]；魏旭光等（2016）[44]
	A32	我们企业与联盟中其他成员企业拥有相同价值观。	
	A33	我们企业在行业中拥有较高的社会地位。	
	A34	我们企业对整个联盟的发展演化起到重要作用。	

关系权力是指核心企业因与联盟其他成员企业建立正式或非正式的合作关系，而获得的对联盟其他成员企业的影响力。借鉴 Luo 和 Chen（1997）[230]有关关系的论述，以及 Bal 等（2008）[212]和赵新宇等（2015）[270]在领导力研究中关于关系权力的阐述，本书把关系定义为企业层面的关系，主要强调企业间的合作关系，并用 6 个题项对关系权力进行测量（见表 7-4）。

表 7-4 关系权力的测量量表

变量	序号	题项	测度依据
关系权力	A41	我们企业在合作中帮助过联盟中其他成员企业，所以这些企业会答应新的合作要求。	Luo 和 Chen(1997)[230]；Bal 等（2008）[212]；赵新宇等（2015）[270]
	A42	我们企业曾经满足合作伙伴提出的一些请求，所以如果我们有要求，合作伙伴会答应。	
	A43	合作伙伴会赞同我们企业的安排，以弥补之前没有成功合作的遗憾。	
	A44	合作伙伴与我们企业的项目未能完成，它们会通过合作新项目来修复上次可能带来的问题。	
	A45	我们企业与合作伙伴关系良好，会对合作伙伴产生影响。	
	A46	合作伙伴与我们企业合作较多，会认为答应我们的要求是合理的。	

7.3.2 中介变量：联盟惯例

组织惯例是组织理论研究中的焦点议题，其在持续竞争优势以及组织变革中发挥着重要作用[87]。近年来，对组织惯例的研究逐渐发展到对组织间惯例[68]、网络惯例[89]以及联盟惯例[95]的探索。所谓联盟惯例，是指联盟企业间完成行动任务的行为方式。借鉴王思梦等（2019）[95]以及刘景东等（2021）[241]对联盟惯例的研究及测量，本书主要用5个题项来测量联盟惯例，每个题项依然采用李克特5点量表打分法，具体见表7-5。

表7-5 联盟惯例的测量量表

变量	序号	题项	测度依据
联盟惯例	B11	我们企业承担的工作可以参考以往合作过程中的情况以及已有的方式。	王思梦等（2019）[95]；刘景东等（2021）[241]
	B12	在与其他联盟成员企业的合作过程中，我们有很多行为能够达成默契。	
	B13	合作任务不都是能完全清晰描述和说明的，而是由一些默认的、非书面化的规则决定。	
	B14	我们企业能很快地理解合作伙伴的意图。	
	B15	我们企业会学习和借鉴合作伙伴的工作方式、方法和原则。	

7.3.3 调节变量：跨界搜索和跨界整合

1. 跨界搜索

跨界搜索是一个相对于界内搜索而言的概念，本书中的跨界搜索是指企业跨越组织边界，寻找外部合作伙伴和异质性资源的行为。现有研究对跨界搜索中的"界"尚不存在一致的界定，对跨界搜索的测量也纷繁复杂。其中，大多数研究主要采用专利引用数据与调查问卷数据进行测量[103,112,270]。在现有研究中，学者们将专利引用数据当作测度跨界搜索的一个关键指标，通过定量的数值可以明确识别出跨界活动（跨越联盟边界、地域边界、行业边界、空间边界、技术边界等），并且能够保证调查问卷的客观性和真实性。但将专利引用数据纳入跨界搜索的考量指标存在以下不足之处：一方面，专利引用数据仅仅反映了某一特定行业在特定时期内的跨界搜索活动，却无法体现跨界搜索的方向和程度;另一方面,某些企业出于保护商业机密或者知识产权的目的,可能不会完整、客观地报告专利引用数据。有鉴于此,采用题项的主观评价方式来测量跨界搜索活动成为一种必然趋势[113, 114, 271, 272]。基于此,本书在借鉴现有研究的成熟量表和对跨界搜索行为的界定基础上,结合中国本土联盟企业跨界搜索与外部联盟企业合作的具体实际,对搜索边界的具体内容和事项做了进一步修正,最终采用6个题项来测度跨界搜索行为,见表7-6。

表7-6 跨界搜索的测量量表

变量	序号	题项	主要测度依据
跨界搜索	C11	我们企业非常熟悉行业的技术发展及趋势。	Laursen 和 Salter（2004）[272]；Sidhu 等（2007）[113]；马如飞（2009）[273]
	C12	我们企业定期收集与我们采用同类技术的行业信息。	
	C13	我们企业时刻关注在技术上与我们相关的行业。	
	C14	我们企业密切关注以我们顾客为目标的其他企业的信息。	
	C15	我们企业密切关注提供替代性产品的企业的市场动向。	
	C16	我们企业密切关注提供互补性产品的企业的市场动向。	

2. 跨界整合

跨界整合使得联盟中企业各方包括横向合作或上下游合作企业,都能利用联盟中的知识、渠道、技术等资源,这是联盟企业提高双元创新活动水平的基础。这里,跨界整合是指企业跨越组织边界,从企业外部寻找潜在的合作伙伴,并在这种合作过程中进行知识整合和资源整合。本书借鉴有关资源整合的新近研究[138, 139],参考Sirmon和Hitt（2003）[274]的量表,主要从跨越组织边界的组织搜索、资源获取以及资源整合三方面相结合的角度,采用6个题项对跨界整合进行测量。借鉴Ge和Dong（2008）[139]、马鸿佳等（2011）[275],董保宝等（2011）[138]对跨界整合的研究,并结合实地调研和预调研的反馈意见,经修改完善后最终形成6个题项,见表7-7。

表 7-7 跨界整合的测量量表

变量	序号	题项	测度依据
跨界整合	D11	合作伙伴愿意与我们企业分享跨界资源。	Ge 和 Dong（2008）[139]；马鸿佳等（2011）[275]；董保宝等（2011）[138]
	D12	我们企业事先对从外部获取的资源有一定了解。	
	D13	我们企业能在企业内部找到熟悉这种跨界资源的专家。	
	D14	我们企业能将从外部获取的跨界资源充分应用到实践中。	
	D15	我们企业能用获得的跨界资源及时替代相应的老资源。	
	D16	我们企业能利用获得的跨界资源不断提升和完备资源储备。	

7.3.4 因变量：双元创新

双元创新源于双元理论在创新领域中的运用[192]，参考双元创新的有关研究[184,196]，根据不同的研究对象及研究问题，本书将双元创新界定为探索式创新和利用式创新。其中，探索式创新主要是指对产品、技术以及主导产品生产线或服务流程的全面革新；而利用式创新是对现有产品、技术以及生产线等进行小范围的改进。二者之间的差异主要体现在对产品、技术等方面的改进程度和幅度以及对企业发展的影响程度上。基于此，本书借鉴 He 和 Wong（2004）[193]、李忆和司有和（2008）[196]的研究，分别用 4 个题项对探索式创新和利用式创新进行测量，如表 7-8 所示。

表 7-8 双元创新的测量量表

维度	序号	题项	测度依据
利用式创新	E11	我们企业经常开发出新的产品。	He 和 Wong（2004）[193]；李忆和司有和（2008）[196]
	E12	我们企业经常改进现有主导产品和服务线的流程工艺。	
	E13	我们企业提升了现有主导产品和服务的专业技术水平。	
	E14	我们企业经常更新生产和服务工具、设备等生产手段。	
探索式创新	E21	我们企业能开发出全新的主导产品和服务。	
	E22	我们企业能开发出行业内的全新技术。	
	E23	我们企业的产品和服务包含了全新的技术知识。	
	E24	我们企业通过创新实现了重大突破，淘汰了原先主导产品和服务线。	

7.3.5 控制变量

根据相关文献研究，影响联盟企业双元创新的因素除本书研究重点关注的联盟权力、联盟惯例、跨界搜索和跨界整合外，还可能受到企业自身的规模、年龄、研发投入等的影响，因此有必要在模型中进行相应的控制。需要控制的变量包括：

（1）企业年龄。企业年龄会影响到企业的联盟惯例及创新水平[240]，成立时间越长的企业，相对来说就越有经验优势[275]；同时联盟惯例的影响程度越深，联盟权力的影响可能越大。因此，企业年龄对联盟权力与双元创新之间的关系有影响。

（2）企业规模。企业的行为和决策制定往往会受到企业规模的影响。一般来说，企业的规模越大，所拥有的资源就越多，规模效应和声誉优势越显著[276]，越容易吸引合作伙伴，越能促进创新方式和创新成果的多样化[277]。本书的研究直接将问卷选项中关于企业员工人数的划分，作为企业规模的衡量标准。

（3）企业研发投入。已有研究显示，企业的研发投入与企业的专利数和新产品数都有着显著正相关关系[278]。为了减少不同企业不同规模的研发投入对各企业创新成果的影响，本书的研究对研发投入进行了分类，即从研发人员投入（即研发人员数量）和研发经费投入（即研发经费占销售收入的比重）两个方面进行测量。

7.4 问卷的预调研

在正式调研和数据收集之前，对问卷进行预调研。针对预调研中出现的问题以及组织创新领域专家的反馈意见，对问卷具体题项的措辞进行修改完善，保证最终形成的问卷不仅简单易理解，而且能代表测量构念，保证以此收集到的数据具有可信性。问卷定稿后，利用网络平台、校友会、MBA 和 DBA 课堂等渠道发放问卷。约一年的时间里，多次发放问卷，并及时回收；统一汇总录入后，进行探索性因子分析，此方式需要保证问卷最低数量，其基本要求是问卷的最低数量应当是总变量数的 5~10 倍[279]。

7.4.1 预测试分析方法

问卷前测的目的在于先一步发现即将开展的实证研究中可能遇到的问题，并及时改正或调整。现有研究在运用问卷调查进行数据收集时，都会选择对量表的信度和效度进行评估，但是对信度和效度的具体评估方式存在差异。因此，在阐述本书研究中有关信度与效度检验的内容时，有必要简要阐述问卷调查过程中信度和效度分析的相关评估指标。常见信度和效度检验的评估指标与标准分别如表 7-9、表 7-10 所示。

表 7-9 信度检验的评估指标与标准

评估内容		内涵	考察指标	评估标准
信度	基于古典测量模型	复本信度	计算被试者在同一时期填写两份不同问卷（内容、形式相同，语言表述不同）时得分的相关系数	相关系数	数值越大，表明量表越稳定
		重测信度	对两组被试者先后进行两次测查（用同一种测验方法），然后计算两次得分的相关系数	Pearson/Spearman 相关系数	数值越大，表明量表越稳定
		内部一致性信度	用于评价测量量表的内部指标之间的同质性	α 系数	门槛值为 0.7
	基于同属测量模型	组合信度	组合信度（Composite Reliability, CR）是一个新变量，该变量由多个变量综合而成		CR>0.7
		平均方差萃取量	平均方差萃取量（Average Variance Extracted, AVE）是指构面（construct）对题目的平均解释能力		AVE>0.5[280]

资料来源：根据相关文献整理。

表 7-10 效度检验的评估指标与标准

评估内容		评估方法		
效度	内容效度	逻辑分析法、专家判断法以及实证研究法等		
	内部结构效度	主要考察数据结构与构念的一致性程度。最常见的判别方法:探索性因子分析、验证性因子分析		
	基于该测量与其他测量间关系的效度	效度相关评估指标:		
		效度指标	内涵	评价标准
		效标效度	主要考察测验分数与效标之间的关系[281]	—
		构念效度	主要考察问卷衡量其所设定的理论构念[282]	—
		聚合效度	通常用于比较运用不同测量方法来测定同一特征时,两次测量结果的相似程度	AVE>0.5
		区分效度	根据实证标准,指构面与其他构面相区别的程度	AVE 的开根号值大于该因子与其他因子的相关系数的最大值

资料来源:根据相关文献整理。

基于表 7-9 和表 7-10,本书对信度和效度的概念以及主要评估指标进行简要介绍。首先,信度是管理学领域实证分析中判断问卷数据是否受随机误差影响的指标。目前,用于考察量表信度的指标有复本信度、重测信度以及内部一致性信度等[282]。复本信度的测度要求在理论上严谨,考虑了多方面的情况,能避免主观因素引起的不准确性;但是在实际问卷填写过程中,对被试者要求较高,通常难以达到,所以使用较少。重测信度用来评估问卷在不同时间点的一致性。如果一份问卷的数据收集跨度很大,例如跨越几年,那么需要考虑这些数据是否可以一起分析和用于模型估计。适用于这种情况的问卷应具备合理的可靠性和稳定性,以确保在不同时间收集的数据仍能反映一致的测量结果。不同于复本信度和重测信度,管理学文献中经常出现的是"内部一致性信度",以此来衡量量表内部指标的同质性,常用希腊字母 α(即 Cronbach's α)表示,出现在论文信度测量结果显示栏。学术界大多认可 Cronbach's α 的阈值为 0.700[261]。如果 SPSS 25.0 软件中输出的 Cronbach's $\alpha < 0.700$,则此问卷的目标构念的信度还有待提高,需考虑增大

样本量或者剔除无效问卷。同时，单一 Cronbach's α 也需要加入新的指标一起保证问卷的可靠性。目前在管理领域实证研究中，统计学分析也越来越严谨，学者们主要加入题项的总体相关系数（Component Indicator of Total Credibility, CITC），利用 SPSS 25.0 软件输出这两个指标可以更好地衡量信度。如果 CITC>0.350，则表明问卷各个构念量表的信度检验通过。

随着效度的检验愈发完善，学者们大多从三个板块对其进行阐述，即内容效度、内部结构效度，以及与其他测量间关系的效度（效标效度和构念效度）[282]，而出现在各大中文权威、核心期刊中较多的是内容效度以及构念效度。内容效度包含三个核心内容：一是设计的问卷题项是否涵盖了测量构念的主要内容；二是设计的题项能否代表目标构念，这些题项对应目标构念的特征、分配比重是否合适；三是问卷的整体长度、题项的具体措辞以及题项所反映的文化背景都应考虑到，确保调查对象能够理解，并且这些题项应与国际上认可的用语习惯保持一致。这样的设计可以帮助提高问卷的内容效度，确保测量结果的准确性和适用性。本书研究中联盟权力、联盟惯例、跨界整合的量表设计均参考了国外被引用量较高的期刊文献和国内国家自然科学基金委员会认定的核心期刊文献，结合了专家和业界高管人士的修订意见，因而内容效度能得到保证。而跨界搜索和双元创新的量表设计同样参考了国际上被引用量较高的文献，而这两个变量的量表相较于前三个变量的更成熟，因此具有很好的内容效度。

问卷信度检验的主要目的是考察采用某种测量工具后所测多次结果的一致性程度。通常来说，国内外学者一般会选用李克特量表来考察反映关键变量的题项。本书选取 Cronbach's α 来评价量表的内部一致性水平。研究运用 SPSS 25.0 中的可靠性检验算出信度水平，考察信度的标准是：CITC>0.350，删除题项后 Cronbach's α 均未高于整体的 Cronbach's α，同时变量各因子的 Cronbach's α 应该超过 0.700。

问卷效度检验的主要目的是考察题项能否真正反映和测算出变量/构念的本质内容，也就是说，问卷调查所获取的数据能否真正反映变量/构念的真实情况。一般而言，学者们所探讨的效度主要包括内容效度、聚合效度以及区分效度。相应地，本书的效度检验主要包括：

第一，主要运用定性方法（企业调研、专家访谈、专业领域老师讨论等方式）来考察内容效度——量表到底能反映目标构念的多少内容。由于本书研究的跨界搜索、双元创新等变量都有较为成熟的量表和测量方式，这些变量的测量题项也是在严格参考顶级中英文期刊上的测量方式，并且经过创新管理领域的专家学者以及企业界高层管理人员充分商讨后而确定的，这就保证了本书所涉及的量表的内容效度能达到可接受的水平。

第二，运用聚合效度判定衡量题项和因子相关性。在采用 SPSS 25.0 软件进行探索性因子分析和聚合效度检验时，主要步骤如下：首先，在提取因子之前，对变量的各题项的 KMO 值进行充分性检验[①]，若 KMO 值 ≥ 0.700 并且 Bartlett 统计值达到显著性水平，则表明问卷中该变量（如联盟权力、联盟惯例等）适合进行因子分析。其次，采用 SPSS 25.0 软件中的主成分分析法提取因子，将特征值 >1 的因子提取出来，并按照最大方差法进行因子旋转。若所有测量题项的因子载荷值不小于 0.500，累积解释方差的比例不小于 50%，并且 AVE 超过 0.500，则表明其聚合效度良好[283]。

第三，区分效度主要用来检验潜在因子之间是否存在较为显著的差异。如果某个因子（如联盟权力、联盟惯例、跨界整合等）的 AVE 的平方根大于两因子之间的相关系数，则该变量的区分效度达到了可接受的水平[284]。

7.4.2 预调研数据收集

基于前面部分的信度和效度检验，本小节将进一步进行探索性因子分析。先对探索性因子分析的问卷数量要求进行明确：一般来说，最低样本量是概念模型中的变量数或问卷题项数的 1/10~1/5。本书主要涉及五个核心构念——联盟权力、联盟惯例、跨界搜索、跨界整合、双元创新，研究的问卷数量为 330 份，满足探索性因子分析的样本数量要求。此外，在进行探索性因子分析之前，必须进行预调研，其样本数要求超过 40。同时，本书中研究

---

① 一般称作 KMO（Kaiser-Meyer-Olkin）检验，KMO 检验是由亨利·凯泽（Henry Kaiser）、约翰·迈耶（John Meyer）和奥尔金·英格拉姆（Olkin Ingram）提出的抽样适合性检验（measure of sampling adequacy）。

的预调研主要通过以下途径来实现：一是笔者借助所在学校及校友会平台，从2015年至2020年先后到成都京东方光电科技有限公司、宜宾丝丽雅集团有限公司、成都华为技术有限公司开展实地走访和调研，与企业建立了良好的关系，也为研究打下了坚实的基础。此次预调研主要对企业中高层管理人员进行了深度访谈和初始问卷调查，共收集到30份有效问卷。二是在成都高新西区相关部门工作人员的协助下，面向区内符合条件的企业中高层管理人员开展初始问卷调查，共获得18份有效问卷。三是通过问卷星获得有效问卷20份，通过邮件获得有效问卷24份。通过以上途径，共获得有效问卷92份，满足问卷预调研的最低问卷要求数量（40）。

7.4.3 预调研样本数据分析

1. 联盟权力

对联盟权力信度和效度的考察主要分为以下几个步骤：首先，进行四个子维度效度检验（考察指标是KMO值和Bartlett统计值）。知识权力、结构权力、认同权力和关系权力的效度结果为：联盟权力的KMO值为0.892（大于0.700的门槛值），并且联盟权力Bartlett统计值的显著性水平小于0.050，这表明能够进入探索性因子分析环节。然后，对92份联盟企业数据（总共包含19个题项）的四个权力子维度进行探索性因子分析，如表7-11所示。SPSS 25.0软件的输出结果显示，19个题项分为四个因子，每个因子的解释方差都大于50%。

表7-11 联盟权力的探索性因子分析（$N=92$）

变量名称	题项	描述性统计分析		因子载荷			
		均值	标准差	知识权力	结构权力	认同权力	关系权力
知识权力	A11	4.509	1.050	0.854	0.185	0.291	0.316
	A12	4.418	1.197	0.832	0.169	0.296	0.112
	A13	4.215	1.271	0.728	0.224	0.474	0.220
	A14	4.584	1.156	0.812	0.240	-0.215	0.163
	A15	4.219	1.220	0.829	0.394	0.035	-0.049
结构权力	A21	4.652	1.013	0.337	0.826	0.277	0.203
	A22	5.028	1.099	0.159	0.856	0.239	0.175
	A23	4.656	1.111	0.054	0.732	0.274	-0.293
	A24	4.270	1.070	0.354	0.764	0.194	0.337

(续表)

变量名称	题项	描述性统计分析		因子载荷			
		均值	标准差	知识权力	结构权力	认同权力	关系权力
认同权力	A31	4.455	1.159	0.496	0.348	0.740	0.347
	A32	4.854	1.293	0.445	0.210	0.815	0.291
	A33	4.612	1.135	0.253	0.279	0.804	0.401
	A34	4.409	1.192	0.141	-0.079	0.753	0.249
关系权力	A41	4.680	1.104	0.046	0.227	0.598	0.757
	A42	4.611	1.239	-0.160	0.225	0.186	0.763
	A43	4.953	1.124	0.416	0.182	0.291	0.765
	A44	4.484	1.188	-0.144	0.167	0.123	0.719
	A45	4.554	1.154	0.257	0.363	0.376	0.800
	A46	4.658	1.029	0.303	0.289	0.198	0.740

联盟权力主要分为知识权力、结构权力、认同权力和关系权力四个子维度，在信度检验方面，用5个题项来测量知识权力，4个题项来测量结构权力，4个题项来测量认同权力，6个题项来测量关系权力，共计19个题项，结果见表7-12至表7-15。

表7-12 知识权力的测量量表信度检验结果（$N=92$）

变量名称	题项	CITC	删除题项后的 Cronbach's α	Cronbach's α
知识权力	A11	0.707	0.833	
	A12	0.753	0.802	
	A13	0.816	0.747	0.864
	A14	0.691	0.721	
	A15	0.660	0.813	

表7-13 结构权力的测量量表信度检验结果（$N=92$）

变量名称	题项	CITC	删除题项后的 Cronbach's α	Cronbach's α
结构权力	A21	0.634	0.831	
	A22	0.648	0.805	0.867
	A23	0.730	0.780	
	A24	0.718	0.730	

表 7-14　认同权力的测量量表信度检验结果（$N=92$）

变量名称	题项	CITC	删除题项后的 Cronbach's α	Cronbach's α
认同权力	A31	0.697	0.809	0.876
	A32	0.700	0.819	
	A33	0.652	0.843	
	A34	0.815	0.745	

表 7-15　关系权力的测量量表信度检验结果（$N=92$）

变量名称	题项	CITC	删除题项后的 Cronbach's α	Cronbach's α
关系权力	A41	0.765	0.794	0.859
	A42	0.674	0.788	
	A43	0.639	0.813	
	A44	0.788	0.805	
	A45	0.685	0.814	
	A46	0.615	0.826	

联盟权力是本书研究的自变量，对其进行信度检验，从表 7-12 至表 7-15 可以看出，在 Cronbach's α 方面：知识权力 =0.864、结构权力 =0.867、认同权力 =0.876、关系权力 =0.859。此外，删除题项后的 Cronbach's α 都小于该量表总的 Cronbach's α。因此，联盟权力的四个子维度——知识权力、结构权力、认同权力、关系权力的测量题项具有较好的内部一致性。

从表 7-12 至表 7-15 中可以看出，所有题项的 CITC 值中，最低值为 0.615，大于门槛值 0.350。同时，联盟权力各个子维度的 Cronbach's α 均大于 0.700。信度检验通过。

2. 联盟惯例

对联盟惯例进行效度检验。根据 SPSS 25.0 软件的输出结果，联盟惯例的 KMO 值等于 0.814，并且 Bartlett 统计值的显著性水平小于 0.05，可以进入探索性因子分析环节，具体分析结果如表 7-16 所示。

表 7-16 联盟惯例的探索性因子分析结果（*N*=92）

变量名称	题项	描述性统计分析		因子载荷
		均值	标准差	
联盟惯例	B11	4.314	1.257	0.808
	B12	4.759	0.910	0.835
	B13	4.904	1.272	0.752
	B14	4.949	1.173	0.697
	B15	4.462	0.840	0.781

本书用 5 个题项来测量联盟惯例，其信度输出结果如表 7-17 所示。SPSS 25.0 软件输出结果显示，联盟惯例测量题项的 CITC 值中，最低值为 0.627，远大于门槛值 0.350；同时，联盟惯例的 Cronbach's α 为 0.862，大于 0.700（门槛值）。此外，删除题项后的 Cronbach's α（0.816、0.824、0.743、0.799、0.792）均小于 0.862，因此，联盟惯例的测量题项具有较好的内部一致性。

表 7-17 联盟惯例的测量量表信度检验结果（*N*=92）

变量名称	题项	CITC	删除题项后的 Cronbach's α	Cronbach's α
联盟惯例	B11	0.773	0.816	
	B12	0.723	0.824	
	B13	0.746	0.743	0.862
	B14	0.627	0.799	
	B15	0.815	0.792	

3. 跨界搜索

对跨界搜索的测量量表进行效度检验。SPSS 25.0 软件输出结果显示，跨界搜索的 KMO 值等于 0.853，并且 Bartlett 统计值的显著性水平低于 0.05，可以进入探索性因子分析环节。从表 7-18 中可以观察出，6 个测量题项的因子载荷有 5 个大于 0.700，还有 1 个非常接近。总结来看，跨界搜索的探索性因子分析结果基本达到预期效果，并且跨界搜索的建构效度达到理想水平。

表 7-18 跨界搜索的探索性因子分析结果（$N=92$）

变量名称	题项	描述性统计分析		因子载荷
		均值	标准差	
跨界搜索	C11	4.323	1.090	0.844
	C12	4.390	1.038	0.776
	C13	4.056	1.020	0.867
	C14	4.504	0.969	0.787
	C15	4.693	1.088	0.790
	C16	4.304	1.051	0.698

跨界搜索（共计6个题项）的信度检验结果如表7-19所示。SPSS 25.0软件输出结果显示，跨界搜索测量题项的CITC值中，最低值为0.616，远大于0.350（门槛值）；同时，跨界搜索的Cronbach's α 为0.848，大于0.700（门槛值）。删除题项后的Cronbach's α（0.800、0.810、0.822、0.805、0.826、0.796）均小于0.848，表明跨界搜索测量题项的内部一致性较好。

表 7-19 跨界搜索的测量量表信度检验结果（$N=92$）

变量名称	题项	CITC	删除题项后的 Cronbach's α	Cronbach's α
跨界搜索	C11	0.711	0.800	
	C12	0.764	0.810	
	C13	0.722	0.822	0.848
	C14	0.616	0.805	
	C15	0.714	0.826	
	C16	0.782	0.796	

4. 跨界整合

对跨界整合的测量量表进行效度检验。SPSS 25.0软件输出结果显示，跨界整合的KMO值为0.853（高于0.700的门槛值），并且Bartlett统计值的显著性水平低于0.05，可以进行探索性因子分析。同时，如表7-20所示，所有测量题项的因子载荷都大于0.700。总结来看，探索性因子分析结果符合预期，6个题项能很好地代表跨界整合变量，具有良好的建构效度。

表 7-20 跨界整合的探索性因子分析结果（N=92）

变量名称	题项	描述性统计分析		因子载荷
		均值	标准差	
跨界整合	C11	4.356	1.002	0.851
	C12	4.368	1.040	0.838
	C13	4.537	0.909	0.838
	C14	4.167	1.100	0.764
	C15	4.432	1.084	0.799
	C16	4.154	1.096	0.776

本书用 6 个题项来测量跨界整合，其信度检验结果如表 7-21 所示。SPSS 25.0 软件输出结果显示，跨界整合测量题项的 CITC 值中，最低值为 0.742，远大于 0.350（门槛值）；同时，跨界整合的 Cronbach's α 为 0.872，大于 0.700（门槛值）。删除题项后的 Cronbach's α（0.806、0.811、0.821、0.835、0.846、0.789）均小于 0.872，可见，跨界整合的测量题项具有较好的内部一致性。

表 7-21 跨界整合的测量量表信度检验结果（N=92）

变量名称	题项	CITC	删除题项后的 Cronbach's α	Cronbach's α
跨界整合	D11	0.784	0.806	
	D12	0.799	0.811	
	D13	0.791	0.821	0.872
	D14	0.813	0.835	
	D15	0.742	0.846	
	D16	0.754	0.789	

5. 双元创新

对双元创新量表进行效度检验。SPSS 25.0 软件输出结果显示，双元创新的 KMO 值为 0.846（高于 0.700 的门槛值），并且 Bartlett 统计值的显著性水平低于 0.05，可以进入探索性因子分析流程。如表 7-22 所示，利用式创新题项和探索式创新题项的主要因子载荷大于 0.700，表明利用式创新和探索式创新的效度较好。

表 7-22 双元创新的探索性因子分析结果（N=92）

变量名称	题项	描述性统计分析		因子载荷	
		均值	标准差	利用式创新	探索式创新
利用式创新	E11	4.234	1.074	0.809	0.120
	E12	4.797	1.059	0.819	0.373
	E13	4.281	1.165	0.815	0.242
	E14	4.312	1.076	0.831	0.230
探索式创新	E21	4.282	1.157	0.425	0.814
	E22	4.565	1.053	0.223	0.835
	E23	4.149	1.058	0.391	0.805
	E24	4.348	0.956	0.341	0.802

本书将双元创新划分为利用式创新和探索式创新两个维度，并分别用 4 个题项进行测量。从探索性因子分析结果可以看出，双元创新这 8 个题项确实能分为两个维度。从表 7-23 中可以看出，8 个题项的 CITC 值中，最低值为 0.664，大于门槛值 0.350。同时，双元创新两个维度的 Cronbach's α 均大于 0.700 的门槛值，其中，利用式创新的 Cronbach's α 为 0.869，探索式创新的 Cronbach's α 为 0.890。此外，利用式创新删除题项后的 Cronbach's α（0.810、0.817、0.852、0.857）均小于 0.869，探索式创新删除题项后的 Cronbach's α（0.847、0.831、0.843、0.864）均小于 0.890，可见，探索式创新和利用式创新的测量题项具有较好的内部一致性。

表 7-23 双元创新的测量量表信度检验结果（N=92）

变量名称	题项	CITC	删除题项后的 Cronbach's α	Cronbach's α
利用式创新	E11	0.762	0.810	0.869
	E12	0.664	0.817	
	E13	0.796	0.852	
	E14	0.746	0.857	
探索式创新	E21	0.696	0.847	0.890
	E22	0.721	0.831	
	E33	0.776	0.843	
	E44	0.741	0.864	

7.4.4 问卷定稿

为了检验本书中核心构念——联盟权力、联盟惯例、跨界搜索、跨界整合以及双元创新的信度和效度，并对原始量表的题项进行进一步提纯：首先，根据初始问卷开展预调研，目的是确保问卷题项通俗易懂，保证问卷填写者在填写问卷时能够明确领会题项所传达的意思，进而保证所收集到的问卷的有效性。其次，根据预调研过程中收集到的反馈意见，对问卷的题项进行调整。最后，通过小样本数据的收集以及分析，保证变量具有较高的信度和效度，生成"企业双元创新问卷调查"终稿（见附录）。

7.5 样本数据收集与样本描述

管理领域研究常常使用实证分析，而实证分析中必不可少的是问卷调查法，它可以将一些无法直接观察的行为或者需要借助测量工具才能测量的行为进行量化。本书研究中的联盟权力、联盟惯例、跨界搜索、跨界整合、双元创新变量都较难通过二手数据来测量，借助问卷能更精准地对变量进行刻画。在选择问卷的发放对象时，笔者根据研究目标来确定方法。如"问卷星"等在线平台，可使用随机发放以保证样本代表性；而对于访谈，则需针对性地选择具有相关经验或知识的受访者，以获取有深度的信息。笔者访谈的企业中有很大一部分都是大中型企业，规模大的企业一般声誉较好，企业的认同感较高，品牌效应良好并且与其他企业的联系和合作也较多，可以更好地开展利用式创新活动，也可以开展探索式创新活动。在选择行业的时候范围也可以广一些，多涉及一些行业，如电子行业、制造业、生物行业等。如此可以使得研究结果更有包容性，对不同企业都具有一定的指导意义。

7.5.1 样本选择与数据收集

由于从问卷的发放到收集可能会经历很长的时间，本书研究在保证问卷收集有效性的同时，也要保证回收的效率。现场发放、委托政府管理机构、社会关系（校友会等）、问卷星、MBA 和 DBA 课堂是本次问卷发放的五个渠道。不同渠道问卷发放和回收的具体情况如表 7-24 所示。本书研究所涉及的问卷收集时间为 2019 年 10 月至 2020 年 10 月，其间经历多次问卷发放，共发放问卷 423 份，共回收问卷 355 份。剔除明显不合理（问卷没填完、重复某一个选项过多等）的问卷后，实际有效问卷共 330 份，有效回收率为 78.01%。

表 7-24　问卷发放与回收情况

发放与回收方式	发放数量（份）	回收数量（份）	回收率（%）	有效数量（份）	有效回收率（%）
现场发放	50	47	94.00	47	94.00
委托政府管理机构	120	98	81.67	89	74.17
社会关系（校友会等）	80	61	76.25	53	66.25
问卷星	100	80	80.00	72	72.00
MBA 和 DBA 课堂	73	69	94.52	69	94.52
合计	423	355	83.92	330	78.01

7.5.2 样本特征

研究样本的基本特征主要包含行业分布、所有制性质、企业年龄、企业规模、研发投入，其具体分类数量与比重见表 7-25。从表 7-25 中可以看出，本书研究所涉及的企业年龄分布相对较均衡，其中，企业年龄在 4~8 年和 9 年及以上的样本数量占比较大。样本企业中，企业规模在 201~1 999 人的企业占比较大；企业所有制性质以国有为主，民营、合资企业也较多，其他类型企业最少；行业分布方面，生物医药行业占比高达 26.4%，能源环保行业和服装纺织行业次之，电子信息行业和其他行业的企业较少。

表 7-25　样本企业的描述性统计（N=330）

统计内容	分类	样本量	百分比 (%)	累计百分比 (%)
行业分布	生物医药行业	87	26.4	26.4
	电子信息行业	23	7.0	33.4
	能源环保行业	66	20.0	53.4
	食品加工行业	45	13.6	67.0
	机械制造行业	33	10.0	77.0
	服装纺织行业	53	16.0	93.0
	其他行业	23	7.0	100.0

(续表)

统计内容	分类	样本量	百分比 (%)	累计百分比 (%)
所有制性质	国有	117	35.5	35.5
	民营	103	31.2	66.7
	合资	95	28.8	95.5
	其他	15	4.5	100.0
企业年龄	3 年及以下	71	21.5	21.5
	4~8 年	159	48.2	69.7
	9 年及以上	100	30.3	100.0
企业规模	200 人及以下	85	25.8	25.8
	201~1 999 人	129	39.1	64.9
	2 000 人及以上	116	35.1	100.0
研发投入	5% 以下	47	14.2	14.2
	5%~10%	54	16.4	30.6
	10%~15%	108	32.7	63.3
	15%~20%	66	20.0	83.3
	20% 以上	55	16.7	100.0

7.6 分析方法

随着科学的发展，越来越多的研究方法涌现，不同的研究方法有着不同的应用条件，也存在一定的优劣之分。在研究设计时，需要注意在各自的研究中，到底选择什么研究方法更合适。在"联盟权力—双元创新"这一框架下，本书采用了实证研究和案例研究两大研究方法。其中，实证研究涵盖多元回归分析（运用 SPSS 25.0 软件）、描述性统计分析、结构方程模型（运用 AMOS 25.0 软件）等。另外，本书在考虑联盟权力（知识权力、结构权力、认同权力、关系权力）与企业双元创新（探索式创新和利用式创新）的关系时，除考虑了联盟惯例在其中所起的中介作用外，还考虑了在跨界创新视角下，跨界搜索和跨界整合在联盟惯例与双元创新关系中的调节作用。其中，本书采用结构方程模型和 Bootstrap 方法对中介机制假设加以检验，而对于跨界创新视角下跨界搜索和跨界整合的调节效应检验，则采用多元回归分析。与此同时，本书在实证研究基础上采用了多案例研究方法，通过对四家典型企业进行对比分析，更好地诠释研究问题。

7.6.1 描述性统计分析

描述性统计分析在管理领域中是十分常规的操作，也是非常重要的统计分析方法。它主要考察的指标是均值、标准差等，目的是了解样本企业的基本统计学特征和数据的分布特征。在本书的研究中，笔者主要对样本企业的企业所有制性质、研发投入等基本特征，以及联盟权力、联盟惯例、跨界搜索、跨界整合以及双元创新等核心构念进行了描述性统计分析。

7.6.2 相关分析

构建多元回归模型或者结构方程模型前最重要的一个步骤，就是对联盟权力、联盟惯例、跨界搜索、跨界整合、双元创新以及控制变量（上文提到的企业基本特征）之间的相关系数（此外主要用 Pearson 相关系数）进行分析，以确定研究构念之间有线性关系，且不存在多重共线性问题。

7.6.3 多元回归分析

多元回归分析主要用于多个变量之间线性关系的检验，如果变量之间是非线性关系，就不能使用多元回归模型。对于有线性关系的变量来说，这是一个易于理解、便于操作的方法，而且利用软件输出的结果直观、便于观察。本书采用软件 SPSS 25.0 版本，通过多元回归分析来检验联盟权力（知识权力、结构权力、认同权力、关系权力）与双元创新之间的关系，并且进一步验证了跨界搜索、跨界整合对联盟惯例与双元创新关系间的调节作用。

7.6.4 结构方程模型

结构方程模型适用于同时检验多维复杂变量之间的关系，特别是针对中介变量在两个以上、因变量在两个以上的情况[285]。完整的结构方程模型一般包含了测量模型和结构模型。其中，测量模型主要包含一些显性变量（如观察变量、测量变量等），这些变量在模型图中主要以方框的形式存在；结构模型主要包含一些潜在变量，这些变量一般很难被观测，在模型中主要以（椭）圆形的形式呈现[285]。本书主要检验的是联盟权力与企业双元创新之间的关系，还考虑了二者关系中联盟惯例的中介作用和跨界搜索与跨界整合的调节作用。在检验上述关系机制时，由于变量之间的关系较为复杂，加上在测量这些变量时本身存在较强的主观性甚至是模糊性等，单纯使用多元回归分析的方法可能很难测算出变量之间的内在关系，因此，运用结构方程模型来检验模型的假设是较为妥当的选择。

下面介绍关于结构方程模型的一些基本步骤和注意事项。首先，在运用结构方程模型进行检验时，一般需要经过模型设定、识别、设计、评价以及修正等较为完善的流程。这里需要指出的是，在上述过程中，有必要检验模型的适配度或拟合度，一般评价拟合度的指标是绝对适配度指标、简约适配度指标、增值适配度指标以及残差分析指标等[286]，这一步主要是用来考察模型是否具有可靠性，从而为后续步骤提供基本前提和保证。同时，按照Byrne（2010）[288]的建议，由于单一指标无法涵盖所有可能的判断指标，无法准确判断假设模型及其适配度，因此，本书选择了多元准则来对其加以判断。具体来讲，本书选择了绝对适配度指标（包括 χ^2、RMR、SRMR、RMSEA等）和增值适配度指标（包括TLI、CFI等）作为研究的评价指标。模型拟合（model fitness）的常见评价指标与标准如表7-26所示。

表7-26 模型拟合的常见评价指标与标准

统计检验量		适配标准	释义
绝对适配度指标	χ^2	$P>0.05$	χ^2值越小，表示整体模型的因果路径图与企业实际越匹配。其中，χ^2等于0时，为饱和模型
	RMR	<0.05	RMR为残差均方和平方根，RMR的值越小越好
	SRMR		SRMR为标准化残差均方和平方根，SRMR的值介于0与1之间
	RMSEA		RMSEA为渐进残差均方和平方根（注：AMOS中不会单独呈现这一指标）
	GFI	>0.9	GFI为适配度指数。GFI的数值越接近1，意味着模型拟合越好；反之则反
	AGFI		AGFI为调整后适配度指数。AGFI的数值越接近1，意味着模型拟合越好；反之则反
增值适配度指标	NFI	>0.9	NFI为规准适配度指数，用以检验模型契合度情形会有低估的现象
	RFI		RFI为相对适配度指数，RFI的值介于0到1之间；当大于或等于0.95时，模型适配度比较完美[288]
	TLI		TLI用来衡量两个对立模型之间的适配程度，TLI的值介于0与1之间
	CFI		CFI为比较适配度指数，其值介于0与1之间

资料来源：根据相关文献整理。

7.6.5 描述性案例研究

描述性案例研究适用于结合企业实际情况对假设的再次印证，该方法基于对研究问题更直观的理解，并结合企业的情况对研究问题进行进一步讨论。这符合本书的研究实际，本书在问卷调查基础上，运用实证研究方法对联盟权力、联盟惯例与双元创新之间的作用关系进行分析。为进一步验证大样本数据分析的研究结果，本书采用多案例研究方法，通过对一家制造业企业以及三家隶属于战略性新兴产业的企业进行对比分析，进一步佐证了实证研究的结果。这一方面能够弥补单独依靠实证研究得出研究结论的不足，另一方面也增加了本书研究结论的可信性和可靠性。

7.7 本章小结

首先，在提出"联盟惯例—双元创新"这一关系机制及其概念模型和相关研究假设的基础上，综合文献研究、实地考察并听取专家意见，本章得到了联盟权力、联盟惯例、跨界搜索、跨界整合以及双元创新这五个核心变量的测度量表。其次，通过分别对这五个变量进行测度，结合预调研结果，本章对以问卷调查形式收集的 330 份有效样本企业问卷进行了描述性分析。最后，本章对研究涉及的五种分析方法（包括描述性统计分析、相关分析、多元回归分析、结构方程模型、描述性案例研究）进行了简要介绍。

第八章 实证分析与结果讨论

按照第七章的研究设计原则与分析方法,本章主要对第六章提出的假设(共计22个假设)进行了实证检验。首先,检验联盟权力、联盟惯例、跨界搜索、跨界整合和双元创新变量的信度和效度;其次,利用结构方程建模分别检验联盟权力的四个子维度——知识权力、结构权力、认同权力、关系权力对探索式创新和利用式创新的作用路径;最后,利用多元回归分析方法检验跨界创新视角下跨界搜索和跨界整合在联盟惯例与探索式创新和利用式创新关系中的调节效应。

8.1 变量的信度和效度检验

为力保数据分析结果的可靠性,本节依据确定的研究方法,首先用 SPSS 25.0 软件对本书所涉及的五个核心变量(联盟权力、联盟惯例、跨界搜索、跨界整合、双元创新)进行信度检验,其衡量指标是 CITC 和 Cronbach's α;然后用 AMOS 25.0 软件进行验证性因子分析,其考察指标是因子载荷和 AVE,以检验这五个核心变量的建构效度。

8.1.1 联盟权力

从表 8-1 至表 8-4 中可以看出,在联盟权力的四个子维度中:知识权力的 5 个题项中,A12 的 CITC 值最小,为 0.577;结构权力的 4 个题项中,A21 的 CITC 值最小,为 0.640;认同权力的 4 个题项中,A32 的 CITC 值最小,为 0.684;关系权力的 6 个题项中,A46 的 CITC 值最小,为 0.633。联盟权力所有题项(共计 19 个)的 CITC 值都大于 0.350。另外,本书分别对联盟权力的四个子维度进行信度检验,并主要考察 Cronbach's α,这一系数的门槛值为 0.700。具体而言，知识权力的信度检验结果如表 8-1 所示，结果显示，知识权力的 Cronbach's α 是 0.867。结构权力的信度检验结果如表 8-2 所示，结果显示，结构权力的 Cronbach's α 是 0.863。认同权力的信度检验结果如表 8-3 所示，结果显示，认同权力的 Cronbach's α 是 0.876。关系权力的信度检验结果如表 8-4 所示，结果显示，关系权力的 Cronbach's α 是 0.849。也就是说，这四个子维度的 Cronbach's α 都大于门槛值 0.700。在删除对应题项后，这四个子维度的 Cronbach's α 也都小于各子维度总的 Cronbach's α 的值（依次分别为 0.867、0.863、0.876、0.849）。由此说明，知识权力、结构权力、认同权力以及关系权力都通过了信度检验，表明其内部一致性都达到了理想水平。

表 8-1　知识权力测量量表的信度检验结果（N=330）

变量名称	题项	CITC	删除题项后的 Cronbach's α	Cronbach's α
知识权力	A11	0.638	0.847	0.867
	A12	0.577	0.796	
	A13	0.706	0.759	
	A14	0.716	0.782	
	A15	0.580	0.833	

表 8-2　结构权力测量量表的信度检验结果（N=330）

变量名称	题项	CITC	删除题项后的 Cronbach's α	Cronbach's α
结构权力	A21	0.640	0.821	0.863
	A22	0.732	0.805	
	A23	0.692	0.853	
	A24	0.736	0.817	

表 8-3　认同权力测量量表的信度检验结果（N=330）

变量名称	题项	CITC	删除题项后的 Cronbach's α	Cronbach's α
认同权力	A31	0.720	0.779	0.876
	A32	0.684	0.785	
	A33	0.738	0.844	
	A34	0.778	0.854	

表 8-4　关系权力测量量表的信度检验结果（N=330）

变量名称	题项	CITC	删除题项后的 Cronbach's α	Cronbach's α
关系权力	A41	0.749	0.787	0.849
	A42	0.653	0.799	
	A43	0.746	0.839	
	A44	0.722	0.808	
	A45	0.686	0.732	
	A46	0.633	0.797	

通过 AMOS 25.0 软件对知识权力、结构权力、认同权力和关系权力这四个测量维度进行验证性因子分析，得到的测量模型及其拟合结果分别见图 8-1 与表 8-5。

表 8-5 的测量模型拟合结果显示：χ^2 = 154.754，χ^2/df = 1.795（小于 2）；GFI = 0.952，CFI = 0.981，TLI = 0.957，这三个指标均大于 0.9；RMSEA = 0.038，小于 0.05。以上说明测量模型的适配度良好。同时，表 8-5 中的各路径系数均在 $p < 0.001$ 的水平上显著。因此，综合来看，因子结构通过了模型拟合验证，拟合效果较为理想，表明模型对知识权力、结构权力、认同权力与关系权力四个子维度的测度是有效的。

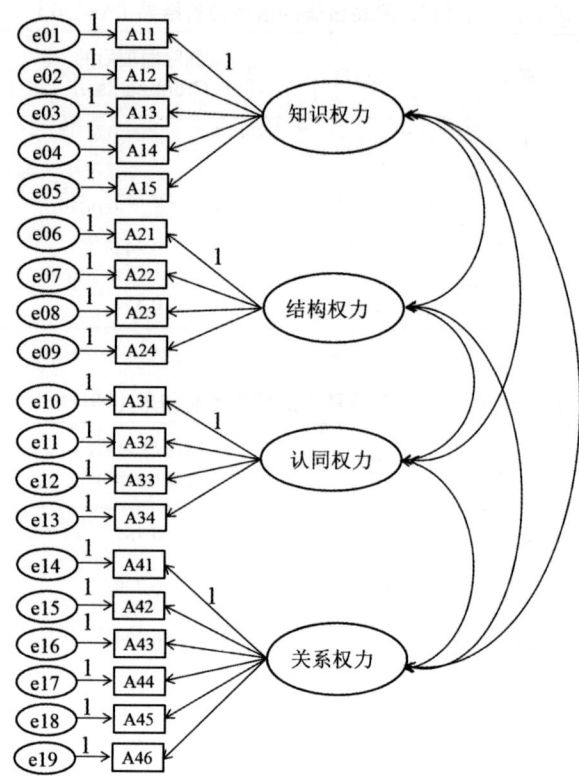

图 8-1 联盟权力的测量模型

表 8-5 联盟权力测量模型的拟合结果（$N=330$）

作用路径	未标准化路径系数	标准化路径系数	S.E.[①]	C.R.[②]	p
A11 ←— 知识权力	1.000	0.719			
A12 ←— 知识权力	0.792	0.814	0.062	12.325	***
A13 ←— 知识权力	1.125	0.847	0.053	17.289	***
A14 ←— 知识权力	0.846	0.728	0.069	12.375	***
A15 ←— 知识权力	0.896	0.827	0.069	14.895	***
A21 ←— 结构权力	1.000	0.859			
A22 ←— 结构权力	0.825	0.835	0.071	12.534	***
A23 ←— 结构权力	0.814	0.817	0.065	13.647	***

① S.E.（Standard Error）：标准误差，它衡量的是参数估计值的变异程度。
② C.R.（Critical Ratio）：临界比值，用于检验参数估计值的显著性水平。

(续表)

作用路径	未标准化路径系数	标准化路径系数	S.E.	C.R.	p
A24 ←— 结构权力	1.107	0.864	0.074	15.267	***
A31 ←— 认同权力	0.845	0.753			
A32 ←— 认同权力	1.000	0.817	0.065	13.657	***
A33 ←— 认同权力	0.812	0.782	0.066	13.341	***
A34 ←— 认同权力	1.027	0.833	0.067	15.106	***
A41 ←— 关系权力	1.000	0.819			
A42 ←— 关系权力	0.946	0.812	0.081	13.405	***
A43 ←— 关系权力	0.836	0.751	0.067	15.447	***
A44 ←— 关系权力	0.817	0.721	0.073	12.586	***
A45 ←— 关系权力	1.123	0.854	0.065	17.245	***
A46 ←— 关系权力	0.904	0.806	0.077	13.672	***
χ^2	154.754	GFI	0.952	CFI	0.981
χ^2/df	1.795	TLI	0.957	RMSEA	0.038

注：*** 表示在 $p<0.001$ 水平上显著。

8.1.2 联盟惯例

从表 8-6 中可知，本书研究的中介变量联盟惯例的 5 个题项中，B13 的 CITC 值最小，为 0.676。联盟惯例 5 个题项的 CITC 值均大于 0.350。另外，联盟惯例的 Cronbach's α 为 0.859，大于 0.700。同时，删除对应题项后的 Cronbach's α（最大值为 0.841）都小于联盟惯例总的 Cronbach's α（即 0.859）。由此可得，本书研究的联盟惯例具有较好的内部一致性，信度较高。

表 8-6 联盟惯例测量量表的信度检验结果（$N=330$）

变量名称	题项	CITC	删除题项后的 Cronbach's α	Cronbach's α
联盟惯例	B11	0.751	0.818	
	B12	0.738	0.839	
	B13	0.676	0.802	0.859
	B14	0.763	0.828	
	B15	0.740	0.841	

随后，对联盟惯例进行验证性因子分析，联盟惯例的测量模型如图 8-2

所示，拟合结果如表 8-7 所示。

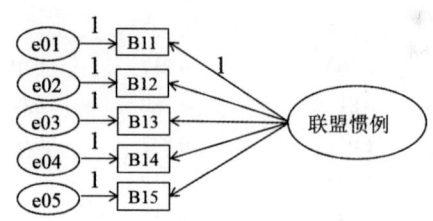

图 8-2　联盟惯例的测量模型

表 8-7　联盟惯例测量模型的拟合结果（N=330）

作用路径	未标准化路径系数	标准化路径系数	S.E.	C.R.	p
B11 ← 联盟惯例	1.000	0.779			
B12 ← 联盟惯例	1.124	0.854	0.084	12.866	***
B13 ← 联盟惯例	1.033	0.842	0.076	12.891	***
B14 ← 联盟惯例	0.967	0.764	0.069	13.775	***
B15 ← 联盟惯例	1.131	0.877	0.082	14.552	***
χ^2	17.316	GFI	0.972	CFI	0.978
χ^2/df	2.157	TLI	0.976	RMSEA	0.069

注：*** 表示在 $p<0.001$ 水平上显著。

如表 8-7 所示，联盟惯例测量模型的拟合结果显示：χ^2=17.316，χ^2/df=2.157（小于 5）；GFI = 0.972，CFI = 0.978，TLI = 0.976，这三个指标均大于 0.9；RMSEA = 0.069，小于 0.08；各路径系数均在 $p<0.001$ 的水平上显著。因此，综合来看，所示因子的结构模型通过效度检验，表明其拟合效果良好。

8.1.3 跨界搜索

从表 8-8 中可以看出，跨界搜索的各题项中，C11 的 CITC 值最小，为 0.671，跨界搜索 6 个题项的 CITC 值均大于 0.350。另外，跨界搜索的 Cronbach's α 为 0.863，大于门槛值 0.700。同时，删除对应题项后的 Cronbach's α（最大值为 0.852）均小于跨界搜索总的 Cronbach's α（即 0.863）。这就表明跨界搜索的 6 个题项具有较好的内部一致性，可靠性较高，满足信度要求。

表 8-8　跨界搜索测量量表的信度检验结果（$N=330$）

变量名称	题项	CITC	删除题项后的 Cronbach's α	Cronbach's α
跨界搜索	C11	0.671	0.803	0.863
	C12	0.742	0.839	
	C13	0.760	0.852	
	C14	0.711	0.828	
	C15	0.692	0.783	
	C16	0.769	0.842	

随后，使用软件 AMOS 25.0 对跨界搜索进行验证性因子分析，运行得到的测量模型及其拟合结果分别见图 8-3 与表 8-9。

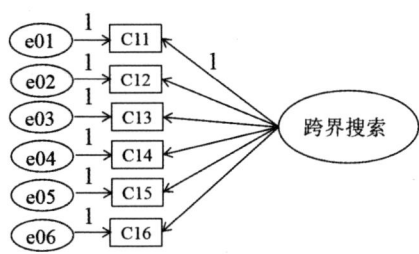

图 8-3　跨界搜索的测量模型

表 8-9　跨界搜索测量模型的拟合结果（$N=330$）

作用路径	未标准化路径系数	标准化路径系数	S.E.	C.R.	p
C11 ←— 跨界搜索	1.000	0.762			
C12 ←— 跨界搜索	1.025	0.836	0.072	16.574	***
C13 ←— 跨界搜索	1.081	0.859	0.077	15.479	***
C14 ←— 跨界搜索	0.977	0.757	0.068	16.132	***
C15 ←— 跨界搜索	0.945	0.753	0.073	14.822	***
C16 ←— 跨界搜索	1.076	0.840	0.068	18.294	***
χ^2	23.775	GFI	0.957	CFI	0.968
χ^2/df	2.546	TLI	0.982	RMSEA	0.054

注：*** 表示在 $p<0.001$ 水平上显著。

跨界搜索测量模型的拟合结果显示：χ^2=23.775，χ^2/df=2.546；GFI=0.957，CFI=0.968，TLI=0.982，这三个指标均大于 0.9；RMSEA =0.054，小于 0.08 的门槛值；各路径系数均在 $p < 0.001$ 的水平上显著。因此，综合来看，跨界搜索通过了效度检验，其模型的拟合效果较好。

8.1.4 跨界整合

从表 8-10 中可以看出，跨界整合的各题项中，D13 的 CITC 值最小，为 0.617；6 个题项的 CITC 值均大于 0.350。跨界整合的 Cronbach's α 为 0.873，删除对应题项后的 Cronbach's α（最大值为 0.862）均小于跨界整合总的 Cronbach's α（即 0.873）。由此说明，跨界整合的各题项之间具有较好的内部一致性，可靠性较高，满足信度要求。

表 8-10　跨界整合测量量表的信度检验结果（N=330）

变量名称	题项	CITC	删除题项后的 Cronbach's α	Cronbach's α
跨界整合	D11	0.710	0.858	0.873
	D12	0.704	0.827	
	D13	0.617	0.830	
	D14	0.639	0.862	
	D15	0.743	0.851	
	D16	0.677	0.835	

接着，通过软件 AMOS 25.0 对跨界整合进行验证性因子分析，得到的测量模型及其拟合结果分别见图 8-4 与表 8-11。

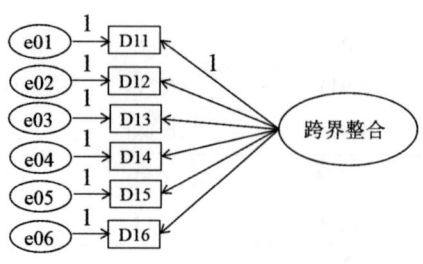

图 8-4　跨界整合的测量模型

表 8-11 跨界整合测量模型的拟合结果（N=330）

作用路径	未标准化路径系数	标准化路径系数	S.E.	C.R.	p
D11 ←— 跨界整合	1.000	0.836			
D12 ←— 跨界整合	0.823	0.804	0.073	12.364	***
D13 ←— 跨界整合	1.032	0.849	0.065	17.274	***
D14 ←— 跨界整合	0.867	0.741	0.073	12.378	***
D15 ←— 跨界整合	0.904	0.826	0.066	14.975	***
D16 ←— 跨界整合	1.024	0.857	0.068	17.151	***
χ^2	42.257	GFI	0.957	CFI	0.981
χ^2/df	1.885	TLI	0.972	RMSEA	0.042

注：*** 表示在 $p<0.001$ 水平上显著。

跨界整合测量模型拟合结果显示：χ^2=42.257，χ^2/df=1.855；GFI=0.957，CFI=0.981，TLI=0.972，这三个指标均大于 0.9；RMSEA=0.042，低于 0.08。同时，表 8-11 中 6 个作用路径的系数都在 $p<0.001$ 的水平上显著。因此，综合来看，跨界整合通过了效度检验，其模型的拟合效果良好。

8.1.5 双元创新

本书研究的因变量双元创新分为两个维度——利用式创新与探索式创新。根据表 8-12，在利用式创新各题项（共计 4 个）的 CITC 值中，最小值为 0.707；在探索式创新各题项（共计 4 个）的 CITC 值中，最小值为 0.710。双元创新 8 个题项的 CITC 值中，最小值为 0.707，这表明 8 个题项的 CITC 值都大于 0.350。另外，利用式创新的 Cronbach's α 为 0.879，探索式创新的 Cronbach's α 为 0.864，都大于 0.700。同时，删除对应题项后的 Cronbach's α（利用式创新的最大值为 0.870，探索式创新的最大值为 0.857）均小于利用式创新和探索式创新总的 Cronbach's α（分别为 0.879、0.864）。这就表明，利用式创新和探索式创新各题项（共计 8 个）的信度达到理想水平。

表 8-12　双元创新测量量表的信度检验结果（N=330）

变量名称	题项	CITC	删除题项后的 Cronbach's α	Cronbach's α
利用式创新	E11	0.741	0.833	0.879
	E12	0.707	0.870	
	E13	0.763	0.848	
	E14	0.805	0.863	
探索式创新	E21	0.724	0.857	0.864
	E22	0.797	0.845	
	E23	0.710	0.823	
	E24	0.788	0.847	

然后，对利用式创新和探索式创新进行验证性因子分析，其测量模型如图 8-5 所示，拟合结果如表 8-13 所示。

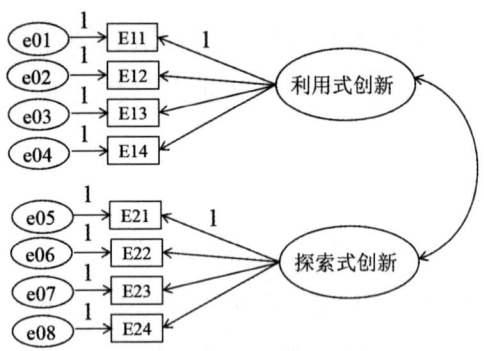

图 8-5　双元创新的测量模型

表 8-13　双元创新测量模型的拟合结果（N=330）

作用路径	未标准化路径系数	标准化路径系数	S.E.	C.R.	p
E11 ← 利用式创新	1.000	0.763			
E12 ← 利用式创新	0.987	0.728	0.086	12.342	***
E13 ← 利用式创新	0.934	0.704	0.091	11.268	***
E14 ← 利用式创新	1.182	0.784	0.093	13.475	***
E21 ← 探索式创新	1.000	0.786			
E22 ← 探索式创新	1.146	0.824	0.084	14.872	***
E23 ← 探索式创新	0.857	0.755	0.075	12.373	***
E24 ← 探索式创新	1.058	0.829	0.077	15.173	***
χ^2	41.874	GFI	0.964	CFI	0.978
χ^2/df	1.352	TLI	0.978	RMSEA	0.072

注：*** 表示在 p<0.001 水平上显著。

根据表 8-13 可知，$\chi^2=41.874$，$\chi^2/df=1.352$；GFI=0.964，TLI=0.978，CFI=0.978，三个指标均大于 0.9；同时 RMSEA 为 0.072，低于 0.08。因此，模型适配度良好。同时，各维度量表的验证性因子分析路径系数均在 $p<0.001$ 的水平上显著。这说明，利用式创新和探索式创新的测量模型具有较为良好的效度。

8.2 联盟权力影响企业双元创新机理的验证

本章前一节验证了研究中出现各变量的信度和效度，结果显示，本书所涉及的核心构念的信度和效度均达到理想水平，结构模型拟合效果良好，可以用于下一步假设检验。本节将运用结构方程模型系统揭示"联盟权力—联盟惯例—双元创新"的作用关系，并考虑跨界搜索和跨界整合在联盟惯例与双元创新之间的调节效应。对于联盟惯例的中介效应的检验，可以用多元回归分析（运用 SPSS 25.0 软件），也可以用结构方程模型（可运用 AMOS 25.0、LISREL、EQS、Mplus7.0 等软件）。这两种方法本身并无优劣之分，多元回归分析更适用于研究单个中介变量或者单个因变量，而结构方程模型则适用于研究多个中介变量或者多个因变量。由于本书研究的双元创新因变量有两个维度，因此，在验证联盟惯例的中介作用时，借助 AMOS 25.0 软件和结构方程模型来进行假设检验。

本书在运用结构方程模型检验联盟惯例的中介作用时，主要包括以下步骤：首先，对数据进行偏度和峰度分析，这里，主要运用极大似然法，用以检验数据是否满足正态性要求。其次，验证变量之间的作用。其中，本书研究的自变量是联盟权力，包括知识权力、结构权力、认同权力、关系权力四个子维度；中介变量是联盟惯例；调节变量是跨界搜索、跨界整合；因变量是双元创新，包括探索式创新和利用式创新。再次，验证自变量对因变量的作用路径、自变量对中介变量的作用关系、中介变量对因变量的作用路径，并对整体模型的拟合情况进行检验和修正。最后，对联盟惯例的中介效应进行检验。

8.2.1 初步数据分析

一般而言，使用结构方程模型对样本数据有一定的要求。具体而言：①样本总量应该超过 100，样本量最好是各核心变量总数的 5~10 倍[289]。本书研究中，有效样本数量为 330，因此基本满足做结构方程模型的条件。②数据应当服从标准正态分布，这可以通过数据的峰度和偏度来检验。一般来讲，峰度的绝对值应当在 10 以下，偏度的绝对值应当在 3 以下[290]。本书研究运用 SPSS 25.0 软件进行峰度和偏度分析，结果显示，样本数据符合正态分布（见表 8-14）。③样本数据应当具有良好的信度和效度，以保证数据分析的有效性和研究结果的可信性，由于已在前一节进行检验，测量题项都通过了信度和效度检验，在此不再赘述。

表 8-14 峰度和偏度检验（N=330）

题项	A11	A12	A13	A14	A15	A21	A22	A23	A24	A31	A32
峰度	-0.982	-0.210	-0.269	-0.779	-0.470	0.053	-0.784	-0.280	-0.360	-0.281	-0.856
偏度	-0.281	-0.360	-0.549	-0.880	-0.601	-0.323	-0.678	-0.402	-0.805	-0.204	-1.107
题项	A33	A34	A41	A42	A43	A44	A45	A46	B11	B12	B13
峰度	-0.441	-0.483	-0.537	-0.445	-0.597	-0.700	-0.533	-0.656	-1.097	-0.367	-0.718
偏度	-0.636	-0.649	-0.722	-0.189	-0.326	-0.441	-0.909	-0.676	-0.484	-1.198	-1.192
题项	B14	B15	C11	C12	C13	C14	C15	C16	D11	D12	D13
峰度	-0.518	-0.280	-0.887	0.246	-1.089	-0.514	0.429	0.351	-1.164	-0.407	-0.350
偏度	-0.951	-0.793	-0.495	-0.395	-0.672	-0.269	-0.453	-0.321	-1.037	-0.528	-1.025
题项	D14	D15	D16	E11	E12	E13	E14	E21	E22	E23	E24
峰度	-0.425	-0.358	-0.335	-0.445	-1.066	0.155	-0.732	-0.815	-0.642	-0.78	-1.0267
偏度	-0.557	-1.178	-0.609	-1.059	-0.480	-1.184	-0.360	-0.937	-1.036	-0.209	-1.037

8.2.2 联盟权力对双元创新的影响分析

本书研究的自变量为联盟权力的四个子维度，因变量为利用式创新和探索式创新。运用 AMOS 25.0 软件检验这四个子维度对利用式创新和探索式创新的影响，初始结构方程模型如图 8-6 所示。

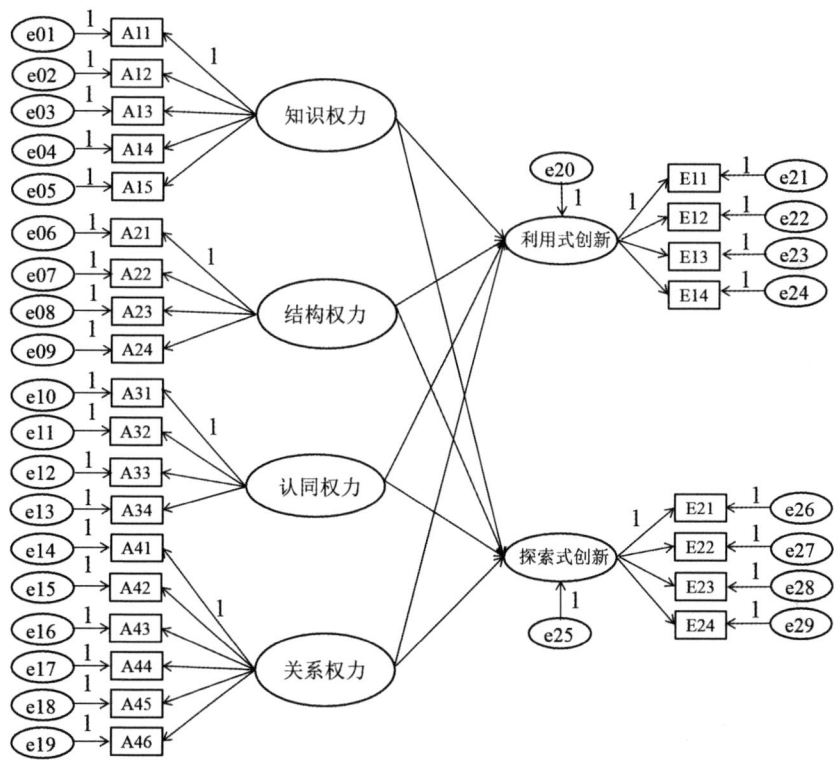

图 8-6 联盟权力与双元创新关系的初始结构方程模型

联盟权力与双元创新的模型拟合结果如表 8-15 所示。仔细观察表 8-15 的拟合结果，可以发现：χ^2=236.564，χ^2/df=2.823，小于 3；RMSEA=0.053，小于 0.080；GFI=0.886，小于 0.900；CFI=0.934，大于 0.900；TLI=0.907，大于 0.900。根据目前学术界普遍使用的判别标准，联盟权力与企业双元创新的初始结构方程模型拟合情况良好。结果表明，知识权力能够积极推动企业开展利用式创新活动，其标准化路径系数（Standard Path Coefficient，SPC）为 0.164，p<0.05；结构权力对利用式创新有显著正向影响（SPC =0.246，p<0.001）；认同权力能够积极推进企业的利用式创新活动（SPC =0.213，p<0.001）；关系权力也能够积极推进企业的利用式创新活动（SPC =0.167，p<0.01）。类似地，知识权力能够积极推进企业的探索式创新活动（SPC =0.147，p<0.05），结构权

力对企业探索式创新也有显著的促进作用（SPC =0.174，p<0.001），认同权力能够积极助力企业的探索式创新活动（SPC =0.268，p<0.001），关系权力对企业开展探索式创新活动有所裨益（SPC =0.282，p<0.001）。基于以上数据分析结果，假设 1a（知识权力对探索式创新有正向影响）、假设 1b（知识权力对利用式创新有正向影响）、假设 2a（结构权力对探索式创新有正向影响）、假设 2b（结构权力对利用式创新有正向影响）、假设 3a（认同权力对探索式创新有正向影响）、假设 3b（认同权力对利用式创新有正向影响）、假设 4a（关系权力对探索式创新有正向影响）、假设 4b（关系权力对利用式创新有正向影响）都通过了实证检验。

表 8-15　联盟权力与双元创新的模型拟合结果 (N=330)

作用路径	未标准化路径系数	标准化路径系数	S.E.	C.R.	p
利用式创新←知识权力	0.174	0.164	0.074	2.372	*
利用式创新←结构权力	0.238	0.246	0.062	4.261	***
利用式创新←认同权力	0.227	0.213	0.053	4.175	***
利用式创新←关系权力	0.176	0.167	0.076	2.483	**
探索式创新←知识权力	0.159	0.147	0.065	2.326	*
探索式创新←结构权力	0.272	0.174	0.061	4.475	***
探索式创新←认同权力	0.318	0.268	0.073	4.328	***
探索式创新←关系权力	0.284	0.282	0.058	5.337	***
χ^2	236.564	GFI	0.886	CFI	0.934
χ^2/df	2.823	TLI	0.907	RMSEA	0.053

注：*、**、*** 分别表示在 p<0.05、p<0.01、p<0.001 水平上显著。

8.2.3　联盟权力对联盟惯例的影响分析

本书在分别检验联盟权力的四个子维度对利用式创新和探索式创新有直接的正向影响后，接着检验联盟权力对联盟惯例的影响，也就是检验知识权力、结构权力、认同权力和关系权力对联盟惯例的作用，图 8-7 是联盟权力的四个子维度与联盟惯例关系的初始结构方程模型。

联盟权力与联盟惯例的模型拟合结果如表 8-16 所示。从表 8-16 的拟合结果中，我们可以发现：χ^2=94.116，χ^2/df=1.487，小于 2；RMSEA=0.047，小于 0.080；GFI=0.913，CFI=0.973，TLI=0.926，三个指标均大于 0.900。根据目前学界普遍接受的研究判别标准，联盟权力与企业双元创新的初始结构方程模型拟合情况良好。

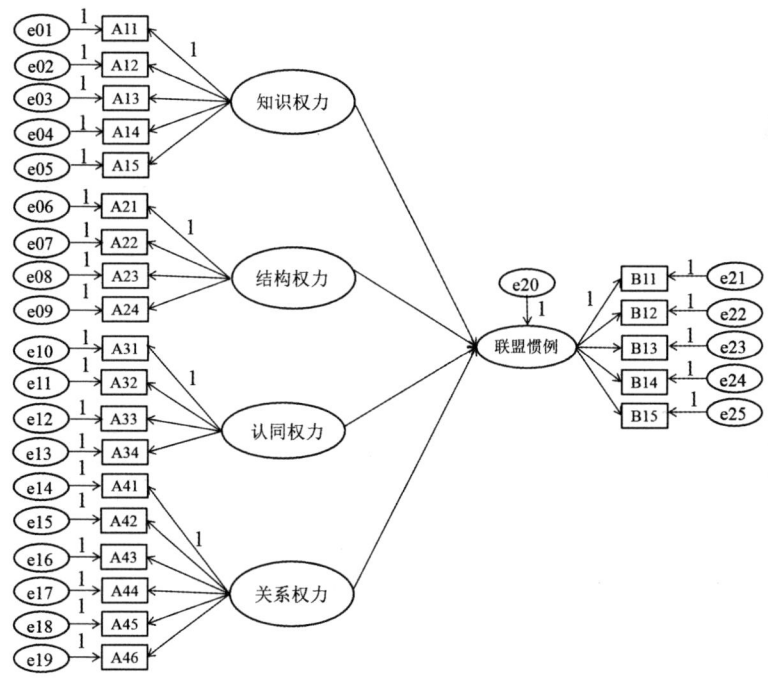

图 8-7　联盟权力对联盟惯例的初始结构方程模型

表 8-16　联盟权力与联盟惯例的模型拟合结果 (N=330)

作用路径	未标准化路径系数	标准化路径系数	S.E.	C.R.	p
联盟惯例←—知识权力	0.183	0.214	0.073	2.614	**
联盟惯例←—结构权力	0.206	0.226	0.062	2.896	**
联盟惯例←—认同权力	0.347	0.317	0.078	4.227	***
联盟惯例←—关系权力	0.335	0.286	0.065	4.437	***
χ^2	94.116	GFI	0.913	CFI	0.973
χ^2/df	1.487	TLI	0.926	RMSEA	0.047

注：**、*** 分别表示在 $p<0.01$、$p<0.001$ 水平上显著。

表 8-16 同时显示，联盟权力的四个子维度都对联盟惯例有显著的积极影响。具体而言，知识权力对联盟惯例具有显著的正向影响（SPC 为 0.214，$p<0.01$），结构权力对联盟惯例具有显著的正向影响（SPC =0.226，

$p<0.01$），认同权力对联盟惯例具有显著的正向影响（SPC =0.317，$p<0.001$），关系权力对联盟惯例也有显著的正向影响（SPC=0.286，$p<0.001$）。

8.2.4 联盟惯例对双元创新的影响分析

本书在检验联盟权力与联盟惯例的直接关系后，接着验证联盟惯例与利用式创新和探索式创新之间的正向关系，其初始结构方程模型如图8-8所示。

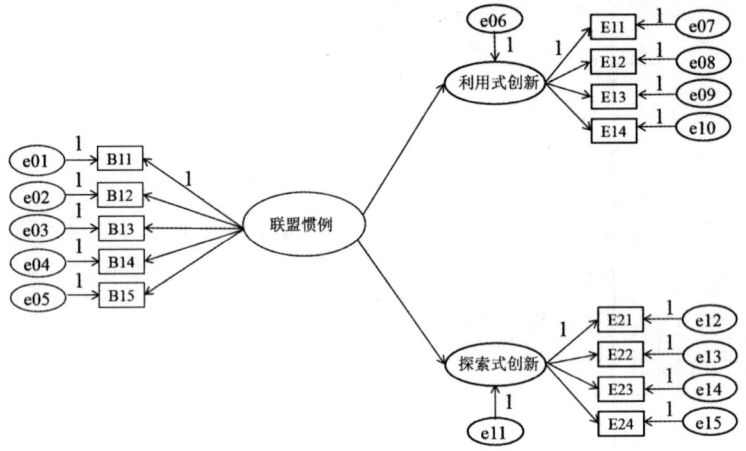

图8-8 联盟惯例与企业双元创新关系的初始结构方程模型

联盟惯例与双元创新的模型拟合结果如表8-17所示。观察表8-17，我们可以发现：χ^2=214.672，χ^2/df=2.753，小于临界值5；RMSEA=0.048，小于0.080；GFI=0.892，接近0.900；CFI=0.917，大于0.900；TLI=0.911，大于0.900。根据目前学术界普遍认可的研究判别标准，联盟惯例与企业双元创新的初始结构方程模型拟合情况良好。

表8-17 联盟惯例与双元创新的模型拟合结果（N=330）

作用路径	未标准化路径系数	标准化路径系数	S.E.	C.R.	p
利用式创新←——联盟惯例	0.346	0.307	0.042	6.891	***
探索式创新←——联盟惯例	0.418	0.364	0.068	5.126	***
χ^2	214.672	GFI	0.892	CFI	0.917
χ^2/df	2.753	TLI	0.911	RMSEA	0.048

注：*** 表示在 $p<0.001$ 水平上显著。

表 8-17 同时显示，联盟惯例与利用式创新和探索式创新的两条标准化路径的系数均为正，并且都显著（$p<0.001$）。具体而言，联盟惯例对利用式创新有显著的正向影响（SPC=0.307，$p<0.001$），联盟惯例对探索式创新也有显著的正向影响（SPC=0.364，$p<0.001$）。因此，假设 5a（联盟惯例对探索式创新有正向影响）和假设 5b（联盟惯例对利用式创新有正向影响）均得到验证。

8.2.5 整体模型的拟合与参数估计

为了进一步明确联盟权力与双元创新之间的作用机制，本书进一步考虑联盟惯例的中介效应，因此进一步构建了结构方程模型，以检验"联盟权力—双元创新"的影响机制。此结构方程模型主要通过设置 19 个外生显变量来测量 4 个外生潜变量，即知识权力、结构权力、关系权力、认同权力；设置 13 个内生显变量来测量 2 个内生潜变量，即联盟惯例和双元创新。同时，本书将企业年龄、企业规模、研发投入设为控制变量，其初始结构方程模型如图 8-9 所示。

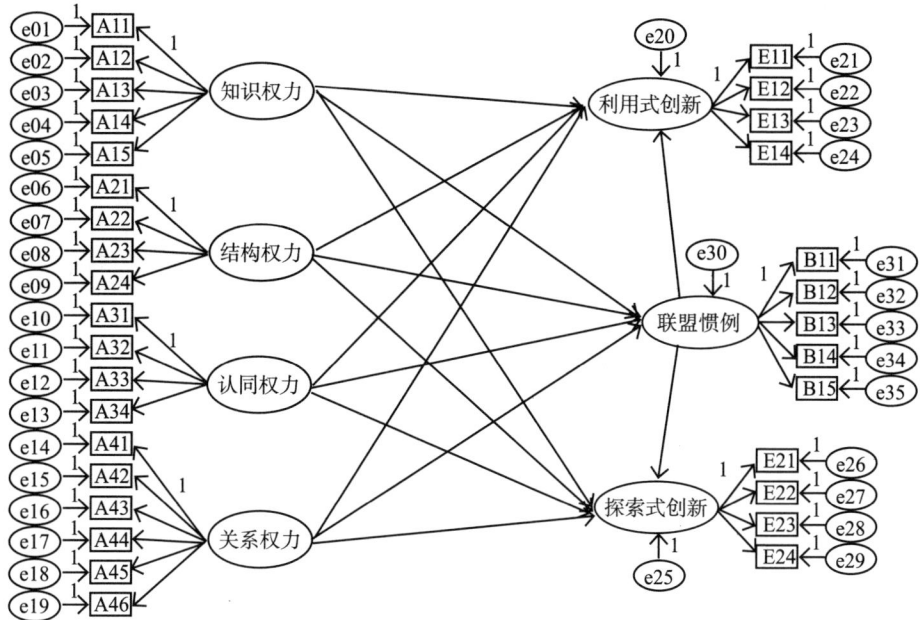

图 8-9 联盟权力与双元创新作用关系的初始结构方程模型

上述初始结构方程模型的参数估计如表8-18所示。根据表8-18，χ^2=923.673，χ^2/df=2.724，小于临界值5；GFI=0.866，TLI=0.858，CFI=0.873，均小于0.900；RMSEA=0.068，小于0.080（门槛值）。同时还出现了C.R.值小于1.96的作用路径。因此，联盟权力与双元创新的整体模型的拟合程度较不理想。

表8-18　初始结构方程模型的参数估计 (N=330)

作用路径	未标准化路径系数	标准化路径系数	S.E.	C.R.	p
联盟惯例←知识权力	0.176	0.178	0.072	2.295	*
联盟惯例←结构权力	0.186	0.226	0.068	2.822	**
联盟惯例←认同权力	0.204	0.212	0.057	4.014	***
联盟惯例←关系权力	0.183	0.162	0.071	2.378	*
利用式创新←知识权力	0.170	0.148	0.072	2.534	*
利用式创新←结构权力	0.268	0.192	0.067	4.367	***
利用式创新←认同权力	0.312	0.261	0.073	4.522	***
利用式创新←关系权力	0.275	0.273	0.059	5.096	***
探索式创新←知识权力	0.126	0.115	0.083	1.642	0.126
探索式创新←结构权力	0.143	0.108	0.071	2.138	*
探索式创新←认同权力	0.137	0.133	0.085	1.674	0.089
探索式创新←关系权力	0.184	0.104	0.076	2.312	*
利用式创新←联盟惯例	0.384	0.290	0.052	6.742	***
探索式创新←联盟惯例	0.423	0.358	0.074	5.427	***
χ^2	923.673	GFI	0.866	CFI	0.873
χ^2/df	2.724	TLI	0.858	RMSEA	0.068

注：*、**、*** 分别表示在 $p<0.05$、$p<0.01$、$p<0.001$ 水平上显著。

从表8-18显示的结果可知：①因变量为利用式创新时，知识权力、结构权力、认同权力和关系权力都能够积极促进企业的利用式创新活动，SPC分别为0.148（$p<0.05$）、0.192（$p<0.001$）、0.261（$p<0.001$）、0.273（$p<0.001$）。②当因变量为探索式创新时，结构权力正向影响探索式创新（SPC=0.108，$p<0.05$）；关系权力对探索式创新也有正向影响（SPC=0.104，$p<0.05$）；但是，知识权力与探索式创新的正向关系并没有得到验证，

认同权力对探索式创新的正向影响也不显著。③知识权力会积极促进联盟惯例的形成（SPC=0.178，$p<0.05$），结构权力也会积极促进联盟惯例的形成（SPC=0.226，$p<0.01$），认同权力也会积极影响联盟惯例的形成（SPC=0.212，$p<0.001$），关系权力对联盟惯例的形成也有显著的正向影响（SPC=0.162，$p<0.05$）。④联盟惯例对利用式创新有显著的正向影响（SPC=0.290，$p<0.001$），联盟惯例对探索式创新有显著的正向影响（SPC=0.358，$p<0.001$）。

从表8-18中可知，初始结构方程模型的参数估计并没有达到可接受标准，拟合效果不是很理想。这样一来，就需要对初始模型做进一步修正或者调整。一是筛选路径系数不显著（$p>0.05$）并且C.R.值明显小于1.96的作用路径。符合这一特征的路径有两条："知识权力──→探索式创新""认同权力──→探索式创新"。二是删除不符合要求的作用路径。通过对上述路径进行三次模型修正[①]，最终得到了整体拟合模型（如表8-19所示）。从表8-19中可知，χ^2/df=2.371，小于临界值5；GFI=0.952，TLI=0.958，CFI=0.967，三个指标均大于0.900；RMSEA=0.054，小于0.080的门槛值。由此看来，最终修正模型的拟合指标较为理想（不存在$p>0.05$且C.R值小于1.96的作用路径），不必再对模型进行修正。

表8-19　最终结构方程整体模型的参数估计（N=330）

作用路径	未标准化路径系数	标准化路径系数	S.E.	C.R.	p
联盟惯例←──知识权力	0.174	0.184	0.074	2.412	*
联盟惯例←──结构权力	0.283	0.246	0.062	4.193	***
联盟惯例←──认同权力	0.226	0.196	0.051	4.022	***
联盟惯例←──关系权力	0.184	0.166	0.070	2.358	*
利用式创新←──知识权力	0.179	0.153	0.063	2.853	**
利用式创新←──结构权力	0.277	0.246	0.062	4.314	***
利用式创新←──认同权力	0.334	0.265	0.075	4.462	***

① 每次模型修正的步骤为：第一步是删除p值和C.R.值与其门槛值相差最远的路径；第二步是进行模型检验；第三步是对前后模型指标进行对比；若仍未达标，则重复第一步。

(续表)

作用路径	未标准化路径系数	标准化路径系数	S.E.	C.R.	p
利用式创新←——关系权力	0.295	0.214	0.058	4.953	***
探索式创新←——结构权力	0.157	0.142	0.065	2.311	*
探索式创新←——关系权力	0.164	0.138	0.073	2.230	*
利用式创新←——联盟惯例	0.353	0.267	0.053	6.226	***
探索式创新←——联盟惯例	0.387	0.353	0.074	5.085	***
χ^2	637.856	GFI	0.952	CFI	0.967
χ^2/df	2.371	TLI	0.958	RMSEA	0.054

注：*、**、*** 分别表示在 $p<0.05$、$p<0.01$、$p<0.001$ 水平上显著。

8.2.6 中介效用的分析与验证

为了检验联盟惯例在联盟权力与双元创新之间的作用效应，本书参考了 Baron 和 Kenny（1986）[292] 的研究，运用多元回归分析对联盟惯例的中介效应进行验证。主要步骤是：首先，验证联盟权力的四个子维度——知识权力、结构权力、认同权力、关系权力分别对探索式创新和利用式创新的作用关系。从表 8-15 中可知，联盟权力的四个子维度对两种创新方式都有显著的正向影响。其次，验证联盟权力的四个子维度对联盟惯例的正向关系。从表 8-16 中可知，知识权力、结构权力、认同权力、关系权力对联盟惯例都有显著的正向影响。再次，验证联盟惯例对双元创新的正向关系。从表 8-17 中可知，联盟惯例对利用式创新和探索式创新都有正向影响。最后，表 8-19 整体模型的参数估计结果显示，联盟惯例对双元创新仍然具有正向影响。

接下来，将联盟权力对企业双元创新的直接作用模型和间接作用模型进行比较。由表 8-20 可知，当因变量为探索式创新时，在联盟权力与探索式创新的直接作用模型中加入联盟惯例这一中介变量后，对比数据前后变化，知识权力对探索式创新的作用路径系数从 0.147 下降到 0.115，并且作用路径不显著（$p=0.126>0.05$）；结构权力对探索式创新的作用路径系数从 0.174 下降到 0.108，并且显著性程度有所降低；认同权力对探索式创新的作用路径系数从 0.268 下降到 0.133，并且作用路径不显著（$p=0.089>0.05$）；关系权力对探索式创新的作用路径系数从 0.282 下降到 0.104，并且显著性程度有所降低。因此，假设 7a、假设 9a 通过实证检验，假设 6a、假设 8a 未通过实证检验。

表 8-20 联盟权力对双元创新的作用模型结果比较

作用路径	直接作用		间接作用（联盟惯例为中介）	
	标准化路径系数	p	标准化路径系数	p
利用式创新←——知识权力	0.164	0.017	0.148	*
利用式创新←——结构权力	0.246	***	0.192	***
利用式创新←——认同权力	0.213	***	0.261	***
利用式创新←——关系权力	0.167	0.006	0.273	***
探索式创新←——知识权力	0.147	0.023	0.115	0.126
探索式创新←——结构权力	0.174	***	0.108	*
探索式创新←——认同权力	0.268	***	0.133	0.089
探索式创新←——关系权力	0.282	***	0.104	*

注：*、*** 分别表示在 $p<0.05$、$p<0.001$ 水平上显著。

而当因变量为利用式创新时，在联盟权力（知识权力、结构权力、认同权力、关系权力）与利用式创新的直接作用模型中加入联盟惯例这一中介变量后，对比数据前后变化，联盟权力的四个子维度都对利用式创新有显著的正向影响。因此，本书认为，联盟惯例在联盟权力对利用式创新的影响中起到了中介作用。由此可见，假设 6b、假设 7b、假设 8b、假设 9b 都通过了实证检验。更进一步地，本书认为，联盟惯例在知识权力、认同权力与探索式创新的正向关系中起完全中介作用，在结构权力和关系权力与探索式创新的正向关系中起部分中介作用；而联盟惯例在知识权力、结构权力、认同权力、关系权力与利用式创新的正向关系中都发挥部分中介作用。

8.3 调节作用验证

本节主要是分别检验跨界搜索和跨界整合在联盟惯例与探索式创新和利用式创新关系中的调节效应。根据前述的文献理论分析与结构方程模型的实证检验，本书认为，联盟权力可以通过联盟惯例促进双元创新——不论是探索式创新还是利用式创新。相对于结构方程模型而言，多元回归分析无法同时检验多个变量间的相互关系，如中介变量为两个及以上、因变量为两个及以上等情形，但多元回归分析可以用于检验变量的调节作用。因此，本书在此部分将利用多元回归分析方法，对前面提出的有关跨界搜索和跨界整合分别对联盟惯例与探索式创新、联盟惯例与利用式创新关系的调节作用（即假设 10a、10b，假设 11a、11b）进行假设验证。

8.3.1 相关分析

首先，对本书所涉及的核心构念（联盟权力、联盟惯例、跨界搜索、跨界整合、双元创新）和控制变量（企业年龄、企业规模、研发投入）进行相关性分析。根据表 8-21 所示的分析结果，本书研究涉及的核心构念以及控制变量之间均存在显著的正向关系，并且两两变量之间的相关系数偏小，保证后文中多元回归分析的数据具有可靠性。

8.3.2 回归三大问题检验

为保证研究结论的可信性，本书在利用 SPSS 软件对 12 个变量进行回归分析前，先进行多重共线性检验、序列相关检验和异方差检验这三种回归模型中常见的问题检验[292]，具体检验标准如表 8-22 所示。本书先将交互项变量做中心化处理，然后计算 VIF 值和 DW 值，计算结果显示，12 个变量的 VIF 值在 1.382~1.769，模型的 DW 值都位于 1.625~2.015 这一区间内，因此，多重共线性问题和序列相关问题在本书研究中不存在。此外，回归模型的残差项散点图的分布并没有呈现出规律性，这表明异方差问题也不存在。

表 8-21 描述性统计分析及相关性分析结果（N=330）

变量	1	2	3	4	5	6	7	8	9	10	11	12
1. 企业年龄	1.000											
2. 企业规模	0.190*	1.000										
3. 研发投入	0.080	0.299**	1.000									
4. 知识权力	0.074	0.134*	-0.049	1.000								
5. 结构权力	0.110	0.158*	-0.115	0.334*	1.000							
6. 关系权力	0.076	0.124**	-0.062	0.308*	0.364**	1.000						
7. 认同权力	-0.017	0.147*	0.054	0.316*	0.344**	0.359**	1.000					
8. 联盟惯例	0.114	0.324**	0.064**	0.284**	0.329*	0.354*	0.219**	1.000				
9. 探索式创新	0.096	0.126*	0.240*	0.278*	0.381**	0.423**	0.241*	0.308*	1.000			
10. 利用式创新	-0.005	0.059	0.088	0.343*	0.251*	0.278*	0.269**	0.126*	0.088*	1.000		
11. 跨界搜索	-0.011	0.138	0.178	0.291*	0.145*	-0.234*	0.145**	0.076*	0.145*	0.299**	1.000	
12. 跨界整合	0.299	0.142*	0.165	0.132*	0.154**	0.323*	0.133*	0.069	-0.234	0.142*	0.325**	1.000
均值	13.152	2.132	0.950	4.641	4.742	3.920	3.753	4.350	4.576	4.203	4.113	3.775
标准差	7.029	0.610	0.674	1.001	1.042	1.120	1.105	0.929	1.034	0.953	0.894	1.128

注：*、**、*** 分别表示在 $p<0.05$、$p<0.01$、$p<0.001$ 水平上显著。

表 8-22 多元回归的三大问题检验标准

评价指标	多重共线性	序列相关	异方差
通过标准	0<VIF<10	1.5<DW<2.5	残差项散点图随机分布

8.3.3 模型回归分析结果

研究将进一步考察调节变量跨界搜索在联盟惯例与探索式创新以及联盟惯例与利用式创新之间关系中的调节作用，接着考察调节变量跨界整合在联盟惯例与探索式创新以及联盟惯例与利用式创新之间关系中的调节作用。一般来说，为了消除或削弱原始数据的负面影响（主要是因为量纲或变化幅度等），需要在对变量进行中心化处理后[293]，将自变量的数据分别与调节变量的数据进行两两相乘而得到二者之间的交互项。接下来，本书将采用多元线性回归分析方法来检验跨界搜索和跨界整合的调节效应。

1. 探索式创新回归结果

在表 8-23 中，所有模型的因变量都是探索式创新，表中的回归系数是标准化路径系数。本书主要利用多元回归分析法来检验跨界搜索和跨界整合在联盟惯例与探索式创新正向关系中的调节作用。

表 8-23 跨界搜索和跨界整合对联盟惯例与探索式创新关系影响的回归结果

	模型1 主效应	模型2 跨界搜索	模型3 跨界整合	模型4 全模型
常数项	10.962***	11.224***	11.076***	11.258***
企业年龄	0.039+	0.024+	0.029	0.051
企业规模	0.083*	0.062+	0.073*	0.068*
研发投入	-0.136+	-0.085	-0.081	-0.040
联盟惯例	0.425***	0.367**	0.320**	0.286*
跨界搜索	0.158	0.166	0.172	0.144
跨界整合	-0.075	-0.061	-0.058	-0.027
联盟惯例 × 跨界搜索		0.056**		0.074**
联盟惯例 × 跨界整合			-0.048	-0.055
R^2	0.724	0.748	0.752	0.779

(续表)

	模型 1 主效应	模型 2 跨界搜索	模型 3 跨界整合	模型 4 全模型
调整后 R^2	0.701	0.727	0.737	0.745
F 统计值	67.683***	46.558***	42.827***	36.765***

注：+、*、**、*** 分别表示在 $p<0.1$、$p<0.05$、$p<0.01$、$p<0.001$ 水平上显著（双尾检验）。

表 8-23 中的模型 1 表示联盟惯例对探索式创新的正向关系，其中控制变量为企业年龄、企业规模和研发投入。从表 8-23 中可知，联盟惯例对探索式创新有显著的正面影响（SPC=0.425，$p<0.001$）。模型 1 是模型 2、模型 3 和模型 4 的基准模型。

本书在模型 1 的基础上增加了代表跨界搜索这一调节作用的交互项"联盟惯例 × 跨界搜索"构建模型 2。类似地，模型 3 在模型 1 的基础上，增加了代表跨界整合调节作用的交互项"联盟惯例 × 跨界整合"。模型 2、模型 3 分别用来检验跨界搜索和跨界整合的调节作用。模型 4 是全模型，包含了所有变量（联盟惯例、跨界搜索、跨界整合、探索式创新和控制变量）和交互项，即"联盟惯例 × 跨界搜索""联盟惯例 × 跨界整合"，其回归模型的调整后 R^2=0.745，对比模型 1、模型 2、模型 3 的调整后 R^2，数值有所提高，并且仍然显著（F=36.765，$p<0.001$），也就是说，全模型 4 能更好地解释联盟惯例、跨界搜索、跨界整合以及控制变量对探索式创新的影响。

在模型 2 中，交互项"联盟惯例 × 跨界搜索"对探索式创新的回归系数为 0.056（$p<0.01$）；在全模型 4 中，交互项"联盟惯例 × 跨界搜索"与探索式创新的正向关系的回归系数为 0.074（$p<0.01$）。这表明跨界搜索正向调节联盟惯例对探索式创新的影响过程，假设 10a 得到验证。

在模型 3 中，交互项"联盟惯例 × 跨界整合"的回归系数为 -0.048（$p>0.1$）；在全模型 4 中，交互项"联盟惯例 × 跨界整合"对探索式创新的作用关系也没有得到支持，其回归系数为 -0.055（$p>0.1$）。这说明跨界整合在联盟惯例与探索式创新之间的关系中所起的调节作用不显著，假设 11a 没有通过验证。

2. 利用式创新回归结果

在表 8-24 中，所有模型的因变量都是利用式创新，表中的回归系数是标准化路径系数。本书利用多元回归分析法来分别验证跨界搜索、跨界整合在联盟惯例与利用式创新正向关系中的调节作用。

模型 5 用来分析联盟惯例对利用式创新的作用影响，其中，企业年龄、企业规模和研发投入为控制变量，跨界搜索和跨界整合为调节变量。从模型 5 中可以看出，联盟惯例对利用式创新有显著的正向作用，二者之间的回归系数为 0.328（$p<0.001$），这是检验跨界搜索和跨界整合的调节作用的基础。

表 8-24 跨界搜索和跨界整合对联盟惯例与利用式创新关系影响的回归结果

	模型 5 主效应	模型 6 跨界搜索	模型 7 跨界整合	模型 8 全模型
常数项	7.856***	7.754***	7.634***	7.592***
企业年龄	-0.031	-0.026	0.014	-0.009
企业规模	0.052*	0.043+	0.037*	0.016
研发投入	0.132*	0.074+	0.050+	0.072*
联盟惯例	0.328***	0.169***	0.224***	0.315**
跨界搜索	0.136	0.114	0.127	0.065
跨界整合	-0.068	-0.093	-0.067	0.057
联盟惯例 × 跨界搜索		0.093*		0.173*
联盟惯例 × 跨界整合			0.057**	0.048**
R^2	0.632	0.654	0.664	0.672
调整后 R^2	0.624	0.645	0.653	0.643
F 统计值	52.486**	47.784***	48.582***	35.665***

注：+、*、**、*** 分别表示在 $p<0.1$、$p<0.05$、$p<0.01$、$p<0.001$ 水平上显著（双尾检验）。

在模型 6 中，交互项"联盟惯例 × 跨界搜索"与利用式创新的回归系数为 0.093（$p<0.05$）；在全模型 8 中，交互项"联盟惯例 × 跨界搜索"对利用式创新的回归系数为 0.173（$p<0.05$）。这表明跨界搜索正向调节联盟惯例对

利用式创新的影响过程,假设 10b 通过验证。

类似地,在模型 7 中,交互项"联盟惯例 × 跨界整合"与利用式创新的回归系数为 0.057($p<0.01$);在全模型 8 中,交互项"联盟惯例 × 跨界整合"对利用式创新的回归系数为 0.048($p<0.01$)。这表明跨界整合正向调节联盟惯例对利用式创新的影响过程,假设 11b 通过验证。

8.4 结果与讨论

本节的主要内容为:第一,对用 AMOS 25.0 软件和 SPSS 25.0 软件运行出来的实证结果进行汇总。第二,阐述联盟权力与双元创新之间的内在关系,以及联盟权力、联盟惯例与双元创新的作用机制,并进行简要分析。第三,说明跨界搜索在联盟惯例与探索式创新、利用式创新正向关系中的调节作用,并简要分析其原因。第四,说明跨界整合在联盟惯例与探索式创新、利用式创新正向关系中的调节作用,并简要分析其原因,着重就未通过验证的假设进行解释。

8.4.1 实证研究结果汇总

本章通过结构方程模型和多元回归分析检验了第六章提出的各个假设。具体来讲,本章在第六章提出的有关联盟权力与双元创新的研究假设(共计 22 个)的基础上,通过结构方程模型验证了联盟权力的四个子维度(知识权力、结构权力、认同权力、关系权力)与联盟惯例和双元创新的关系,并利用多元回归分析,检验了跨界创新视角下跨界搜索、跨界整合分别在联盟惯例与探索式创新、利用式创新正向关系中的调节效应,其结果如表 8-25 所示。

表 8-25　联盟权力与双元创新关系机制的假设检验汇总

假设编号	假设内容	验证结果
假设 1a	知识权力对探索式创新有正向影响。	通过
假设 1b	知识权力对利用式创新有正向影响。	通过
假设 2a	结构权力对探索式创新有正向影响。	通过
假设 2b	结构权力对利用式创新有正向影响。	通过
假设 3a	认同权力对探索式创新有正向影响。	通过
假设 3b	认同权力对利用式创新有正向影响。	通过
假设 4a	关系权力对探索式创新有正向影响。	通过
假设 4b	关系权力对利用式创新有正向影响。	通过
假设 5a	联盟惯例对探索式创新有正向影响。	通过
假设 6a	联盟惯例在知识权力与探索式创新的正向关系中起中介作用。	通过
假设 7a	联盟惯例在结构权力与探索式创新的正向关系中起中介作用。	通过
假设 8a	联盟惯例在认同权力与探索式创新的正向关系中起中介作用。	通过
假设 9a	联盟惯例在关系权力与探索式创新的正向关系中起中介作用。	通过
假设 5b	联盟惯例对利用式创新有正向影响。	通过
假设 6b	联盟惯例在知识权力与利用式创新的正向关系中起中介作用。	通过
假设 7b	联盟惯例在结构权力与利用式创新的正向关系中起中介作用。	通过
假设 8b	联盟惯例在认同权力与利用式创新的正向关系中起中介作用。	通过
假设 9b	联盟惯例在关系权力与利用式创新的正向关系中起中介作用。	通过
假设 10a	跨界搜索正向调节联盟惯例与探索式创新的正向关系，即跨界搜索程度越强，联盟惯例对探索式创新的促进作用越强。	通过
假设 10b	跨界搜索正向调节联盟惯例与利用式创新的正向关系，即跨界搜索程度越强，联盟惯例对利用式创新的促进作用越强。	通过
假设 11a	跨界整合正向调节联盟惯例与探索式创新的正向关系，即跨界整合程度越强，联盟惯例对探索式创新的促进作用越强。	不通过
假设 11b	跨界整合正向调节联盟惯例与利用式创新的正向关系，即跨界整合程度越强，联盟惯例对利用式创新的促进作用越强。	通过

8.4.2 联盟权力、联盟惯例与双元创新的作用机制讨论

基于前文的实证分析，本书对有关联盟权力、联盟惯例与双元创新之间关系的假设进行了验证，并以此为基础，对三者之间的作用机制进行了详细分析与解释。一方面，与联盟及创新相关的既有研究进行对话；另一方面，通过对实证结果进行分析和解释，为后文提出研究结论与启示提供可能的思考方向。

1. 知识权力

知识权力对探索式创新有正向影响。由表 8-15 可知，知识权力正向推动

企业的探索式创新活动（SPC=0.147，$p<0.05$）。可能的解释是，知识权力属于联盟企业战略层面的能力，能够利用知识优势使伙伴企业产生依赖，更好地协调、管理联盟内部，促进联盟的发展，使联盟企业占据更多的关键性知识，以此促进探索式创新。

进一步而言，联盟惯例在知识权力与探索式创新正向关系中的中介作用也得到验证。从表8-18的初始结构方程模型的参数估计可以看出，知识权力会促进联盟惯例的形成（SPC=0.178，$p<0.05$），也就是说，掌握知识权力的企业会帮助伙伴企业从联盟活动中获取相关经验，即联盟过程也是组织学习的过程；在此过程中，核心企业可以有效利用自身知识、技术来影响伙伴企业，使企业合作次数增多；在交流过程中，合作的碰撞使异质性知识增多，有利于联盟企业习得深层次的隐性知识，这极大地提高了联盟惯例形成的概率及稳定性。此外，表8-17中，"探索式创新←——联盟惯例"的SPC为0.364（$p<0.001$）。根据表8-15和表8-18，在加入联盟惯例这一中介变量后，知识权力对企业探索式创新的影响从显著变为不显著，这表明联盟惯例在知识权力促进企业探索式创新水平提升中具有完全中介作用。

另外，知识权力对利用式创新的正向影响也得到了实证研究证实。从表8-15中可以看出，知识权力有助于企业推进利用式创新活动（SPC=0.164，$p<0.05$）。可能的解释是，知识权力属于联盟企业战略层面的能力，能够利用知识优势使伙伴企业产生依赖，更好地协调、管理联盟内部，促进联盟的发展，使联盟企业拥有更多的关键性知识，以此促进利用式创新。

同时，联盟惯例在知识权力对利用式创新的正向影响中所发挥的中介作用也得到了证实。如表8-18所示，知识权力有助于联盟惯例的形成（SPC=0.178，$p<0.05$），其中可能的解释是，在企业联盟互动过程中，不断交流与合作能够规范联盟企业间的合作流程和合作规范，使其达成一定的默契，即在联盟惯例的影响下，联盟企业间共享信息，按可操作的规范流程共同解决问题，以此节约时间成本、管理成本。此外，表8-17中，"联盟惯例——→利用式创新"的SPC为0.307（$p<0.001$），根据表8-15、表8-18和

相关数据，在加入联盟惯例这一中介变量后，知识权力对企业利用式创新的 p 值由 0.017 升到了 0.021，p 值仍然小于 0.05，显著性依然，这表明联盟惯例在知识权力促进企业利用式创新水平提升的过程中具有部分中介作用。

综上所述，掌握知识权力的企业在探索式创新和利用式创新两种创新活动中具有较强的正面促进作用。这是因为，企业同时开展探索式创新和利用式创新，不仅需要基于企业自身，还应当从联盟网络层次寻找企业间所需要的关键资源和合作机会，而企业所掌握的相应的联盟权力能够推动甚至加速联盟惯例的形成，并使得企业以更快的速度获取有关联盟企业之间的各种所需信息与知识，为探索式创新和利用式创新提供一个包含关键知识、技术，且相对稳定的环境。

2. 结构权力

结构权力对探索式创新的正向影响得到了实证的支持。从表 8-15 中可以看出，掌握结构权力的企业能够加快其探索式创新活动（SPC=0.174，$p<0.001$）。可能的解释是，结构权力大的企业在联盟中占据有利位置，对于企业间的合作有优势。例如位于港口城市的企业，借助其地理位置和网络结构优势而获得的结构权力，可以加强与不同产业或者上下游企业的交流，和其他企业相比拥有更多的主动权，从与其他企业更多的交流中获取知识、技术以及加强合作，以此促进探索式创新水平的提升。

更进一步地，联盟惯例可被视为结构权力推动探索式创新活动的桥梁和重要途径，这在结构方程模型中得到了反映，即结构权力有助于推动联盟惯例的形成（表 8-16 中，SPC=0.226，$p<0.01$）。这主要是因为，核心企业在行使结构权力时，其位置优势和结构优势能够促使其他联盟企业对其产生高度依赖和信任，这就增加了企业之间的合作次数从而促进企业联盟惯例的形成与发展。此外，表 8-17 中，"联盟惯例——→探索式创新"的 SPC 为 0.364（$p<0.001$），根据表 8-18 和相关数据，在加入联盟惯例这一中介变量后，结构权力对企业探索式创新的 p 值升到了 0.027，仍然小于 0.05，显著性依然，

这表明联盟惯例在结构权力促进企业探索式创新水平提升中具有部分中介作用。

另外,结构权力对利用式创新的正面作用也得到了验证。由表 8-15 可知,结构权力能够推动企业开展利用式创新活动(SPC=0.246,$p<0.001$)。结构权力大的企业在联盟中占据有利的位置,对于企业间的合作有优势。

同时,联盟惯例在结构权力促进利用式创新水平提升关系中所发挥的中介作用也得到了研究证实。可能的解释是,结构权力有利于企业对联盟中一些经验进行学习,以及利用自身核心知识、技术来影响伙伴企业,使企业合作次数增多;企业的合作交流有助于规范联盟企业间的合作流程及规范,使其形成一定的默契;在联盟惯例的影响下,联盟核心企业与伙伴企业的协调沟通能力得到提升,各联盟企业可以更好地识别、捕捉和利用对本企业发展有利的机会和资源信息,减少合作冲突与矛盾,从而在获取超前的市场或技术信息支持的同时快速占领潜在市场,并按可操作的规范流程共同解决问题,以此节约时间成本、管理成本以及机会成本等。此外,根据表 8-18,在"联盟惯例——→利用式创新"的关系中,SPC=0.290,$p<0.001$;在加入联盟惯例这一中介变量后,结构权力对企业利用式性创新的 p 值仍然小于 0.001(显著),这表明联盟惯例在结构权力促进企业利用式创新水平提升中发挥着部分中介作用。

通过以上分析,本书认为,结构权力能够推动企业开展探索式创新和利用式创新活动。同时开展探索式创新和利用式创新活动,迫使企业出于战略宏观层面的考虑,通过建立联盟关系来从企业外部获取发展机会和关键资源,并配置相应的联盟权力,以便更快捷地解决合作过程中可能出现的分歧,降低时间成本和管理成本,为探索式创新和利用式创新提供有利条件。

3. 认同权力

认同权力对探索式创新的正面作用也得到了验证(表 8-15 中,SPC=0.268,$p<0.001$)。这主要是因为,认同权力属于联盟企业战略层面的能力,核心企业凭借声誉、品牌效应,使伙伴企业产生认同,愿意跟随认同权力大

的核心企业一起合作发展。认同权力大的企业可以更好地协调、管理联盟内部，有效发掘、获取和整合联盟企业的资源，并在联盟关系不断加强的同时，有目的地对联盟企业间的各项合作活动的开展加以引导，使得联盟企业拥有更多的信息流和资源流，以此激发探索式创新。

联盟惯例是认同权力推进探索式创新的重要途径。一方面，认同权力有助于联盟惯例的形成（表8-18中，SPC=0.212，$p<0.001$）。这主要是因为，认同权力有助于伙伴企业学习联盟核心企业的经验和知识，并在不断合作中逐渐认可核心企业的经营理念，促进联盟的形成与发展；联盟内企业合作次数增多，有利于推动企业间行为默契的形成，进而推动联盟惯例的形成。此外，根据表8-18，在"联盟惯例——→探索式创新"的关系中，SPC=0.358，$p<0.001$；在加入联盟惯例这一中介变量后，认同权力对企业探索式创新的 p 值升到了0.089，显著性消失。因此，联盟惯例在认同权力与探索式创新的正向关系中发挥完全中介作用。

另外，认同权力对利用式创新有正面影响（表8-15中，SPC=0.213，$p<0.001$）。这主要是因为，认同权力属于联盟企业战略层面的能力，能够使核心企业更容易赢取伙伴企业的信赖，促进交易的形成；在交易进行过程中，核心企业也会更便捷地接触关键知识资源、技术资源，从而更有效地管理联盟关系，促使核心企业拥有更多的关键性知识以推进利用式创新。

联盟惯例在认同权力促进利用式创新水平提升中所发挥的中介作用也得到了证实。一方面，认同权力有助于联盟惯例的形成（表8-18中，SPC=0.212，$p<0.001$）；另一方面，根据表8-18，"联盟惯例——→利用式创新"的 SPC 为0.290（$p<0.001$），在加入联盟惯例中介变量后，认同权力对企业利用式创新的 p 值仍然保持小于0.001，统计结果显著，这表明联盟惯例在认同权力与利用式创新的正向关系中发挥着部分中介作用。

基于以上分析，本书认为，认同权力对企业开展探索式创新和利用式创新活动有促进作用。也就是说，在双元创新环境下，企业需要配置相应的不同类别的联盟权力，以便最大限度地识别、获取、整合和有效利用联盟伙伴的信息、知识与资源，为探索式创新和利用式创新提供稳定可靠的外部环境。企业通过有效利用、接触和集成这些资源，使杂乱无章的资源与能力有序化，对应不同的外界条件，能结合自身具体战略需要，调整和配置企业的联盟权力，巩固自身的认同权力。

4. 关系权力

关系权力对探索式创新的正向影响也得到了验证（表 8-15 中，SPC=0.282，$p<0.001$）。这意味着掌握较强关系权力的企业，能够在与联盟伙伴企业的合作过程中不断加强与联盟内企业的纽带关系甚至是捆绑关系，这对于企业间的合作有促进效果，从而潜移默化地影响联盟惯例的形成，进一步加强联盟合作。关系权力的行使让核心企业拥有更多的主动权、领导权，能帮助核心企业从联盟中获取更多、更优质的创新资源，加强与不同产业或者上下游企业的交流，促使企业开展探索式创新活动。

进一步地，联盟惯例也是关系权力推进探索式创新的重要桥梁。一方面，关系权力对联盟惯例有显著的正面作用（表 8-18 中，SPC=0.162，$p<0.05$），这表明关系权力将保证核心企业能从联盟中获得各类资源，如企业合作的优先权、合作时的某些特定资源倾向等，特别是对企业探索式创新更为重要的各种机会。联盟内各企业的合作往来，有助于核心企业学习联盟中的一些经验，以及利用自身关系权力来影响伙伴企业，使企业合作次数增多；合作交流的碰撞有助于推动企业间的默契形成，从而促进企业联盟惯例的发展。另一方面，根据表 8-18，在"联盟惯例——→探索式创新"关系中，SPC=0.358，$p<0.001$，结合相关数据，在加入联盟惯例这一中介变量后，关系权力对企业探索式创新的 p 值升到了 0.021，小于 0.05，统计结果显著，这表明联盟惯例在关系权力促进企业探索式创新水平提升中具有部分中介作用。

另外，关系权力也会推动企业开展利用式创新活动（表 8-15 中，SPC=0.167，$p<0.01$）。这意味着掌握较强关系权力的企业，会迫使联盟企业出于利益以及联盟情义等方面的考虑，而维系持久而稳固的联盟关系，这显然有利于联盟企业之间的合作与共赢。具体来说，关系权力发生作用的表现

是，帮助企业或组织增加与其他企业或组织的沟通交流次数，及时地消除分歧。通过建立长期合作，联盟核心企业可以加强与不同产业或者上下游企业的交流，与其他企业相比拥有更多的主动权和关键性知识，从而为利用式创新奠定基础。

同时，联盟惯例在关系权力推动利用式创新活动过程中发挥中介作用。一方面，关系权力对联盟惯例有显著的正向影响（表 8-18 中，SPC=0.162，$p<0.05$）；另一方面，在"联盟惯例——→利用式创新"的关系中，根据表 8-18，SPC=0.290，$p<0.001$，在加入联盟惯例这一中介变量后，关系权力对企业利用式性创新的 p 值仍然小于 0.001，这表明联盟惯例在关系权力促进企业利用式创新水平提升中具有部分中介作用。

综上所述，企业的关系权力在双元创新环境中起到了关键作用。关系权力的强度影响了联盟企业合作的深度和广度，以及企业间合作机会的获取。企业通过有效的关系权力，可以更高效地解决合作中的分歧，促进资源和能力的协同，从而减少时间成本和管理成本。这为探索式创新和利用式创新提供了稳定的环境。此外，企业可以根据外界条件和自身战略需求调整其联盟权力，以巩固关系权力。

8.4.3 跨界搜索的调节效应讨论

1. 跨界搜索对联盟惯例与探索式创新的调节效应讨论

根据表 8-23 的模型 2，由于交互项"联盟惯例 × 跨界搜索"的回归系数为 0.056（$p<0.01$），因此，本书研究假设 10a 通过了检验，即跨界搜索程度越强，联盟惯例对探索式创新的促进作用越强。这与 Rosenkopf 和 Nerkar（2001）[103]、Lin 等（2007）[199] 以及 Nerkar（2003）[295] 等研究相符。联盟惯例可以使联盟企业保持长期稳定的联盟关系以及和谐默契的行为模式，一方面可以降低较高创新风险导致的企业之间因行事风格以及发展战略差异等而产生关系冲突甚至撕裂的概率，另一方面增强了联盟企业间的关系强度和黏性，从而为提升探索式创新水平提供了温床。企业跨界搜索的能力越强，为联盟企业提供的异质性知识、资源越多，越能激发探索式创新活力。

2. 跨界搜索对联盟惯例与利用式创新的调节效应讨论

由表 8-24 的实证结果可知，本书研究假设 10b 通过了验证。模型 6 中，交互项"联盟惯例 × 跨界搜索"的回归系数为 0.093（$p<0.05$），这意味着跨界搜索能力越强，联盟惯例对利用式创新的正向效应就越强。这与 Sidhu 等（2007）[113]、Lavie 和 Rosenkopf（2006）[120] 以及 Stettner 和 Lavie（2014）[296] 等研究相符。可见，跨界搜索能力能够有效降低联盟企业利用式创新的难度。不同的联盟企业在管理风格、企业文化、任务完成方式等方面存在较大的差异，而联盟惯例在跨界搜索的调节下，可以使企业更容易地实现对联盟企业的异质性知识的学习与利用，从而推动企业利用式创新。跨界搜索还有助于促进联盟成员之间的经验技能共享与高频率交流，拓展联盟企业在合作中各项资源往来的宽度与深度，在联盟惯例的调节下加深联盟惯例对利用式创新的正向效应。联盟企业会通过与合作方的多次交流跨界学习，突破企业边界，汲取联盟伙伴的各项知识技能以及优势创新资源，从而为企业的利用式创新奠定资源基础。

8.4.4 跨界整合的调节效应讨论

1. 跨界整合对联盟惯例与探索式创新的调节效应讨论

由表 8-23 的实证结果可知，本书研究的假设 11a 并没有通过验证。模型 3 中，交互项"联盟惯例 × 跨界整合"的回归系数为 -0.048（$p>0.1$），这意味着跨界整合并不正向调节联盟惯例对探索式创新的关系，即跨界整合对联盟惯例与探索式创新之间的关系未产生大的影响作用。其可能的原因在于：探索式创新需要新颖的思路，企业本身没有的知识与技能，以及不同企业在文化、思想、合作上的碰撞所产生的想法，而不仅仅是其他联盟企业的不同知识或技能，甚至是经验。这样的整合并不能使企业自身产生源动力。跨界搜索是一个主动的过程，涉及寻找并获取新的资源和知识。这些资源和知识并非直接存在，而需要通过深入思考和系统整理来开发挖掘。因此，单纯的跨界整合可能不足以激发探索式创新，还需要更具创造性的思维和新颖的应用方式。联盟企业之间存在的大量的、冗杂的信息，反而可能会阻碍新产品、新服务的设计进而不能产生突破性创新，不能使探索式创新成功。

2.跨界整合对联盟惯例与利用式创新的调节效应讨论

由表8-24的实证结果可知，本书研究的假设11b通过了验证。模型7中，交互项"联盟惯例 × 跨界整合"的回归系数为0.057（$p<0.01$），这意味着跨界整合能力越强，联盟惯例对利用式创新的正向效应就越强。这与Sidhu等（2007）[113]、Rothaermel和Deeds（2004）[200]以及Hao和Feng（2018）[297]等研究相符。这表明跨界整合能力在一定程度上决定了联盟企业能够在多大程度上吸收和消化来自联盟中的相似知识。跨界整合能力越强，联盟企业就越能有效地整合知识，梳理并利用彼此间的各类资源和技术。这种整合提高了企业间的协作效率，并促进了技术和知识的共享。企业跨界整合能力越强，即整合联盟企业间知识、资源的能力越强，联盟惯例对利用式创新的影响就越显著。企业跨界整合能力强，有利于把联盟惯例中隐含的各种隐性知识、默认的行为规范、企业成员未说出口但心照不宣的行为方式转化为企业自身可以明白的知识和技能。跨界整合对于联盟惯例中机会的识别与把握有重要的作用。因此，跨界整合能力是提升联盟企业利用式创新水平的重要能力，它不仅有助于提升联盟企业之间的资源共享水平，建立联盟成员之间的默契，而且在整合过程中也提升了合作企业的沟通层次，在共同完成某个任务目标的同时更好地提升利用式创新水平。

8.5 本章小结

本章对提出的联盟权力、联盟惯例、跨界搜索、跨界整合、双元创新核心构念之间的假设模型进行了验证。本章的实证研究结论如下：

第一，考察了联盟权力的四个子维度分别对两种创新方式的影响关系。研究发现，知识权力、结构权力、认同权力、关系权力是推动企业探索式创新和利用式创新的重要影响因素。

第二，联盟惯例在知识权力、结构权力、认同权力、关系权力与利用式创新关系中的中介作用均成立；同样，联盟惯例在知识权力、结构权力、认同权力、关系权力与探索式创新关系中的中介作用均成立。

第三，考察了跨界创新视角下跨界搜索、跨界整合在联盟权力与双元创新关系中的调节作用。结果显示，除跨界整合在联盟惯例与探索式创新关系中的正向调节效应不显著外，跨界搜索在联盟惯例与利用式创新、探索式创新的正向关系中起正向调节作用，并且跨界整合在联盟惯例与利用式创新的正向关系中也起正向调节作用。

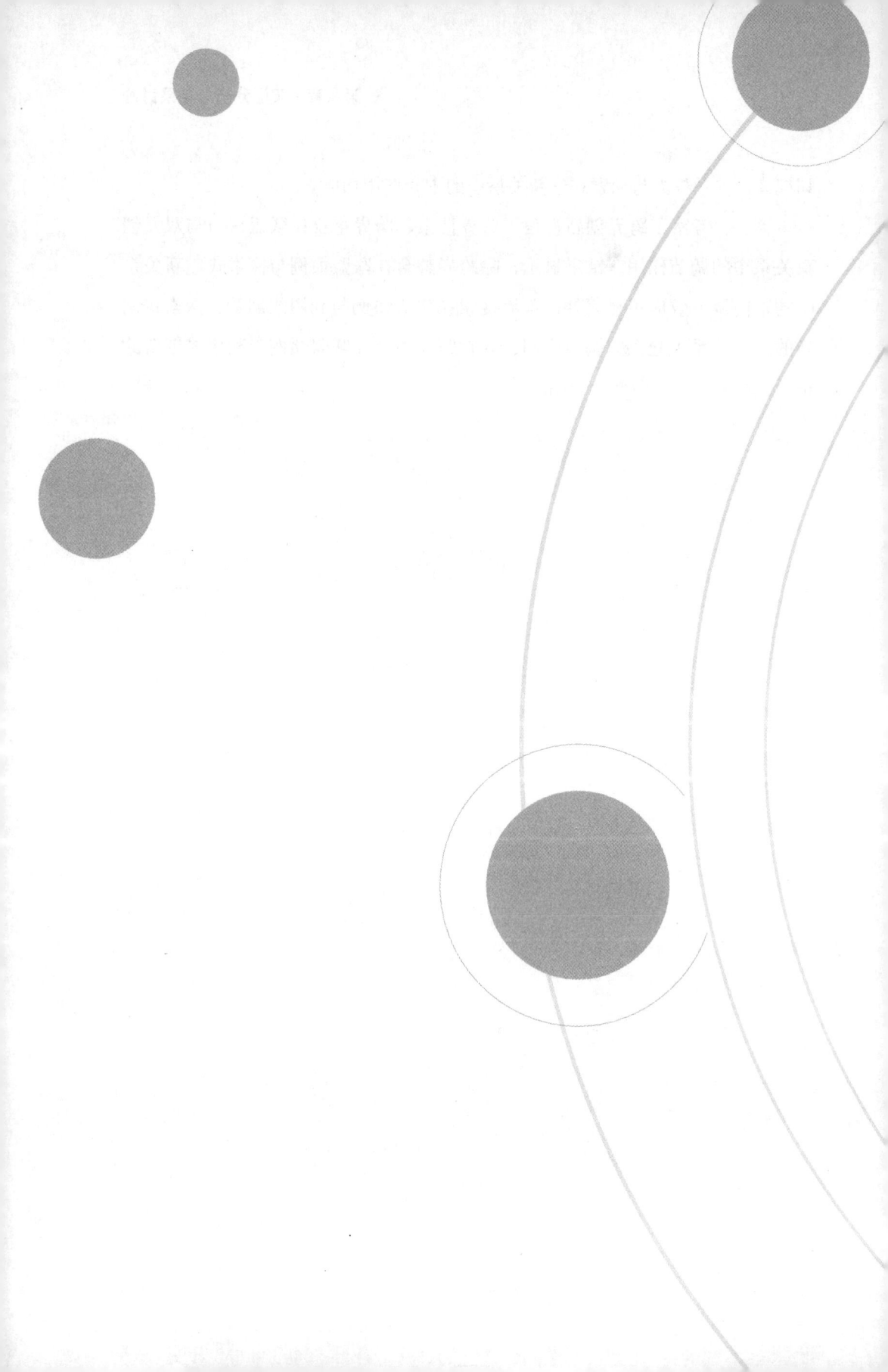

第九章 联盟权力与企业双元创新的案例研究

本书围绕联盟权力对双元创新影响机制的概念模型进行了实证研究，结果显示联盟权力的四个子维度（知识权力、关系权力、认同权力和结构权力）通过影响联盟惯例促进双元创新（包括探索式创新和利用式创新），并且联盟惯例在联盟权力的四个子维度与探索式创新和利用式创新之间的正向关系中起中介作用；同时，跨界搜索和跨界整合正向调节联盟惯例与双元创新之间的关系。基于上述实证分析结果，本章采用案例研究方法，对本书的理论模型进行进一步解释，并为研究假设与逻辑框架的合理性提供现实支撑。

本章的内容安排如下：首先，介绍案例研究的背景，主要从理论背景即企业联盟相关研究的现状进行阐述，并简要分析现实背景即机械制造业、生物基纤维产业以及物联网产业等相关产业的发展现状，从而为后文的案例选择与案例分析奠定基础。其次，介绍案例选择与案例资料收集的方法。其中，本书所选取的案例企业为东方汽轮机有限公司、京东方科技集团股份有限公司、丝丽雅集团有限公司以及华为技术有限公司。再次，对这四个案例企业的基本情况进行简要叙述。基于此，本书对案例企业的联盟发展实际情况进行详细分析，以揭示四个案例企业中，联盟权力、联盟惯例以及双元创新的内在关系机制，并强调企业跨界行为对上述关系的影响，进一步证实或证伪第八章中的实证研究结论。最后，提出案例研究的结论与启示。

9.1 案例研究背景

在本书文献综述的基础上，本章首先对企业联盟相关（主要是联盟权力与联盟惯例）的研究进行阐释，并主要从研究内容和研究方法上对现有研究进行评述，指出该领域亟需运用案例研究方法来进一步深入探索联盟相关研究，以更好地解释企业联盟与实际经营活动。同时，结合现实背景，本书主要从机械制造业、生物基纤维产业、物联网产业以及电子信息产业来解析产业发展现状。传统的制造业能够与战略性新兴产业发展形成鲜明对比，从而为后文中案例企业的选择提供现实支撑。

9.1.1 企业联盟相关研究

企业联盟是动态演化的网络组织，这种特殊的网络关系在建立之初往往具有不稳定性，并且容易受到外部环境的影响，而联盟惯例有助于促进联盟关系的稳定性和持续性。同时，企业权力（主要是网络权力，一般包括知识权力、结构权力）也引起了学术界的研究关注。一方面，现有研究探讨了不同类型的权力对企业网络发展的重要作用。其中，结构权力有助于企业提升技术创新网络能力[45]，而知识权力有助于企业在联盟网络关系中形成惯例[297]。另一方面，网络权力被证实在网络关系治理、网络节点企业行为管理（如网络突发问题处理）等方面具有重要价值[27,42,298]。同时，现有研究大都采用实证研究方法探究网络权力的影响因素及其作用机制[41,299]，而运用案例研究方法来探究网络权力的过程机制的相关研究还较为匮乏。此外，有关组织权力的相关研究还停留在组织层面和网络层面，缺乏从企业联盟层面来探究权力的研究。

联盟惯例的形成也是企业联盟活动的必然结果。对于联盟惯例的相关研究最早源于对"组织惯例"的相关研究，随后拓展到网络研究，"网络惯例"的概念应运而生[89,300]。相较于社会网络视角下的网络惯例研究，对于组织联盟层面的惯例研究更为匮乏，仅有部分国内学者对此进行探索。例如，殷俊杰和邵云飞（2017）[94]认为，惯例是企业在组织经营活动中不断重复而形成的固定行为模式。王思梦等（2019）[95]认为，联盟惯例是联盟企业之间在长期合作过程中形成的行为模式，这种行为模式具有一定的规律性和可重复性，并且可以被识别和描述。由此可见，联盟惯例作为一种维护、发展、升级联盟稳定和信任关系的能力,能够对联盟成员的行为进行有效约束,并在知识流动和共享的过程中建立起联盟成员之间的规范共识和行为模式[90, 301]。但是,笔者通过文献综述发现,对联盟惯例的研究还处于探索阶段,现有文献尚有不足之处:一方面,由于惯例的形成离不开权力的行使,企业的发展和稳定需要依靠权力来约束和管控联盟成员之间的行为。但已有研究较少探讨联盟权力与联盟惯例之间的作用机制。另一方面,在权力的研究方面,仅仅考察网络权力(包括结构权力、知识权力)对双元创新的影响机制,可能不足以窥见权力的本质和核心要义。因此,本书试图运用案例研究方法探讨联盟权力四个子维度与双元创新之间的逻辑关系,同时考虑到了联盟惯例的中介效应以及跨界搜索和跨界整合的调节效应,旨在深化企业联盟与创新的相关研究,并为企业联盟的现实情况提供理论指导。

9.1.2 相关产业发展现状

自 1978 年改革开放以来,我国的第一、第二、第三产业发展有了质和量的提升,并为经济发展和腾飞注入了新动能。结合前文的理论研究,本书主要着眼于机械制造业、生物基纤维产业、物联网产业和电子信息产业,通过分析上述产业的发展现状,试图挖掘出产业发展以及企业创新过程中取得显著成效的领先企业。一方面,推动联盟相关的理论研究;另一方面,总结提炼优秀企业的发展经验,从而为其他行业/企业的发展提供理论借鉴和现实指导。

相关产业的选择有以下原因:

首先,机械制造业是关乎国民经济发展的主导性产业。目前,伴随着经济发展进入新常态,我国制造业也逐渐实现蜕变和腾飞,其主要表现是三个转变:生产型生产向服务型生产转变,粗放式管理向精细化管理转变,以及低端制造向高端制造转变。

其次,生物基纤维产业是国民经济的重要支柱产业。从发展阶段来看,化纤制造业起步于 20 世纪 50 年代,并在 20 世纪 90 年代逐步建成了相对完整的化纤工业体系。目前来看,生物基纤维产业的发展主要特征是:纤维技术水平、纤维产品品类及品质等方面实现显著提升，化纤企业的品牌建设意识以及核心技术研发引领产业发展。这种发展态势不仅源于我国对生物基纤维产业的政策倾斜与引导，也是一大批领先企业共同努力的结果。

再次，物联网产业是关乎人民生活水平、新兴产业经济发展的重要产业。借助国家对物联网产业的政策扶持这一东风，我国物联网产业的发展速度和发展规模均超出预期，未来会朝着多元化方向发展，并逐渐渗透到人民生活和商业的各个领域。

最后，电子信息产业发展强劲。近年来，电子信息产业作为我国战略性支柱产业，在支撑经济发展过程中发挥了重要作用。具体来看，2014年，我国电子信息产业发展较为迅速，其主要表现是电子信息产业在产品市场份额、平均利润率等方面领先其他产业。2015年，我国明确提出要大力推动重点领域突破发展，其中就包括电子信息产业。2019年，我国电子信息产品市场份额达到27.08%[①]，其中，规模以上的企业平均利润率高达4.40%[②]。当前，面临严峻的国内外发展环境，我国先后出台了多项助力电子信息产业发展的政策，旨在打造以新一代电子信息技术为基础的全新产业结构。由此看来，我国电子信息产业的迅猛发展不仅得益于国家的政策倾斜与引导，而且也是一大批领先企业共同努力的结果。

9.2 案例选择与资料收集方法

在企业推动创新活动的过程中，企业之间的联盟可能面临复杂性、动态性以及辩证性等方面的问题[302,303]，这给企业创新带来许多不确定性的同时也创造了更多的可能路径。因此，本书采用多案例研究方法，主要通过描述性案例研究来深入探究联盟权力对联盟惯例、企业双元创新的影响机制，以期形成新的理论洞见[304]。

---

① 数据来源：GII research。
② 数据来源：中国电子信息行业联合会。

9.2.1 案例企业的选择

本书选取多案例研究方法，通过选取不同行业领域中的典型企业案例，比较不同案例之间的异同，一方面保证研究结果的可信性[305]，另一方面探寻案例现象背后的相关理论逻辑。特别地，为了保证案例资料的真实性和可靠性，本书所选择的案例企业都是成立时间在 10 年以上的，这主要是因为：成立时间在 10 年以上的企业在建立企业联盟、形成企业间的联盟权力上具有一定的稳定性，同时，企业在双元创新方面都取得了一定的进展和成效。而成立时间少于 10 年的企业可能尚未建立稳定的联盟关系，或没有形成达成共识的行为规范，同时，这类企业在探索式创新方面的成效还未完全显现，不利于案例资料的分析和理论演绎。

基于以上考虑，本书所选择的案例企业为东方汽轮机有限公司、京东方科技集团股份有限公司、丝丽雅集团有限公司以及华为技术有限公司，这四家典型案例企业的基本情况见表 9-1。选取这四家企业的原因包括：一是这四家企业分别处于支撑经济发展的不同产业中的不同行业，企业联盟相关的实践经验能够为其他行业/企业提供一般性启发；二是这些企业的成立时间均超过 10 年，这就在一定程度上保证了企业间联盟与创新活动方面的相关数据具有一定的稳定性和可信性；三是笔者所在导师团队长期对这四家企业进行调研和跟踪研究，掌握了大量真实可靠的一手资料。

9.2.2 案例企业简介

本书选择了机械制造业的东方汽轮机有限公司、生物基纤维产业的丝丽雅集团有限公司、物联网产业的京东方科技集团股份有限公司，以及电子信息产业的华为技术有限公司，以探究联盟权力、联盟惯例、企业双元创新之间的内在作用机制。接下来，将逐一介绍企业的基本情况，由于本研究聚焦于企业联盟与创新，因此会重点介绍与此相关的企业概况，从而为案例分析提供现实依据。

表 9-1　案例企业简况

企业名称	成立时间	行业类型①	企业类型	总部所在地	主营业务或定位	行业地位
东方汽轮机有限公司	1966年	铁路、船舶、航空航天和其他运输设备制造业	国有高新技术企业	四川 德阳	大型船舰用动力主、辅机定点生产	我国三大汽轮机制造基地之一
丝丽雅集团有限公司	1980年②	化学纤维制造业	国有控股企业	四川 宜宾	全球最大的生物基纤维专业供应商之一	全球最大的粘胶长丝生产企业之一
京东方科技集团股份有限公司	1993年	计算机、通信和其他电子设备制造业	民营物联网企业	北京	端口器件、智慧物联和智慧医工三大领域	2020年全球专利企业50强
华为技术有限公司	1987年	计算机、通信和其他电子设备制造业	民营科技企业	广东 深圳	ICT（信息与通信）基础设施和智能终端等	全球领先的ICT基础设施和智能终端提供商

1. 东方汽轮机有限公司

东方汽轮机有限公司（后文简称"东汽"）的前身是东方汽轮机厂，是中国东方电气集团有限公司的旗下公司。纵观东汽的发展史，其技术发展历程主要涵盖主导技术模仿、辅助技术探索、新兴主导技术探索以及技术研发和利用的阶段。这一技术发展历程也是对该企业整体发展的概览，即从跟跑、并跑到领跑的跨越式发展过程。目前，东汽在产品研发、技术创新以及发电装备生产等方面已达到世界领先水平，占领了国家重大技术装备和产业化的战略高地，并成为引领（发电装备）制造业发展的火车头。东汽的基本情况如表9-2所示。

表 9-2　东汽基本情况

方面	1966—1997年	1998—2000年	2001—2008年	2009年至今
技术发展阶段	主导技术模仿	辅助技术探索	新兴主导技术探索	技术研发和利用
外部环境	国内汽轮机生产刚刚起步，技术落后，进入门槛较低	火电技术迅速发展，国际合作增多	从火电设备向风电设备转化	多种新型绿色能源技术开始大规模发展

---

① 参考标准：《国民经济行业分类》（GB/T 4754-2017）。
② 以该公司官网（https://www.cn-grace.com/about.aspx?t=5）公布的成立时间为准。

(续表)

方面	1966—1997年	1998—2000年	2001—2008年	2009年至今
重大决策	引进哈尔滨汽轮机厂图纸和日立60MW汽轮机技术	承担多家国际公司外部合同	引进德国Repower风电技术，收购峨嵋半导体材料研究所	建立战略合作关系，构建德阳汽轮机产业创新网络
主要产品	30万千瓦汽轮机、60万千瓦亚临界汽轮机	轴承箱、低压外缸	1.5万千瓦风电设备	多晶硅、太阳能电池组件等
联盟网络特点	国内网络；网络结构简单，节点数少	国际网络；边缘企业	国际网络；边缘企业	国内网络；核心企业

资料来源：根据相关文献整理。

2. 丝丽雅集团有限公司

丝丽雅集团有限公司（后文简称"丝丽雅"）。从成立至今，丝丽雅的发展主要有三个阶段：第一阶段为1980—1997年，这一时期，丝丽雅处于初期发展阶段，企业一直处于亏损状态，并且核心产品（粘胶长丝）的产能不足。第二阶段为1998—2005年，这一时期，丝丽雅处于快速发展阶段。其快速发展主要得益于系列企业变革和企业的自主研发。具体来看，1997年，新的领导班子实行了"严管理、增效益"的系列企业变革，使得企业扭亏为盈；与此同时，主要产品（粘胶长丝）的产能也不断提升。2003年，企业自主研发了一锭多丝技术，这一突破性技术创新成果改变了产业发展格局，使得企业的行业地位直线攀升。第三阶段为2006年至今，这一时期，丝丽雅发展的战略目标是构建企业创新生态系统。具体来说，丝丽雅加强了与上游企业如海丝特纤维、长毅浆粕等，以及与下游企业如雅戈尔、罗莱家纺等企业的沟通和联系，在多元化产业集群发展过程中实现了经济腾飞。目前，丝丽雅的主要产品包括维卡纤维、棉浆粕等，在年生产能力、产品市场（包括国际和国内市场）占有率以及出口情况方面，都领先行业其他企业，并一跃成为全球最大的粘胶长丝生产企业。其基本情况如表9-3所示。

表 9-3 丝丽雅基本情况

方面	1980—1997 年	1998—2005 年	2006 年至今
发展阶段	初期发展阶段	快速发展阶段	多元化发展阶段
总体发展概况	亏损状态；粘胶长丝产能为 2 000 吨（远低于预期 3 000 吨）	抓住企业发展的两个转折点，实现企业产能提升	构建创新生态，形成多元化产业集群，实现集团产业协同发展
发展实例	1996 年，账面负债率达到 92%，实际负债率为 140%	1997 年，新领导人推进系列改革；2003 年，自主研发一锭多丝技术	构建企业创新生态系统，加强与上下游企业的合作与协同发展
特点	企业规模较小，产品类型和产业结构较为单一	粘胶长丝产品的生产规模较大，跃居全球榜首	打造一体化产业集群（包括纤维制造、制浆造纸、酒类酿造、投资贸易、地产开发等）

资料来源：根据相关文献整理。

3. 京东方科技集团股份有限公司

京东方科技集团股份有限公司（后文简称"京东方"）的前身是北京电子管厂，总部位于北京。历经几十余年的发展，京东方逐渐成为掌握核心技术[薄膜晶体管液晶显示屏（TFT-LCD）]的大型本土企业，是我国同行业企业中的翘楚。京东方的发展和崛起带领我国半导体产业实现了跨越式发展：从无到有、从有到优、从优到强。目前，京东方确定了以半导体显示为核心，融合传感器、智慧系统和健康服务等的航母事业群，已在北京、合肥、厦门、成都等地建立了制造基地，其子公司及服务体系已经遍布全世界多个国家和地区。近年来，京东方发展的战略是逐步推进企业数字化、智能化和智慧化，并推动企业及相关产业的数字化转型升级。本书通过对京东方发展轨迹的梳理，将企业发展历程分为四个阶段，各阶段企业的核心技术、核心产品如表 9-4 所示。

表 9-4 京东方基本情况

方面	1993 年	1994—1997 年	1998—2017 年	2018 年至今
发展阶段	进入阶段	追赶阶段	挑战阶段	领先阶段
核心技术	电真空技术	阴极射线管	阴极射线管、电子显现技术	TFT-LCD 技术的 5G、6G、7.5G
核心产品	电子管等元器件	显像管及相关器件	CRT 显示器、LED/VFD	笔记本电脑、数码相机、平板电脑等

资料来源：根据相关文献整理。

4. 华为技术有限公司

华为技术有限公司（后文简称"华为"）是一家民营ICT设备制造商，总部位于广东省深圳市。在发展初期，华为代理了香港鸿年公司的HAX-100用户交换机，实现了企业发展所需资本的原始积累。1989年，华为选择自主研发的发展道路，并先后推出BH03、HJD48等型号的用户交换机。接着，华为将大量资金和资源用于研发局用交换机，正式进入电信设备供应商行列；在成功推出C&C08万门交换机后，华为在局部产品市场上实现了从"追赶"到"领先"的市场地位转变，改变了国内外竞争格局并成功跻身世界级通信技术行业前列。随后，华为进入快速发展时期，产品/业务范围覆盖无线、核心网、传输、接入网、智能网、多媒体、终端等领域，与此同时，迅速扩张海内外市场，并于2009年实现了"三分天下，要占其一"的发展目标。成为全球第二大通信设备制造商之后，华为进入全面创新发展阶段。这一阶段，华为的发展策略为构建涵盖云计算数据中心的基础设施、基础网络、智能终端的战略发展体系。一方面，华为前瞻性地布局云服务、智能终端等产业前沿业务；另一方面，华为持续增加战略性创新投入，通过成立面向未来技术研究的2012实验室提高应对未来不确定性和风险的预研能力。经过几十年的发展，华为在ICT基础设施、智能终端以及云服务提供等领域已成为全球领先企业。其发展历程如图9-1所示。

9.2.3 案例收集与方法

案例研究强调多类型证据来源，参考殷（2017）[307]的研究，案例资料的收集方式主要包括查阅文件资料、查阅档案记录、实际走访与观察等，本书所运用到的资料收集方式见表9-5。本书案例资料收集的具体过程为：首先，文档资料是重要的资料来源，根据研究主题，对案例企业的网页资料、官方报道等进行收集和保存，并对不同企业的不同资料和文档进行分类管理。通过对案例企业的内部会议记录、研究报告、书面报道等资料进行收集，掌握大量一手和二手资料。其次，笔者自攻读硕士学位以来，在对企业的长期跟踪研究中，不定时跟随导师走访调研案例企业，对相关企业的高管和有关部

▶ 战略联盟视角下的双元创新

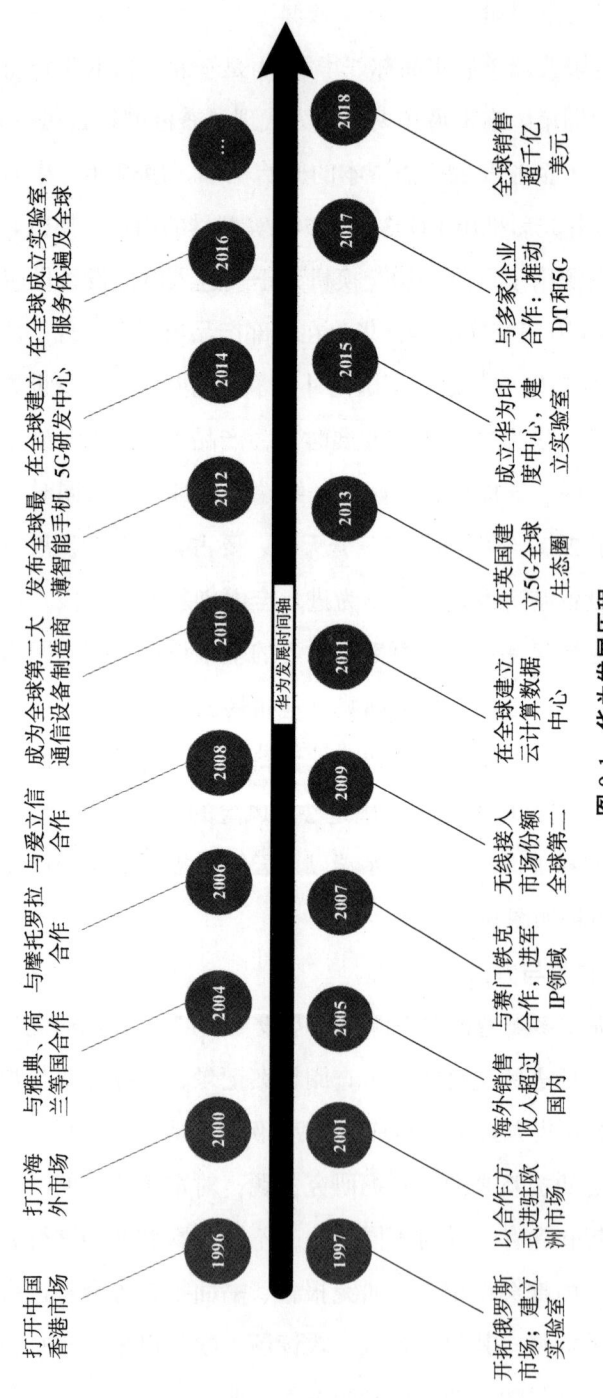

图 9-1 华为发展历程

门负责人进行深度访谈或调查访谈,掌握了大量的企业核心资料。因此,通过上述途径收集到的案例资料能够真实反映企业的实际发展情况,能够保证案例资料来源的可靠性和可信性。

表 9-5 案例资料收集方式

证据来源	主要表现形式	本书是否采用
文件	①与案例企业相关的研究报告与评价文件;②公开发布的媒体简报和其他公开性文章;③企业的议事日程、会议记录以及事件报道等;④管理者私人信件(纸质)、备忘录、电子邮件以及其他个人文件	是
档案记录	①组织记录;②公共事业的档案资料(如政府官网资料、公开性统计数据等);③调查资料	是
访谈	①深度访谈;②焦点访谈;③调查访谈	是
直接观察	观察对象包括会议、工厂的劳动、教室内的教学等	是
参与性观察	研究者扮演企业工作人员、中高层管理者的助理等角色,实际参与到企业日常经营事务中	否
实物证据	包括人工制品(如生产设备或技术工具等)	否

资料来源:根据相关文献整理。

9.3 案例分析

9.3.1 分析框架

本书将联盟权力分为知识权力、结构权力、关系权力和认同权力,以此探究其与联盟惯例、探索式创新和利用式创新之间的内在作用机理。知识是联盟企业构建联盟关系以及进行战略合作的重要考虑因素,因为知识本身是支撑并促进企业创新活动的助推器。在联盟关系中,知识权力主要表征为规则、标准和技术规范等[308]。关系权力反映了企业间关系强弱的变化程度,联盟关系的顺利进行可以提高联盟惯例的形成概率与速度。结构权力主要体现为核心企业通过其在网络中的结构优势和位置优势来建立与维持同其他企业的合作关系。这种网络结构优势使核心企业能够影响其他企业的行为,并在持续的合作过程中逐步形成共识。这种影响力和协作能力是结构权力在商业网络中发挥作用的关键。知识权力、结构权力、关系权力、认同权力均是通过促进联盟惯例的形成进而影响企业双元创新的水平,联盟惯例在联盟权力与双元创新之间起中介作用,以上结论已得到实证研究证实。更进一步地,本章通过对东汽、丝丽雅、京东方以及华为四家企业的案例分析,着重考察了联盟权力、联盟惯例和双元创新之间的关系机制,并探索了跨界搜索和跨界整合如何影响联盟惯例与双元创新之间的关系。本章的分析框架如图9-2所示。

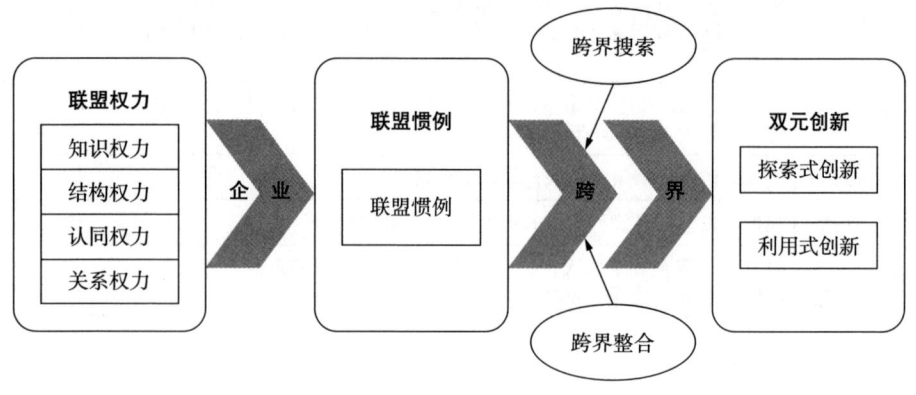

图 9-2 案例分析框架

9.3.2 联盟权力和联盟惯例对双元创新的影响分析

在开放式创新环境下,掌握核心知识的企业往往能够对其他企业具有某种影响力或者约束力。其中,掌握具备稀缺性和不可替代性的独占性知识是企业知识权力的重要表现形式,这使得这些企业在联盟关系中处于主导性地位,并能够对其他成员企业的战略决策和企业行为施加影响和约束[39]。具体来说,核心企业对知识的掌控能力越强,越会对其他成员企业的知识攫取和利用产生一定的阻力,这会降低其他企业对本企业侵蚀并从创新(尤其是模仿创新)中获利的不利风险,进而提高企业自身创新的效益和创新获利水平[309]。同时,那些为了从核心企业获取知识和发展空间的企业会对核心企业高度依赖甚至是依附,这无形中为企业之间营造知识分享与整合的氛围奠定了可靠基础[47]。随着知识在联盟间的共享,企业能够快速捕捉并获取其创新发展所必需但企业自身尚不具备的知识和资源，这一方面能够为双元创新提供坚实的知识储备和资源基础，另一方面联盟企业所享有的知识权力会影响甚至决定其创新成本与效率[310]。

企业的发展是内外部权力系统相互作用的结果。联盟网络中企业权力的类型和大小受网络结构特征[310]（网络位置、结构洞、中心性[311]）、企业资源禀赋差异[89, 312]、伙伴间关系[313]等因素的影响。在联盟权力中，关系权力的形成基于组织之间的关系机制所引发的对其他企业的影响力，这种关系权力具有动态性、层次性和传递性。具体来讲，动态性是指由于组织关系具有动态性和不稳定性，这种关系机制会随情境变化而发生改变[314]，而企业行使关系权力就会使得企业之间以及企业与外部环境之间的关系纽带更加紧密。层次性是指关系权力的强弱会影响企业之间关系的紧密程度。简单地说，在企业互动过程中，强关系权力会使得企业间关系较为稳定，并且使得核心企业对其他联盟企业的影响力更为显著。但是，这种强关系权力一方面需要较长时间才得以建立，并且这是一个动态演化的过程，另一方面这种权力的影响范围虽然广泛但却是有局限性的。传递性指关系权力建立在企业之间的互动过程上，其发生作用的前提是目标对象对核心企业的认可。此外，两个以上的企业主体之间的关系权力仍然建立在企业之间的关系基础上，并通过联盟网络来进行传递，这样原本陌生的企业之间得以建立起纽带关系，核心企业从而能够对成员企业施加影响和控制[315]。

企业联盟中认同权力的来源是企业所拥有的声誉、地位以及品牌等，这使得其他企业对核心企业产生敬意，并愿意与之维系良好的战略合作关系。与知识权力、结构权力以及关系权力一样，认同权力也强调核心企业对其他联盟企业的吸引力、影响力和控制力[316]，促使其他企业与之加强合作，形成战略联盟，并在联盟合作与磨合的动态过程中形成联盟惯例，从而推动企业的创新行为。

1. 典型案例：东汽

从联盟企业的知识权力来看，20世纪70年代初，我国的30万千瓦火电机组都是借鉴国外先进技术，并不能实现自主设计和生产，且当时资金紧张、人才紧缺，关键核心技术受制于人。那时，东汽自筹资金，加强对技术研发的资金投入，并在1980年前后成功研制出关键部件，开发出30万千瓦机组汽轮机的零部件——1米叶片，这项部件研发在当时技术含量最高、开发难度最大。1983年，东汽成功研制出30万千瓦机组汽轮机，这一机型最早被应用在山东黄台发电厂。在此后的三十年间，东汽在技术研发、生产水平以及自主创新能力方面得到迅猛发展，这主要是因为：一方面，东汽牵头或者参与了40多项国家行业标准的制定或修订工作。这些工作不仅意味着东汽在技术创新领域的成效得到了行业认可，而且对行业的规范性发展起到了示范作用，使得东汽在行业发展和规则制定过程中具有一定的影响力和话语权。另一方面，东汽不断将新技术、新标准运用到产品设计、研发与生产过程中，提高了机组性能、运行效率，不断提高的产品质量也满足了消费者需求，得到了消费者的一致认可。东汽还搭建了符合东汽发展实际的专有化集中采购管理平台。搭建这一平台的主要目的是方便东汽中高层管理者能够及时、有效且全面地掌握企业内部的采购资料与信息。同时，企业在选取合适的供应商时，主要的考核标准或者说筛选条件是供应商的技术水平、生产设备水平以及制造能力等，以保证符合条件的供应商能够在公平的招投标过程中成功入选为企业的合作伙伴。更进一步地，东汽在与其他企业合作时，一般会邀请业界的专家学者对供应商所提供的产品信息进行审核，同时，还会邀请资质较高的供应商参与到企业的技术研发、产品生产等过程中。从这一点来看，东汽在企业技术研发乃至企业经营发展过程中，通过建立企业间的联盟关系，旨在促进知识流动、共享与互动，在增强企业间关系纽带的同时，多方发力、齐头并进，共同推动企业的创新活动。更具体地，这种联盟行为帮助东汽在重大技术装备（如空冷百万千瓦机组、二次再热燃煤发电机组）研制方面实现重大突破，其技术研发水平和生产能力位居世界前列。

从联盟企业的结构权力来看，东汽不断与一些知名企业（如中国电力建设集团、三峡集团等）建立战略合作关系，而且与国内重点大学（清华大学、中国科学院大学、四川大学、西安交通大学等)签署战略合作协议,同时,在中央和地方政府的支持下,建立了以东汽为核心的研发中心和实验室(包括国家级和省部级)。其中最为典型的是长寿命高温材料实验室(此为国家重点实验室)、东汽350吨高速动平衡试验台(此为世界最大的试验台)。在制造基础设施方面,东汽的制造单元主要涵盖总装、焊接、大件加工等,这些数字化系统提高了产品的数控化水平,并为东汽的产品生产和监管提供了技术支持和有效保障。在核心技术研发方面,东汽的核电示范项目(如华龙一号、CAP1400等)在国内核电技术发展方面起到了引领性作用,50MW光热发电汽轮机(此为国内首台自主研发的汽轮机)、25MW再热垃圾发电汽轮机(此为国内首台再热垃圾发电汽轮机)以及40MW再热垃圾发电汽轮机(全国参数最高)等都显著地提高了企业经济效益。诸如此类的技术研发实例在东汽数不胜数,也正是基于企业在技术研发和产品设计方面的突出成果,东汽的研发团队还为"一带一路"国家带去了汽轮机组和清洁能源。因此,建立在技术研发基础上的企业联盟不仅增强了企业的综合实力,而且增强了企业在联盟成员中的公信力。

从联盟企业的认同权力来看,通过自主研发30万千瓦国产"争气机"发电机组,率先出资联合研制火电汽轮机(包括60万和100万千瓦级)、风电汽轮机(包括FD70强风型、FD77弱风型和寒冷型三种发电机组)、核电汽轮机(如1000MW全转速核电站汽轮机)以及燃气轮机等,东汽在实现本土化以及提高其国产化水平方面抢占先机,并逐渐成为世界发电设备制造业的"东方巨人"。总体来看,东汽在声誉、地位以及品牌效应方面赢得其他企业认同的具体体现为:多次获得国家级、省部级奖项,连续多年多次获得国家级科技进步奖以及省部级科技进步奖。其中,国家科学技术进步奖一等奖的代表性技术是"超临界600MW火电机组成套设备研制与工程应用"(颁奖时间:2008年),省部级科学技术进步奖一等奖的代表性技术是"超超临界1000MW空冷汽轮机开发"(颁奖时间:2012年)和"巨型贯流式水轮发电机组关键技术研究及杰瑞机组研制"(颁奖时间:2016年)。同时,东汽在社会责任履行方面成果颇丰，多次获得"全国文明单位"以及"全国五一劳动奖状"等荣誉。

从联盟企业的关系权力来看，东汽与各级政府、行业协会（主要是电力相关）、金融组织等保持着密切的合作关系，这有利于东汽享受优惠政策，在战略联盟与合作中实现企业纵深发展。具体来讲，基于与这些伙伴的战略合作关系，东汽成立了多个开放式政产学研相融合的创新交流平台或和异业联盟（horizontal alliances），这些都是东汽进行信息收集与知识获取、整合和利用的重要通道和桥梁。其中，东汽与中国航空发动机集团有限公司、西安热工研究院有限公司、清华大学、四川大学、西安交通大学以及中国科学院大学等多家知名科研院所、院校在火电、燃机、核电及其他能源设备技术开发方面进行了全面深入合作，充分发挥了各方优势，在技术研发与产品创新方面取得了良好的效果。由此，东汽通过整合和利用联盟伙伴的信息（包括市场信息、顾客信息等）、知识（包括市场知识、技术知识等）、研发技术以及资源（主要是异质性资源），极大地缓解了企业自身资源禀赋不足的发展困境；当然，最为重要的是，东汽通过挖掘（潜在）机会和整合资源甚至是将技术研发的新观点、新思想、新方法运用到企业发展的实际过程中，使得企业有能力开发出新技术和新工艺流程，并成功将这些技术商业化，帮助东汽从创新中获利。举例来说，2009年，东汽的产品研发仅限于发电设备领域，这是东汽的老本行。基于企业自身所掌握的技术和资源，东汽不断将研发和生产活动范围从发电设备拓展到可再生能源行业，前者包括水电和火电等传统电力，后者包括风电、太阳能等新能源。在企业发展边界和主营业务拓展的过程中，东汽在知识耦合能力、知识集聚与管理效率、研发成功率等创新相关的各个方面进步得最为明显。2010年，伴随全球一体化浪潮的到来，东汽果断涌入全球化浪潮，并且逐步构建着眼于全球发展的创新体系。在此之后，东汽实现了从模仿创新到自主创新的跨越式发展，创造出一系列影响全国以及全世界（机械）制造业发展的先进技术和一流产品。

综上，东汽在企业联盟中具备较强的知识权力、结构权力、认同权力和关系权力，这促进了联盟惯例的形成。在企业联盟网络中，联盟惯例的形成使得东汽在探索式创新方面取得巨大进展，推动企业开展探索式创新活动。同时，借助于联盟惯例的形成，东汽的利用式创新水平也在不断提升。联盟权力、联盟惯例以及双元创新在东汽的实际体现以及三者之间的逻辑关系如图9-3所示。

2. 典型案例：丝丽雅

从联盟企业的知识权力来看，丝丽雅因掌握核心技术，不仅实现了自身技术革新，还推动了产业发展。其中的典型实例是"一锭多丝"技术的成功研发，扭转了丝丽雅的发展态势。2005年，"一锭多丝"技术获得国家科学技术进步奖二等奖，而这一技术创新的成功主要得益于丝丽雅的知识管理和知识产权保护。实际上，"一锭多丝"并非复杂技术，它很容易研发和复制。在这一技术成功研发后，就涉及专利知识的保护问题，而丝丽雅一度陷入进退两难的境地。一方面，如果对该技术申请专利，就意味着企业要将此技术进行公开，这当然不利于对核心技术和商业机密的保护；另一方面，如果不对此技术申请专利，企业就会面临其他企业模仿乃至超越的风险。丝丽雅高层管理团队在不断斟酌和商讨后，最终决定对"一锭多丝"技术申请发明专利，此后，该技术为丝丽雅创造的新增收益高达3 700多万元（仅为2002年统计数据），2003年则增至1.1亿元，之后，企业收益呈级数倍增。鉴于该技术对企业发展的重要推动作用，该技术荣获中国纺织工业协会科学技术奖。与此同时，丝丽雅还建立了知识产权组织（如知识产权办公室）和知识产权管理队伍，这支队伍由一批掌握法学、技术、科学等综合性知识的管理人员组成。此外，2007年和2013年，丝丽雅先后被评选为四川省知识产权示范企业及国家知识产权示范企业。截至2022年11月，丝丽雅已累计申请国家专利1 700项，已获授权1 434项，专利申请数占国内再生纤维素纤维行业专利申请数的57%以上，专利实施率达80%以上，注册商标662个，登记版权426件，是行业20多项高新技术群及产品标准的创建者和提出者。

从联盟企业的结构权力来看，一方面，产学研合作的模式在丝丽雅的创

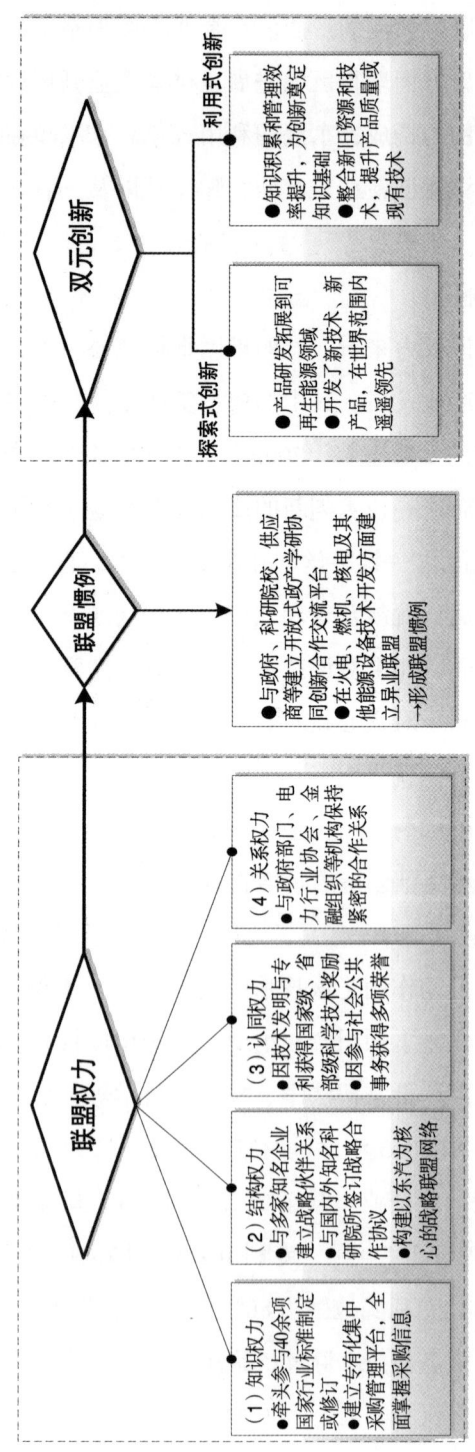

图9-3 东汽：联盟权力、联盟惯例与双元创新的逻辑关系演绎图

新体系中占据着十分重要的位置。成立以来，丝丽雅十分重视与科研机构之间的战略合作，通过构建跨组织边界、跨行业甚至跨领域的创新联盟，共同打造兼具科学研究和实践应用的协同创新平台。具体来讲，自1995年以来，丝丽雅先后与众多研究型大学（如香港理工大学、电子科技大学、四川大学等）建立战略合作关系，并通过共建研发中心、合作培养创新型高精尖人才、搭建科技成果转化平台等方式，全方位地提升企业技术水平和创新能力。另外，针对市场对新产品、新技术需求的增加，丝丽雅还与高校、科研机构以技术提成/许可/转让/入股、效益提成等模式，成立不同类型的技术转移机构，以此整合不同组织的资源优势，构建稳定、健康的技术转移通道，实现研究机构与企业的双赢。同时，在国家和各级各地区政府的支持下，丝丽雅不仅建立了国家级博士后科研工作站，而且成立了国家认定企业技术中心并搭建了四川省重点实验室。丝丽雅还进一步拓展了国际合作。2018年，丝丽雅与巴基斯坦的Colony公司建立了战略联盟关系，并在纤维短纤上展开市场和技术的深度合作。

另一方面，丝丽雅形成的多层次研发网络体系也为企业发展与联盟位置优势和结构优势的发挥提供了坚实基础。其中，丝丽雅的多层次研发网络体系包括丝丽雅技术研发中心、丝丽雅实验室以及研发部门。首先，以集团总公司为主体的全球技术研发中心的主要职责是从事行业关键核心技术、关键共性技术等基础研究，另外也注重互补性知识耦合。例如，"一锭多丝"技术的发明，打破了世界上"一个纱锭纺一根纱"的规律，成为影响整个产业格局的探索性工艺创新技术；蚕蛹蛋白纤维（结合优良的动物蛋白和纯净的天然植物纤维）的研发，填补了我国在新型生物质纤维制造上的空白。其次，丝丽雅实验室包括新型纺丝机实验平台、蚕蛹蛋白实验平台等，其主要职责是将技术研发中心的基础研究所创造的新知识转化为新技术、新工艺甚至是新产品，搭建技术研发从实验室走向市场的桥梁。此外，丝丽雅各子公司实验室和研发部门偏向于辅助性知识耦合。研发部门的主体是各子公司，其主要职责是将新技术、新工艺进行商业化，即转化为适合市场需求的新产品，以及完善研发产品的经济性、工艺性、市场性等。丝丽雅还十分注重吸收和整合国外同行业的经验和先进技术。丝丽雅不仅组织集团技术研发骨干去意大利、日本、德国等国家粘胶纤维行业高水平的院校和企业进行交流与学习，还邀请日本、德国等在粘胶纤维行业的知名教授来集团做技术讲座，为集团的产品研发注入新的知识源。此外，针对国外先进的粘胶纤维工艺技术，丝丽雅专门组织人员将德国、日本、俄罗斯等国家的先进粘胶纤维资料编撰整理成册，并让企业管理人员、技术研发人员定期学习。

从联盟企业的认同权力来看，丝丽雅作为全球最大的生物基纤维生产企业，在全国纺织化纤行业中占据主导性和引领性地位。丝丽雅的技术发展历经两次科技创新革命，"一锭多丝"技术和"特种浆"技术分别是这两次革命的重要成果。在产品生产方面，丝丽雅借助其掌握的拥有自主知识产权的专利技术，深耕绿色产品研发。例如，作为一种全新的强力生物基纤维，丝丽雅推出的雅赛尔纤维被视为2015—2016年中国纤维流行趋势的典型代表，得到中国纺织工业联合会的高度认可，其成功研发与应用为中国纺织工业的产品开发作出了突破性贡献。同时，雅赛尔纤维还通过了多种环保认证（如Oeko-Tex Standard 100认证）、产销监管链认证（如FSC认证）等。雅赛尔纤维是一种强力生物基纤维，在纤维强度上，雅赛尔纤维是常规纤维的1.3~1.4倍，在制成品的手感、保形性、抗起毛球程度以及颜色鲜亮程度等方面拔得头筹。领先的专利技术和产品也为丝丽雅带来了可观的经济效益：2017年，其营业收入高达173亿元；2018年，其营业收入首次突破200亿元大关（具体为218亿元）。同时，其国际和国内市场占有率以及产品营销网络水平都领先于行业其他企业。因此，丝丽雅凭借其在产品销售额和市场占有率方面的领先地位，赢得了其他企业的高度认可。丝丽雅在联盟企业中的认同权力也体现在其所获得的多项荣誉上。

从联盟企业的关系权力来看，笔者从对丝丽雅的长期追踪调查中发现，早期丝丽雅在创新方面存在薄弱项多、短板较多、发展后劲不足等问题，主要因素有二：一是当时丝丽雅所在地区和省份的高等院校数量和质量极为有限，导致丝丽雅很难与当地的科研院校建立长效合作机制。二是当时四川地区的纺织类研究机构的数量和研究水平都极为有限，导致丝丽雅很难与同行业或领域的研究机构建立研发合作关系，进而在技术水平和企业发展整体成效方面提不起劲。好在这些问题在2007年有所改善，这一年，丝丽雅开始实施多元化的发展战略，其主要发展思路是：着眼于生物基纤维材料产业，重点布局新兴生物产业，不断加强与科研院校和研究机构的战略合作。举例来看，丝丽雅在2007—2019年已经与多家单位建立了合作关系，如四川省国防科技情报研究所、四川大学、电子科技大学等。除此之外，笔者所在高校也与丝丽雅建立了"一对一"的帮扶关系，双方就一些重大技术难题进行了联合攻关，经过多年的战略合作与技术联盟，研制出了雅菲特（YAFIT）纤维长丝，该产品已成为领先全球的独家专利产品。这样的实例在丝丽雅的企业发展历程中数不胜数。

结合以上分析，本书认为，丝丽雅从自身知识产权的管理出发，不断加强与科研院校、研究机构之间的战略合作，加之其在行业中较高的认同权力，促进了联盟惯例的形成，从而推动了丝丽雅的创新进程，三者之间的逻辑关系如图9-4所示。

3. 典型案例：京东方

从联盟企业的知识权力来看，京东方的知识权力主要体现在以下两个方面：一是对知识的积累与有效管理。2010年，京东方开始意识到知识管理在企业联盟与创新发展过程中的重要作用。2015年，京东方将知识管理列入事关企业长远发展的重要事项，并建立多个知识管理平台。其所建立的TRS知识管理平台主要通过企业内部多部门、多层级之间的知识共享与使用，实现企业资源优化配置，并营造良好的知识管理环境。更进一步地，这种企业内部跨越层级和职权的知识共享能够提高员工的知识积累和工作效率，进而加速知识传播和知识集聚。二是建立知识保护机制。京东方的专利数（包括专利授权数）从2017年开始逐年攀升：2017年，京东方提交国内外专利申请8 678件，其中发明专利占比超85%。京东方海外专利布局覆盖美国、欧洲、

战略联盟视角下的双元创新

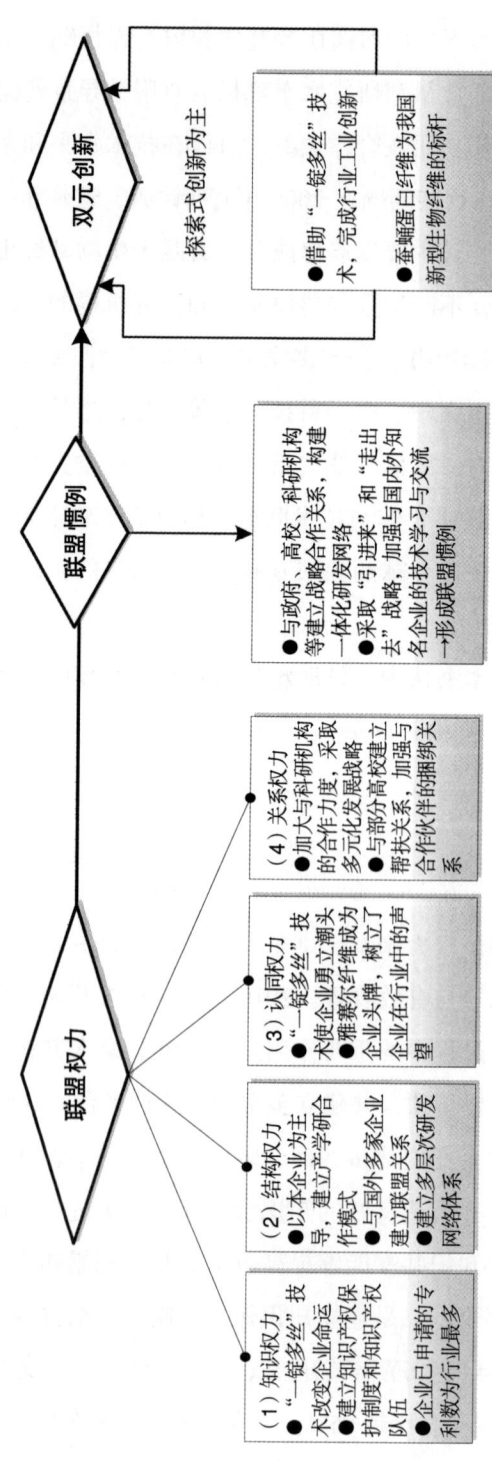

图 9-4　丝丽雅：联盟权力、联盟惯例与双元创新的逻辑关系演绎图

第九章 联盟权力与企业双元创新的案例研究

日本、韩国等国家和地区。京东方在开发和利用知识基础上建立了知识保护机制，积极推动企业将研发专利转化为企业的新技术和新产品。京东方在专利数量上的主导优势使得其在联盟活动中占据主导地位。

从联盟企业的结构权力来看，一方面，京东方在技术研发过程中建立了一系列研发中心和企业联盟。具体来讲，在创立初期，京东方的主要发展业务是 TN、STN 液晶显示技术，在对相关技术和产品（如新一代液晶显示产品 TFT-LCD）进行研发时，为了有效联合企业内外部资源，京东方在海内外建立了多个研发中心。近年来，京东方在成都、西安、北京等全国多地建立了制造基地。此外，为了搜索与集聚企业外部知识和资源，京东方与多家供应商、客户、竞争者及其他利益相关者群体建立了开放式的创新联盟网络，并在这个联盟网络中占据主导地位。

从联盟企业的认同权力来看，一方面，京东方在专利数量以及经营业绩方面领先于行业其他企业。具体来看，京东方作为年营业收入近千亿元的企业，截至 2019 年，自有的半导体生产线达 14 条，其中的多条生产线（如第 5 代、第 6 代、第 8.5 代 TFT-LCD 生产线）位列中国大陆第一，也有部分生产线（如第 10.5 代 TFT-LCD 生产线、第 6 代柔性 AMOLED 生产线）已达到世界先进水平。此外，京东方自 2012 年起，连续多年实现超额盈利，并在专利申请数、专利授权数以及新产品覆盖率等指标方面领跑全球。另一方面，京东方在技术创新方面的显著成效赢得了业内企业的广泛认可。通过开放式创新，京东方不仅动态追踪了客户需求，而且使顾客参与了技术创新和产品研发；京东方还与日韩多家生产商建立了合作关系，签订了战略合作协议。基于京东方自身发展实力的战略协作是其他企业认可京东方的重要体现。

从联盟企业的关系权力来看，京东方对其他联盟成员企业的关系权力主要体现在：一是与多国（包括日韩、东南亚以及欧美等地的国家）企业建立国际合作联盟。在此过程中，与多家企业（如夏普、东芝、松下、三星电子以及上海广电等）建立合作关系，积极参与国际合作。值得一提的是，这种合作联盟是一种知识性的竞争联盟，这使得京东方与其他联盟成员企业之间的创新合作意愿和竞争意识不断增强。二是积极引导顾客参与到产品研发与创新的过程中，使得创意概念能够转化成实体原型和实际产品。这种做法可以成行的原因是，在京东方所构建的开放式创新网络中，顾客往往不是一次性购买者，而是扮演着企业家的角色，因此，他们一般都很乐意并且有很强的动力参与企业创新活动，同时积极主动地寻求解决方案。京东方的关系权力发生作用的典型实例是，京东方通过开发式创新网络，基于自身所创造的边缘场开关（FFS）技术，与国内产业或同行企业合作，不断整合优势资源，从而推动我国显示器件和家电产业迅猛发展。

综上，京东方在专利申请和技术创新方面的知识权力，加上其在行业内的良好声誉，使得京东方建立包含供应商、客户、竞争者和互补者的开放式创新网络成为可能，并有机会整合内外部创新资源，推动企业创新进程。京东方在联盟权力、联盟惯例与双元创新方面的实践及逻辑关系如图9-5所示。

4. 典型企业：华为

从联盟企业的知识权力来看，一方面，华为在专利申请数上领先全球同行，2020年华为的专利申请数高达5 000余件，连续四年居榜首；另一方面，华为的企业经营成效使其成为行业翘楚。具体来看，首先，华为在建设智慧城市和平安城市方面取得显著成效，并服务世界多个国家和地区。华为所提出的有关智慧城市建设的实施方案已经在全球多个国家得到推广应用，有关平安城市建设的解决方案已经服务全球80多个国家，合计服务人口数量超过8亿。其次，在能源（主要是电力）建设方面，华为所研发设计的全联接电网方案已在全球的60多个国家得到推广应用。此外，华为的官方网站[①]资料显示，2019年，华为帮助全球35家已商用5G的运营商构建5G精品网。华为在5G建设方面逐渐引领全球。

从联盟企业的结构权力来看，华为通过网络关系来推动战略更新。华为的技术创新成功还得益于与高校和科研院所的密切合作。2016年，华为与公安部第一研究所签订战略合作框架协议，这一背景下，华为在技术研发和数

---

① 资料来源：https://www.huawei.com/cn/corporate-information。

第九章 联盟权力与企业双元创新的案例研究

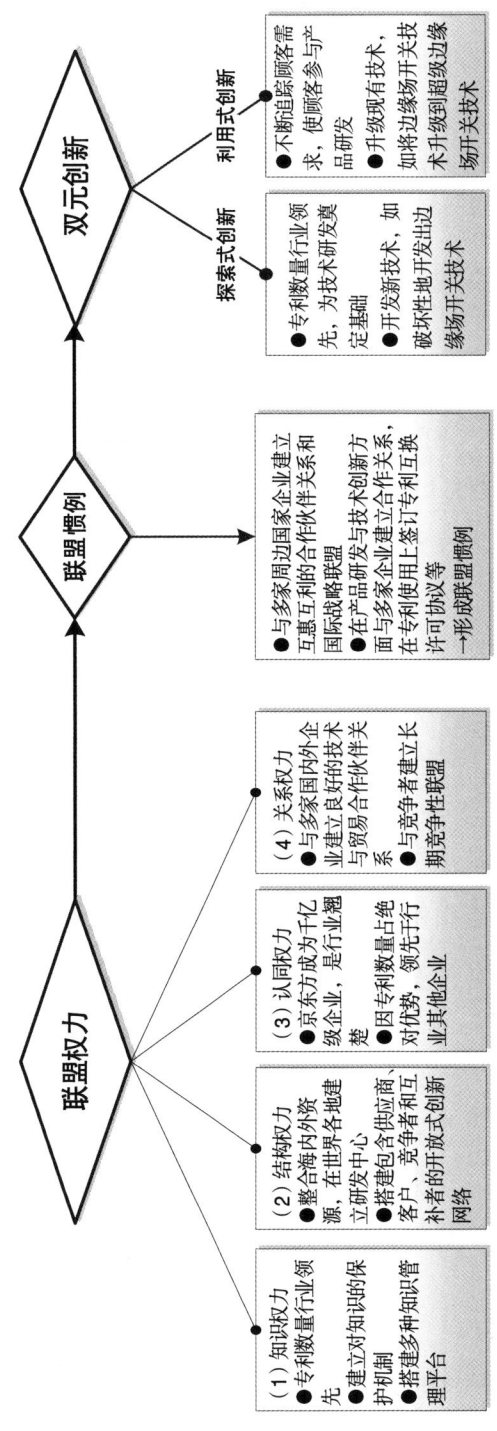

图 9-5 京东方：联盟权力、联盟惯例与双元创新的逻辑关系演绎图

171

字系统开发方面取得了丰硕的成果，如警务云大数据技术、（警务）指挥实战系统等；2019年，华为和清华大学共同成立了联合研究院[316]，该研究院的宗旨是，通过有效运用双方的技术和人才资源，推动双方在重点项目和重要研发领域的深入合作，以期在基础科学或者交叉学科方面取得突破性进展。与此同时，华为还在北京、成都、西安、长春等地建立研究所，相当于建立了以总部为核心、全国各地遍地开花的技术研究网络体系。当然，华为与各大科研院所的战略合作，一方面是基于华为在技术研发尤其是关键核心技术突破上的急迫性，加强与高校、科研院所的战略合作，有助于增强华为的技术优势和市场优势；另一方面，这种战略合作关系是建立在华为的技术和经济体量基础之上的，主要是以华为为核心的联盟网络。

从联盟企业的认同权力来看，首先，华为这一企业品牌逐渐受到国内外消费者的追捧。例如，2020年10月15日，华为位居2020年"BrandZ最具价值中国品牌100强排行榜"的第五，其品牌价值达到373.98亿元①。此外，2015年，华为消费者业务获得了"最佳快速成长品牌"奖项。其次，华为享誉全球。2018年，华为荣获了由全球移动通信系统协会颁发的"2018年移动产业杰出贡献奖"，该奖项旨在表彰华为在推动新技术、数字化转型以及数字生态构建等方面的卓越成果与突出贡献。2020年，华为位列2020年度软件和信息技术服务竞争力百强榜单榜首。诸如此类的荣誉数不胜数，都是政府、相关机构、社会各界对华为在产品、品牌、技术等方面的认可。历经大浪淘沙，华为成为全球领先的ICT和智能终端的提供商，同时，作为5G技术的引导者和引领者，华为已经成为能够掌握未来技术的国际一流通信企业。当然，华为的认同权力也非常明显地体现在其连年飙升的市场占有额和销售收入上。例如，2019年，华为（含荣耀）仅在智能手机市场的市场份额就达到了17.6%（位列全球第二②），5G手机市场份额已经稳居全球第一③。可以看

---

① 数据来源：凯度咨询。
② 数据来源：数据咨询公司International Data Corporation（IDC）。
③ 数据来源：全球著名市场研究和咨询公司Strategy Analytics（SA）。

出，华为已经逐渐受到消费者、合作伙伴、行业协会以及产业组织的高度认可和信任。

从联盟企业的关系权力来看，华为在联盟企业间的关系权力历经时间的考验。20世纪后期，华为处于通信设备产业的边缘位置。这主要是因为：一方面，国内通信市场已经相对饱和，并且当时国内经济发展水平和人民购买能力都极为有限；另一方面，当时的华为在技术研发、市场推广以及国际化程度等方面处于明显劣势。为谋求企业的生存与长远发展，华为不得不将发展目光转向海外市场，并瞄准与中国北部毗邻的俄罗斯。起初，华为在进军俄罗斯市场时，受到了来自爱立信、西门子等企业的极大冲击。直到1997年，当大部分跨国企业因俄罗斯低迷的经济形势而纷纷撤离时，只有华为坚守俄罗斯这一重要阵地，这才逐渐打开了俄罗斯市场的大门。2001年，华为最终在全球移动通信系统提供方面与俄罗斯国家电信部门签订合同，这一大订单的签订又逐渐为华为打开了东南亚、中东以及非洲等全球多个地区的市场，助力华为最终实现了国际化经营。当然，华为的关系权力不仅仅体现在上述关系中，近年来，华为还建立了多个商业联盟和社区，如园区智联商业联盟、华为安全商业联盟、华为PLC-IoT生态联盟以及企业网络开发者社区等，这种联盟和社区关系的建立加深了华为与合作伙伴、客户和各类产业组织以及社区的密切联系。

综上，华为借助其在专利申请与授权数、技术研发等方面的突出优势，在各重点领域建立起了以自身为核心的联盟网络，确保了其结构权力，并形成了联盟惯例，进而推进企业创新进程。华为在联盟权力、联盟惯例与双元创新方面的实践以及三者之间的逻辑关系如图9-6所示。

9.3.3 跨界搜索对联盟惯例与双元创新的影响分析

理论界和实务界就创新对企业成长与经济发展的重要价值达成一致。更进一步地说，创新是企业实现生存和可持续发展的制胜法宝。但不可否认的是，创新有风险[318]。与创新挂钩的风险不仅源于创新本身，还源于组织自身在创新过程中不断暴露出的自身的一些缺陷或弊端。此外，如果说利用式创新只是

▶ 战略联盟视角下的双元创新

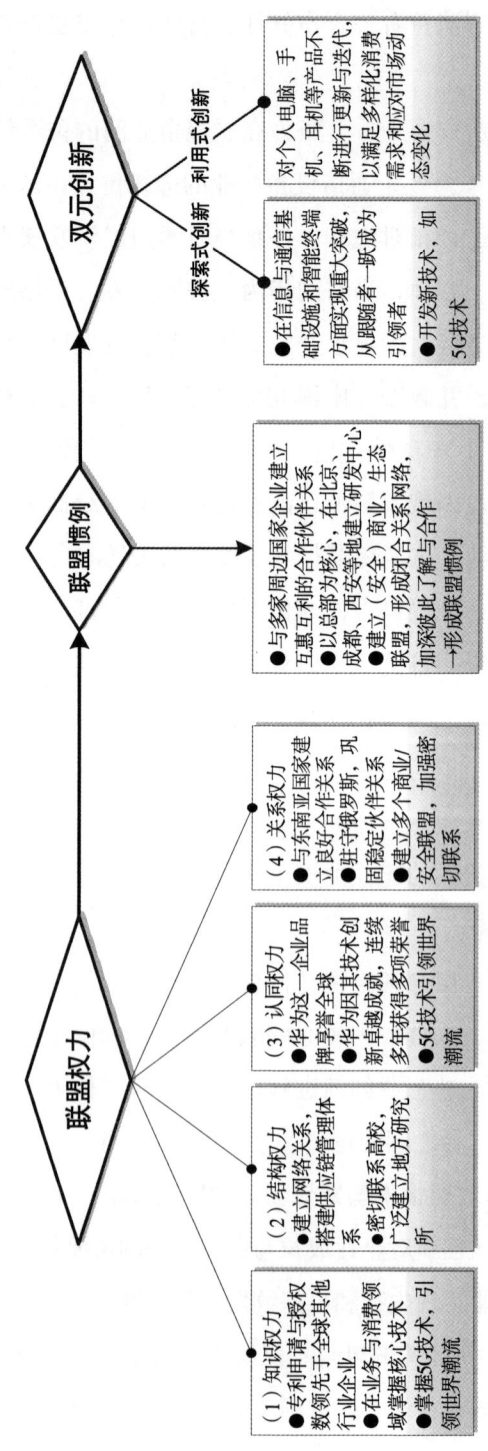

图 9-6 华为：联盟权力、联盟惯例与双元创新的逻辑关系演绎图

第九章 联盟权力与企业双元创新的案例研究

在企业现有发展基础上对产品、技术和生产流程等进行逐步完善，那么探索式创新则是对未知领域的探索和对新事物的创造。虽然这两种创新方式对企业成长与绩效提升的重要价值已经得到深入研究和广泛认可[190,319]，但不可忽视的是，这两种创新的成效也会因为不确定性（包括技术和市场不确定性）以及外部动态环境变化而不可事先判断。更进一步地，从联盟企业这一角度来看，企业间往往因为利益冲突、资源禀赋差异以及发展领域差异而在联盟活动中产生摩擦和碰撞，虽然这可能是异质性知识和资源以及创造性观点的重要来源，但是，不断试错和磨合不仅会导致资源浪费和机会错失，而且会在一定程度上阻碍创新进程。经过长期合作而达成的行为共识则会不断增强企业之间的默契、信任以及关系纽带，这会使得企业间的联盟关系具有稳定性和可持续性，同时也为联盟企业开展创新活动降低了试错成本。这里值得一提的是，企业间联盟关系的稳定性仅限于既定伙伴之间，也就是说，当联盟关系发展到一定程度时，伙伴企业可能无法持续地为核心企业提供源源不断的异质性知识和资源。同时，惯例本身具有路径依赖性[320]，但建立在联盟关系和惯例基础上的组织行为会出现惯性甚至是惰性[68]，从而减缓创新步伐，并制约创新的纵深发展。在这种情形下，致力于长远发展的企业不得不另寻出路，而跨越边界的搜索行为不失为一种可行途径。这主要是因为，在既有联盟伙伴间的长期合作以及惯例形成和演化过程中，组织仅仅是从既定的较为熟悉的伙伴/领域进行搜索、整合，这里可将其视为一种本地搜索；而跨界搜索是组织跨越既有边界（包括市场、技术、知识等方面）来寻找潜在的合作伙伴，以期从与伙伴的合作过程中获取全新的知识和异质性资源。与此同时，跨界搜索过程也是组织跳出舒适区、避免组织发展出现惯性或者惰性可能性的重要手段；当企业增加跨界搜索强度时，企业在知识、资源等方面的积聚会更加丰厚，并能为双元创新提供源源不断的动力。因此，本书认为，跨界搜索的强度加大，意味着企业跨越边界的搜索深度和广度得到了拓展，在这种情况下，企业联盟惯例对探索式创新和利用式创新的正向作用更为明显。

这一观点在华为的经营过程中体现得较为明显。具体来说，华为的跨界搜索行为可在石油石化行业中窥见一斑。自 2011 年开始布局油气服务业务以来，华为在石油石化行业中借助人工智能、区块链、云计算技术，不断扩大服务范围与提升服务水平。截至 2018 年，华为所提供的油气服务业务已经覆盖了 14 家全球排名前二十的石油公司。更进一步地，华为同中国石化集团公司、中国海洋石油集团有限公司等建立了战略合作伙伴关系，此后，不断深耕石油行业，通过技术研发与创新、网络基础设施建设以及数据中心建设等，为石油企业提供优质的网络技术服务，帮助这些企业在油田建设、管道修建以及石油销售等方面实现智慧化和智能化。2020 年，华为通过 ICT 技术（如 AI、5G 等）帮助油气行业实现智能化、智慧化，并促进石油石化行业逐步实现结构优化与产业升级。通过这种跨界搜索，华为不仅加深了同石油石化行业企业的深度交流与合作（长期的融合发展使得双方的行为已经具备较为稳定的规范，并就企业经营与合作尤其是联合技术研发过程中的一些关键问题达成基本共识），而且集聚了丰富的信息、知识和资源，推动了智能家居、石油石化行业基础设施建设，并且使得华为赢得了探索式创新和利用式创新的不竭动力。

由此可见，一方面，跨界搜索仅是创新活动的起始阶段，并非跨界创新的最终目的。也就是说，在企业跨越组织边界与其他企业或者利益相关者进行联盟合作时，跨界搜索的目的或结果是知识和资源的积累，但多样化的知识和异质性资源都会推进探索式创新和利用式创新，并为之奠定基础。另一方面，建立在长期联盟合作基础上的共同认知规范和行为模式降低了联盟企业间的沟通成本、时间成本、试错成本甚至是经济成本，扫清了企业创新过程的诸多障碍，降低了创新风险和不确定性。更进一步来看，在企业与跨地域、跨行业领域的组织机构（包括高校、科研院所和利益相关者）合作过程中，高校和科研院所主要能够为企业发展提供技术知识，而诸如供应商、消费者等利益相关者能够为企业发展提供市场知识，上述异质性知识的集聚能够为企业进行探索式创新和利用式创新提供稳定可靠的多种知识和丰富的资源。基于以上分析，本书认为，在企业增强跨界搜索时，联盟惯例对探索式创新和利用式创新的正向影响更为显著。

9.3.4 跨界整合对联盟惯例与双元创新的影响分析

跨界整合是企业跨越组织边界寻找联盟伙伴，并对联盟伙伴的资源进行整合与重构以实现再创造的过程。这种行为会对联盟惯例与双元创新之间的关系产生影响。从案例企业的发展实际来看，2019年8月，丝丽雅跨越其市场边界和组织边界，与多方 [旗下公司——宜宾雅钡奇纳米科技有限公司、易袋易购（北京）科技有限公司、雄县链塑网络科技有限公司] 签订战略合作协议，旨在推进可降解代塑产业的深化发展。基于此，企业之间能够准确把握联盟成员企业的行为规范、战略发展模式以及企业发展特色等，因此，建立在多主体高度战略协同基础上的创新行为是企业跨界发展的必然选择，也正是丝丽雅能够在不断创新的过程中实现长足发展的重要缘由。

反观华为的跨界行为，在其技术创新的早期追赶阶段，由于西方电子信息市场的进入门槛较高，加上华为自身在技术研发水平上远远落后于其他全球领先企业，为此，华为被迫与海外电信运营商合作，与海外企业共同创建新企业，逐渐敲开第三世界的大门；在此过程中，伴随着华为与不同国家企业的合作，知识流动和资源共享使得华为在技术创新方面取得长足进步。华为建立了以自身为核心的联合实验室、技术研发平台等，并寻求与多家高科技公司（如摩托罗拉、英特尔、德州仪器）以及高校（如清华大学）的战略合作，在此过程中建立了受联盟各方认可的行为规范，积累了创新经验、知识与资源。这种跨越边界的资源整合帮助华为度过了早期资源匮乏和技术水平落后的艰难阶段，建立在长期合作基础上的惯例也使得华为减少了试错成本和创新摩擦。但是，这种跨越边界的资源整合行为对联盟惯例与创新的正向效应在技术发展引领阶段不够明显。具体来说，在技术引领阶段，资源整合和集聚已经达到一定程度，并且企业间的联盟关系和惯例极为稳定。一方面，既有资源的同质化并不能为探索式创新提供不竭动力；另一方面，惯例达到一定程度会形成组织惰性，将进一步阻碍创新尤其是探索式创新的步伐。当然，由于资源总量的有限性以及单一企业资源的匮乏性，跨界整合这一过程会扩大企业的资源池，使得企业能够在现有发展基础上（包括技术、资源以及生产流程等方面）不断推进其利用式创新活动。因此，本书认为，跨界整合程度的增强会进一步强化联盟惯例与利用式创新之间的正向关系，但是在联盟惯例与探索式创新的正向关系中所起的调节作用并不明显。

总体来看，上述案例企业跨越了组织边界实施战略联盟行为，在跨界整合过程中，核心企业与联盟成员之间的合作，在基于长期合作所建立的稳定的、规律的、可重复的行为模式的作用下变得更为密切。此外，跨界整合也拓宽了企业原有的发展业务范围，并在一定程度上积累了异质性资源。但是，更进一步观察发现，这种合作大多是多主体协同创新的结果，本质上更多是一种利用式创新。这主要是因为，多主体参与的情况下，企业如果开展探索式创新活动，不仅会挑战核心企业原有的既得利益，而且会使得联盟企业的核心业务受到挑战和冲击。此外，由于探索式创新是对现有技术、发展格局的颠覆，其实施往往需要较长的时间周期，而联盟成员为了维护和保住联盟关系中的短期利益，只会在整合多种资源的基础上进行利用式创新，渐进性地改善技术、产品和服务现状。

9.4 案例结论与启示

9.4.1 案例结论

本章通过对四个不同行业领域中创新较为成功的典型企业进行案例研究，对企业联盟相关行为、跨界创新以及双元创新等行为做了深入剖析，总结出相关研究结论，这些结论与第八章中实证研究的结果基本一致。具体包括以下几个方面：首先，联盟企业的知识权力、结构权力、认同权力、关系权力对促进企业的双元创新行为具有正向作用；同时，在上述关系中，联盟惯例会起到中介作用。其次，跨界搜索会正向调节联盟惯例与探索式创新、利用式创新的正向关系。换句话说，企业的跨界搜索程度越高，联盟惯例对其双元创新行为的正向影响越显著。从企业发展实际来看，跨越组织边界的搜索行为会增强企业之间所建立的联盟惯例，并进一步推进企业的探索式创新和利用式创新活动，助力企业实现更大的创新突破。最后，跨界整合只会调节联盟惯例与利用式创新之间的正向关系，而对联盟惯例与探索式创新关系的调节作用不显著。换言之，不同于跨界搜索作用于联盟惯例和双元创新关系的效果，尽管企业跨界整合行为使得企业掌握更多异质性资源，这会降低创新风险，但是企业之间所形成的联盟惯例不会促使企业更多地进行探索式创新，而是进行利用式创新，即通过跨越边界的资源整合和知识整合，企业更倾向于对现有产品和技术进行完善，而不是全面革新。

9.4.2 案例启示

本章遵循描述性案例的研究范式，通过对东汽、丝丽雅、京东方以及华为四家案例企业的分析，得出：企业的联盟权力以及联盟惯例的形成有助于企业推动双元创新；同时，当企业增强其跨界搜索程度时，联盟惯例对探索式创新和利用式创新的正向作用更加显著；而当企业增强其跨界整合程度时，联盟惯例只会促使企业进行利用式创新，而对探索式创新行为的正向影响并不显著。具体启示如下：

首先，对联盟企业而言，掌握知识权力，就意味着企业在企业经营方面具备其他竞争者所不具备的知识优势。具体而言，企业需要加强对自主发明专利的重视，并通过建立相关制度和规范与专业的知识产权队伍来保护专利技术。

其次，对联盟企业而言，结构权力意味着企业在联盟网络中具有位置优势和结构优势。据此，企业一方面应当在价值链的各个环节上寻找潜在合作伙伴，以建立企业之间的联盟关系；另一方面应当增强其技术、市场、资源等方面的核心竞争优势，以掌握主动权和话语权。企业的结构权力加之其在行业中的品牌、声誉等，使得企业能够进一步获得认同权力和关系权力。

再次，联盟惯例的形成是基于企业间不断磨合和战略协作的动态过程。企业搜寻潜在的合作伙伴，建立长期战略合作伙伴关系，有助于减少沟通成本和创新风险，这是联盟惯例形成的基础。更进一步地，联盟企业间需要在合作中秉持合作共赢的理念，一方面为企业现有经营业务增砖添瓦，另一方面也为企业的战略变革提供外部支撑。此外，联盟惯例并不是一成不变的，企业应当而且必须根据不同的联盟成员以及环境变化进行相应调整，即企业应当具有战略柔性。

最后，跨界创新行为是企业实现创新发展战略的必然要求。这是因为，一方面，外部环境具有不确定性和动态性；另一方面，受制于企业目标群体需求的多样性和多变性，那些在大浪淘沙中沉淀下来的企业无一不跨越组织边界，寻求利益相关者的战略支持和合作，在挖掘潜在发展机会的同时，获得异质性资源。由此看来，跨界搜索和跨界整合是大势所趋，也是企业发展到一定阶段后进行商业版图拓展的必然之举。更进一步地，跨界搜索是前提，其所搜索到的资源是跨界整合的基础，也为企业探索式创新和利用式创新打下资源根基。这里值得一提的是，对于企业的实际发展而言，跨界搜索中所跨越的组织边界以及需要寻找的外部资源是因企而异的，尚不存在放之四海而皆准的标准。因此，即便理论研究强调跨界搜索和跨界整合有助于企业资源集聚和机会挖掘，但是在实际经营中并非易事，这需要企业制定相关的战略决策，并不断调整以适应环境变化。

9.5 本章小结

结合第八章的研究内容，本章主要运用案例研究方法对第八章的研究结果进行进一步论证。首先，本书通过对联盟权力以及联盟惯例相关研究的分析发现，少有学者基于案例研究来揭示企业联盟活动及其影响机制；同时，通过对机械制造业、生物基纤维产业、物联网产业、电子信息产业发展现状的总结，为本章的案例研究提供研究基础和现实支撑。随后，依托笔者所在导师团队对相关产业中典型企业的跟踪调查，结合本书的研究主题，选取了东汽、丝丽雅、京东方以及华为四家案例企业，对这些企业进行了深入剖析。其次，通过案例分析发现，四家案例企业的联盟发展和创新现状与前文的实证研究结论基本吻合，即企业的联盟权力和联盟惯例都会推进企业的探

第九章 联盟权力与企业双元创新的案例研究

索式创新与利用式创新行为;但是,对于不同企业而言,其所采取的双元创新行为可能存在些许不同,即在一定时期内,企业究竟是以探索式创新为主还是以利用式创新为主,会因企业及其发展阶段不同而存在差异。例如,在东汽、京东方和华为,两种创新行为都存在;在丝丽雅,探索式创新为主要创新行为。同时,四家案例企业的跨界搜索和跨界整合都对联盟惯例与双元创新行为的关系产生了影响,但是跨界整合对联盟惯例与探索式创新之间关系的调节作用并不显著。最后,基于这些案例结论,本书提出了案例研究的启示和思考。

第十章 研究结论与展望

本书首先阐述了开展联盟权力与企业双元创新之间的关系研究的现实背景及理论背景，通过文献研究提出了联盟权力影响企业双元创新的理论模型和研究假设；其次基于问卷调查数据并运用结构方程模型与多元回归分析，分别探讨了联盟权力对企业双元创新的影响机制和跨界创新视角下的联盟惯例对企业双元创新的影响机制；最后进一步借助多案例横向研究，从跨界创新视角探讨了联盟权力与企业双元创新的关系。本章将概括全书的主要结论、理论贡献与实践启示，对本书的不足之处进行反思，并对未来研究进行展望。

10.1 主要研究结论与贡献

基于联盟背景的企业创新研究，尤其是企业如何提升双元创新水平研究，一直都是创新管理领域研究的焦点。联盟权力较大的企业成员能够有效协调合作关系，统一联盟中其他企业思想，有助于形成网络共识，促进联盟的形成。而联盟惯例能够稳定联盟关系，从而为探索式创新和利用式创新营造有利的环境。因此，在联盟权力中，知识权力、认同权力、关系权力和结构权力的掌握和有效行使，显然成为提高企业双元创新水平的重要法宝。然而，如何利用联盟惯例创造稳定联盟环境，促进联盟企业的双元创新是本书研究的重要问题。

在此背景下，本书以我国本土企业为研究样本，将联盟权力、联盟惯例和双元创新纳入统一的研究框架，并以权力依赖理论、组织搜索理论以及双元理论为理论基础，从联盟角度来探究企业如何推动双元创新这一核心议题。本书所得出的研究结论具有重要价值：一是从联盟角度解剖企业创新活动的内在作用机制；二是解释企业联盟（主要是指联盟权力和联盟惯例）在推动两种创新活动中的重要作用，深化双元创新理论在联盟领域的运用；三是探究跨界创新（包括跨界搜索和跨界整合）在联盟企业创新活动中的权变作用，从而丰富了双元创新理论的解释效力，并推进了跨界相关的理论研究。

10.1.1 主要研究结论

本书的研究开展主要借助于理论研究、大样本统计分析以及案例研究等方法，建立了"联盟权力—联盟惯例—双元创新"的分析框架，并从企业联盟层面深入探讨了以下三个研究问题：①在联盟背景下，企业的联盟权力和双元创新有何内在关联？②联盟权力的四个子维度与企业双元创新之间的作用路径是什么？③跨界创新视角下的跨界搜索和跨界整合，对上述作用机制是否会产生不同影响？对于这些问题，本书通过实证研究得出了如下结论：

（1）联盟权力能促进企业双元创新。对于联盟企业而言，掌握联盟权力意味着企业能够积极推进双元创新（不论是探索式创新还是利用式创新）。联盟权力的四个子维度：知识权力、结构权力、认同权力、关系权力均对企业双元创新有正向影响。本书通过对330家中国本土企业的数据进行收集与分析发现，知识权力、结构权力、认同权力和关系权力都有助于推动企业双元创新活动。企业通过行使知识权力、结构权力、认同权力和关系权力，从联盟伙伴那里获取多样化的异质性知识和资源，提高知识和资源的获取与应用的效率，同时最小化知识投资的风险，从而提高企业的创新积极性、创新基础水平以及创新收益。

（2）联盟权力提升企业双元创新水平的重要路径是联盟惯例。联盟权力通过影响联盟惯例进而作用于企业探索式创新和利用式创新。联盟惯例旨在维护联盟各项运营、合作的平稳，并且可以有效降低监督成本、管理成本以及联盟关系断裂的不确定性，这些都是联盟创新取得成功的关键因素。根据实证结果，联盟惯例的形成能够积极推动企业的探索式创新活动，对利用式创新也有显著的正向影响。因此，联盟惯例在联盟权力与探索式创新和利用式创新的正向关系中起中介作用。

同时，本书通过对330家企业的数据进行结构方程建模发现，联盟惯例在知识权力、认同权力与企业探索式创新的正向关系中起完全中介作用，在结构权力、关系权力与企业探索式创新的正向关系中起部分中介作用，在知识权力、结构权力、认同权力、关系权力与企业利用式创新的正向关系中起部分中介作用。

（3）跨界搜索和跨界整合在联盟惯例与双元创新的影响机制中起调节作用。跨界搜索能够显著调节联盟惯例与企业探索式创新之间的关系，也能显著调节联盟惯例与企业利用式创新之间的关系。跨界整合在联盟惯例对企业利用式创新的影响机制中发挥着重要的调节作用，但是，在联盟惯例对企业探索式创新的影响机制中作用不显著。跨界创新行为可以促使企业间建立紧密的联盟关系，进行信息技术渗透并在创新过程中实现重要突破。跨界创新不同于一般的创新活动，它使得企业能够在组织边界外搜索到更多的可靠信息和有效资源，并通过对这些创新要素进行整合和利用，推动企业的探索式创新和利用式创新。因此，基于跨界创新的联盟企业创新活动一般具有颠覆性和变革性。

本书研究引入跨界搜索和跨界整合，分别考察它们对联盟惯例与探索式创新、利用式创新之间关系的权变效应。本书对330家企业数据进行多元回归分析后发现，除跨界整合对联盟惯例与探索式创新之间关系的调节作用没有获得支持外，跨界搜索在联盟惯例与两种创新方式——探索式创新、利用式创新的正向关系中都起到了正向调节作用，跨界整合在联盟惯例与利用式创新的正向关系中也起到了显著的正向调节作用。

10.1.2 理论贡献

本书综合了创新管理理论、双元理论、组织搜索理论、权力依赖理论和跨界创新理论等相关理论，构建了以联盟权力为自变量、联盟惯例为中介变量、跨界搜索和跨界整合为调节变量，以及以企业双元创新为因变量的理论研究框架。本书立足于中国本土企业的联盟与创新发展实践，系统地剖析了

联盟权力对企业双元创新的作用机制,其理论贡献主要体现在以下几个方面:

（1）拓展了权力在联盟领域的维度划分。权力在联盟中是关键概念,基于联盟背景和权力依赖理论,本书将联盟权力解构为四个子维度,将联盟权力的概念具体化、维度化,便于开展联盟企业背景下对联盟权力的各项研究,有助于克服联盟研究中联盟权力概念宽泛、难以操作测量等问题。对我国本土企业的实地访谈以及对330家企业的问卷数据分析表明,知识权力、结构权力、认同权力和关系权力都有利于企业双元创新水平的提升。

（2）深化了联盟权力对企业双元创新作用机制的研究。现有学者认识到,联盟权力可以使联盟企业更好地协调联盟内部成员的矛盾,保证联盟有序地运行;联盟惯例是联盟企业获取异质性知识的重要来源,也是维持联盟稳定的要素,且对于企业创新水平的提升有着重要作用。很多创新研究都将创新能力、创新绩效、合作创新绩效、技术创新等变量作为因变量,而本书研究打开了创新的黑箱,具体研究探索式创新和利用式创新。为了进一步探究"联盟权力如何行使以及如何发挥作用"这一研究命题,本书尝试打开联盟权力与企业双元创新内在作用机制的黑箱。

具体来讲,联盟权力对联盟企业双元创新有正向影响。企业借助知识权力、结构权力、认同权力和关系权力来获取丰富多样的外部资源,同时最小化创新投资风险,提高企业的价值创造效益和企业经营成效。企业凭借知识权力（自身拥有的关键性知识）促进知识的流动,加深联盟企业间的合作关系。企业因在联盟中处于重要位置而具备的结构权力则意味着信息控制权和非正式权力,它不仅有助于吸引其他联盟企业的交流合作,还能通过优先获取的异质性知识、资源以及信息,拓宽企业创新视角;同时,与联盟成员间形成稳定的信任关系来共同解决创新过程中出现的问题,也是汲取联盟企业中关键知识和资源的重要途径,进而提高企业双元创新水平。认同权力是联盟内各企业开展合作的基石,使得其他企业对核心企业怀有敬意并愿意维护双方良好关系。认同权力可以有效消除联盟成员在联盟合作过程中的负面状态。关系权力的存在,会督促联盟企业之间就联盟预期成果达成基本共识,这就会提升联盟成员间异质性知识传播的数量与知识共享频率，并进一步加强联盟成员间的互动，最终提高企业双元创新的成功率。

（3）证实了联盟惯例是有效联结联盟权力正向推进企业双元创新的重要桥梁。本书的实证研究证明，联盟惯例在知识权力、认同权力与企业探索式创新的正向关系中起完全中介作用，在结构权力、关系权力与企业探索式创新的正向关系中起部分中介作用，在知识权力、结构权力、认同权力、关系权力与企业利用式创新之间起部分中介作用。

联盟惯例可以有效促进双元创新水平提升。不论是利用式创新还是探索式创新，都需要知识的积累和稳定的环境，以形成可供成员参考的行为模式，而联盟惯例就为双元创新水平的提升提供了稳定的环境和创新动力。同时，联盟权力通过联盟间存在的默契和行为共识，可以使企业更好地与外部机构协调沟通，维护联盟企业间的稳定，为双元创新水平的提升提供良好的外部环境。联盟企业在联盟中所建立的联盟惯例机制，不仅需要具备发展或者重新组合已拥有相似知识的能力，还需要具备汲取外部知识作为内部知识的补充的能力，来实现企业创新能力的提升。以此，本书深化和拓展了有关联盟权力与企业创新关系的研究，通过将联盟思想嵌入创新研究，为联盟权力和企业创新的相关研究提供了新的研究视角和理论切入点，并进一步推动联盟惯例研究向纵深方向发展[95]。

（4）丰富了跨界创新理论的研究。本书对330家企业的数据进行多元回归分析，揭示了跨界创新视角下跨界搜索和跨界整合对联盟惯例与双元创新之间关系的调节作用机制。本书从跨界创新视角出发，丰富了有关跨界搜索与跨界整合关系的情景变量，但联盟惯例的问题仍需探索，尤其是从跨界创新的视角，来探讨联盟惯例与双元创新之间的关系。跨界创新视角是本书的亮点。目前国内外学者对于跨界创新的研究还处于摸索起步阶段，并未就其内涵和维度达成基本共识。本书引入跨界搜索和跨界整合，对该情景变量的探索有效延伸了 Rosenkopf 和 Nerkar（2001）[103]、Adler 等（2009）[322] 以及 Colman 和 Rouzies（2019）[323] 等有关跨界搜寻以及资源整合的相关研究，即从跨界搜索和跨界整合两个角度探讨它们对联盟惯例与探索式创新和利用式创新之间关系的影响作用。这也是对联盟权力作用机制的进一步补充，进一步深化了联盟惯例以及双元创新的相关研究。

（5）丰富了联盟相关的案例研究。本书通过案例研究方法探讨了联盟权力对双元创新的影响机制，以及在跨界搜索、跨界整合调节作用下联盟惯例如何影响双元创新；通过描述性案例研究，对典型案例企业的联盟权力及双元创新情况进行深入分析，进一步佐证了相关实证研究结论，深化了对"联盟权力—联盟惯例—双元创新"作用机制的理论支持。本书对联盟权力以及联盟惯例相关研究的分析发现，少有学者基于案例研究来揭示企业联盟活动及其影响机制；本书对案例企业发展现状的总结，则为案例研究提供了研究基础和现实支撑。本书用具体商业实践证明了联盟权力的合理配置能够推动双元创新活动，特别地，在东汽、京东方和华为，探索式创新和利用式创新同时存在；而在丝丽雅，企业的创新活动则以探索式创新为主。在四家案例企业的联盟发展实际中，除跨界整合对联盟惯例与探索式创新关系的调节作用尚无明显体现外，跨界搜索和跨界整合均对联盟惯例和双元创新行为产生影响。

10.1.3 管理启示

本书的主要研究对象不是单个企业，而是处于联盟关系中的企业，主要聚焦于联盟企业如何通过联盟权力来提升企业双元创新水平这一新近研究议题。本书采用文献理论分析与实证研究和案例研究紧密结合的方法，对假设进行了验证，并在得出一些有创新性的理论贡献后，结合实证和案例研究的结论，提出联盟企业乃至其他类型的企业提升探索式创新和利用式创新水平的管理启示。

本书研究以权力依赖理论为基础，探讨了联盟权力、联盟惯例以及企业双元创新三者之间的内在机制问题，同时探究了跨界搜索、跨界整合对联盟惯例与企业双元创新之间关系的调节作用，进一步丰富了联盟情境下的权力依赖理论，揭示了联盟惯例在提升双元创新水平过程中所创造的稳定环境，以便充分理解联盟权力对联盟惯例的有效性在何种权力配置下得以实现的问题。因此，本书研究对联盟实践具有重要的启发性意义，具体如下：

（1）企业应在联盟中合理运用联盟权力。一方面，企业要调配集群内部资源分配；另一方面，企业应加强知识流动、知识共享以及知识整合的深度和广度，并且增强联盟企业间资源整合的力度、强度和深度。也就是说，企业在跨界活动中，应当在明确跨越的边界之前，谨慎思考其创新发展所必需的异质性知识、资源以及信息，以拓宽企业的创新视角，并通过与联盟成员间形成特殊的信任关系来共同解决创新过程中出现的问题，这也正是汲取联盟企业中关键知识和资源的重要途径，更是持续推进双元创新的制胜法宝。

企业应深刻认识到，在开放式创新背景下，单靠企业自身的力量很难推进创新，即使是在现有知识、技术和既定市场基础上的利用式创新活动。这是因为当前的企业创新活动是牵一发而动全身的。与此同时，企业的创新活动需要大量有效的知识资源、人才资源、技术资源等，因此，企业应当学会并逐步提升其在联盟权力行使以及权力配置方面的能力，这不仅为企业创新提供了稳定的资源基础，同时也是企业顺利开展双元创新的重要途径。联盟企业由于资源禀赋差异以及网络结构和位置差异，会产生不同的权力；联盟中的知识权力、结构权力、认同权力和关系权力均可以提升双元创新水平。联盟权力有助于维护联盟的稳定，应对外部环境的不确定性变化，使企业拥有话语权并控制更多的知识和技术，从而提升探索式创新与利用式创新水平。然而联盟权力过大会使企业的创新意识或机会识别能力降低，而抑制探索式创新。若是联盟惯例尚未形成，冗杂的信息和知识无法被有效利用，会使知识交流不足或艰难化，导致企业难以融入联盟关系或者无法适应外部环境剧变而被联盟成员边缘化。因此，联盟企业应当权衡其联盟权力的适应性，以提高联盟惯例的稳定性，进而提升企业的双元创新水平。例如，我国大多数本土联盟的位置权力处于创新网络的边缘，以小米、OPPO、VIVO等为代表的联盟企业，由于在全球的创新网络中仍处于低层级节点，其发展就会严重依赖于以高通为代表的国外芯片巨头。因此，应通过各种途径发展多种类型的联盟内部的关系权力,尤其要时刻与联盟外部保持密切联系与沟通,并根据外部环境的变化来变革联盟配置,使其结构权力由边缘区域向中心区域靠拢,构建多元化的权力类型,推动企业双元创新活动。

(2)企业应当高度重视联盟惯例在联盟权力与企业双元创新中的桥梁作用。拥有联盟权力的联盟企业一般在知识基础和资源禀赋方面具有一定的优势,这使得愿意与之合作的其他企业对其产生信任感与依赖感。基于此,企业可以在长期合作与有效互动过程中增强彼此之间的联盟关系,建立较为默契的合作模式和行动方式,从而使得联盟企业的行为具有规律性、可重复性,这有助于企业快速捕捉环境变化和创新机遇,从而助推联盟企业的探索式创新和利用式创新,以实现企业的长远战略目标。

本书的实证结论表明,联盟企业从联盟中所获取的异质性知识和资源,还需要通过有效的联盟惯例机制,才能内化成创新活动所需的创新资源。这个结论凸显了有效地权衡和分配联盟权力以优化企业的双元创新过程的重要性。联盟惯例提供的默契行为规范和实用经验,在推动双元创新中扮演了关键角色。同时,需要意识到,企业在利用联盟权力机制来获取创新必需的知识、经验和技能时,可能会遇到资源的限制。这些限制可能阻碍企业在利用现有资源和知识的同时提升探索式创新与利用式创新的水平。因此,企业可以通过构建联盟打破这一限制,并利用已形成的联盟惯例拓展自身知识和资源,从而避免"联盟不稳定"和"创新两难困境"的情况。但需要说明的是,企业需要了解自身的配置,认清所处的位置和发展阶段,不可机械地、盲目地配置自身的联盟权力,而应在探索式创新和利用式创新两种创新方式之间有所侧重。

(3)企业需要充分认识到跨界搜索、跨界整合在联盟惯例与企业双元创新中的重要作用。诚然,联盟的形成并非企业发展的终极目标,但对于如何实现联盟并提升企业双元创新水平,企业的管理层往往束手无策。为此,企业还应该正确、及时地审视联盟管理问题。这主要是因为,对于联盟企业而言,重视关系治理能力可以强化联盟成员对彼此间默契程度以及规范共识的接受程度，从而减少联盟企业间的冲突，以及在（异质性）知识、资源整合及配置这一试错过程中所产生的交易成本。一方面，联盟企业需要积极主动地进行跨界搜索和跨界整合，以获取竞争者信息和整合创新所需的信息或知识；另一方面，联盟企业应该在搜索创新所需的知识过程中，对有限资源进行优化配置，即将组织资源有效分配给新技术和新资源的搜索活动。同时，联盟企业还需更好地与伙伴企业沟通联系，实现合作共赢以及联盟稳定，进而有效推进联盟企业双元创新。

战略联盟间企业的交流合作活动时有发生，成员们在集体活动中逐渐形成战略联盟特有的默契，达成工作共识，促进联盟惯例的形成，这为企业双元创新水平的提升提供了动力。大量的联盟案例表明，过往的联盟经历并不能直接保证企业后期联盟的成功。在战略联盟的组织管理上，企业的高层管理者应加强合作双方的沟通交流，促使联盟间流动的知识增多，企业间合作默契加强，联盟合作更稳定长久。各战略联盟成员在遇到难题时，会不自觉地寻求以往其他联盟成员企业的成功案例，潜意识地模仿其他企业成功的步骤，对于成功的渴望使得联盟企业更加主动地模仿优秀的伙伴企业，学习这些优秀企业的成功之处，从而为创新能力的提升提供了有力的支撑。总体而言，跨界搜索和跨界整合的调节作用为提升整个联盟企业双元创新的水平打下了基础，为高效地发挥联盟权力、协调联盟伙伴关系提供了参考。

10.2 未来研究展望

关于联盟、联盟权力、联盟惯例、企业双元创新的研究，逐渐成为当今战略管理和创新管理等领域研究的重点内容之一。本书整理了现有的具有代表性的国内外文献，构建了联盟权力、联盟惯例与企业双元创新之间的作用模型，并通过大样本实证研究和案例研究对它们之间的关系进行了分析和论证，以下主要说明在本书研究中的不足和未来研究的方向。

从本书研究设计部分可以看出，笔者在设计问卷时，考虑了样本企业所在的产/行业类型、企业成立年限、企业规模、研发投入等样本特征；并且，本书中的问卷发放与数据收集涉及多种渠道，主要包括现场调研、利用网络平台（包括问卷星、邮箱以及个人社交平台等）、委托政府机构等，由此获取的数据样本基本满足本书研究所提出的要求。但调查问卷发放和数据回收有困难，问卷发放并未均匀地在全国范围内进行，而是大多集中在西南部地区，考虑到基于某一特定地区或者研究对象所在的某一/些特定行业可能会有局限性，本书研究结果及结论的普适性和可再生性还有待进一步验证与讨论。有鉴于此，未来的研究可以将问卷调查和发放的区域范围进一步扩大到全国，研究此次结论是否在全国范围内具有普适性。另外，考虑选取在此次研究中没有或者很少出现的地区，考察研究结论是否受地域的影响。如果不同区域的研究结果有明显不同，那么再深入研究地域在其中究竟发挥了什么作用。

通过问卷调查（基于测量题项来对企业发展实际进行主观评价）考察联盟企业可能存在的问题，一般会受到问卷填写者一些主观因素（如认知、先前经验、个人偏好等）的影响，这会极大地影响问卷调查所收集数据的客观性和研究结果的可行性、可靠性以及普适性。本书虽然采取了一定的手段（主要包括多渠道、多来源以及跨时间周期的问卷收集、程序控制、因子检验等）对此加以控制，但是研究结论仍然可能存在偏差。因此，后续研究可以中国经济金融研究数据库（CSMAR）中的"上市公司联盟"数据库为数据源，或者通过其他平台/企业的大数据来测量联盟权力，以此进一步深入探究联盟企业其他配置与企业双元创新之间的关系。

本书基于跨界创新视角，探讨了跨界搜索和跨界整合分别对联盟惯例与企业双元创新之间关系的调节作用，但是，就跨界搜索和跨界整合之间存在怎样的关系还未进一步深入探讨。因此，未来可以考虑深入研究跨界搜索和跨界整合之间可能存在的交互作用。

参考文献

[1] TUSHMAN M L, O'REILLY III C A. Ambidextrous organizations: managing evolutionary and revolutionary change[J]. California management review, 1996, 38(4): 8-29.

[2] O'REILLY III C A, TUSHMAN M L. The ambidextrous organization[J]. Harvard business review, 2004, 82(4): 74-81.

[3] GULATI R. Alliances and networks[J]. Strategic management journal, 1998, 19(4): 293-317.

[4] EMERSON R M. Power-dependence relations: two experiments[J]. Sociometry, 1964, 27(3): 282-298.

[5] DAHL R A. The concept of power[J]. Behavioral science, 1957, 2(3): 201-215.

[6] RIKER W H. A test of the adequacy of the power index[J]. Behavioral science, 1959, 4(2), 120-131.

[7] MEIER K J. Measuring organizational power: resources and autonomy of government agencies[J]. Administration & society, 1980, 12(3): 357-375.

[8] COTTON C C. Measurement of power-balancing styles and some of their correlates[J]. Administrative science quarterly, 1976, 21(2): 307-319.

[9] TANNENBAUM A S. Control in organizations[M]. New York: McGraw-Hill,1968.

[10] 段锦云,卢志巍,沈彦晗.组织中的权力：概念、理论和效应[J].心理科学进展,2015, 23(6):1070-1078.

[11] FLEMING P, SPICER A. Power in management and organization science[J]. The academy of management annals, 2014, 8(1): 237-298.

[12] 赵书松,赵旭宏,廖建桥.组织情景下权力来源的类型、关系与趋势：一个跨层次分

析框架 [J]. 中国人力资源开发,2020,37(1):6-20.

[13] ALCHIAN A A, DEMSETZ H. Production, information costs, and economic organization[J]. American economic review, 1972, 62(5): 777-795.

[14] WEBER M. Economy and society: an outline of interpretive sociology[M]. Berkeley: University of California Press, 1978.

[15] SALANCIK G R, PFEFFER J. Who gets power-and how they hold on to it: a strategic-contingency model of power[J]. Organizational dynamics, 1977, 5(3): 3-21.

[16] SANTOS F M, EISENHARDT K M. Constructing markets and shaping boundaries: entrepreneurial power in nascent fields[J]. Academy of management journal, 2009, 52(4): 643-671.

[17] SALANCIK G R, PFEFFER J. The bases and use of power in organizational decision making: the case of a university[J]. Administrative science quarterly, 1974,19(4): 453-473.

[18] CONTRACTOR N S, WASSERMAN S, FAUST K. Testing multitheoretical, multilevel hypotheses about organizational networks: an analytic framework and empirical example[J]. Academy of management review, 2006, 31(3): 681-703.

[19] BYRNE R, POWER D. Exploring agency, knowledge and power in an Australian bulk cereal supply chain: a case study[J]. Supply chain management, 2014, 19(4): 431-444.

[20] 党兴华, 楼桂球. 技术创新网络中企业权力依赖关系的构面探索研究 [J]. 科学学与科学技术管理,2009,30(10):73-78.

[21] FAWCETT S E, JONES S L, FAWCETT A M. Supply chain trust: the catalyst for collaborative innovation[J]. Business horizons, 2012, 55(2): 163-178.

[22] LAVIE D, HAUNSCHILD P R, KHANNA P. Organizational differences, relational mechanisms, and alliance performance[J]. Strategic management journal, 2012, 33(13): 1453-1479.

[23] LATTIF H S B H N M A, HASSAN A. Rise and fall of knowledge power: an in-depth investigation. Humanomics, 2008, 24(1): 17-27.

[24] MARTIN G, FARNDALE E, PAAUWE J, et al. Corporate governance and strategic human

resource management: four archetypes and proposals for a new approach to corporate sustainability[J]. European management journal, 2016, 34(1): 22-35.

[25] 孙国强, 张宝建, 徐俪凤. 网络权力理论研究前沿综述及展望 [J]. 外国经济与管理, 2014, 36(12):47-55.

[26] 景秀艳. 网络权力及其影响下的企业空间行为研究 [D]. 上海：华东师范大学, 2007.

[27] 徐俪凤. 基于社会网络视角的网络权力研究 [D]. 太原：山西财经大学, 2014.

[28] IRELAND R D, WEBB J W. A multi-theoretic perspective on trust and power in strategic supply chains[J]. Journal of operations management, 2007, 25(2):482-497.

[29] KÄHKÖNEN A-K. The influence of power position on the depth of collaboration[J]. Supply chain management: an international journal, 2014, 19(1): 17-30.

[30] 魏龙, 党兴华. 网络权力、网络搜寻与网络惯例：一个交互效应模型 [J]. 科学学与科学技术管理, 2017,38(2):136-147.

[31] 徐可, 于渌川, 陈卫东. 在孵企业创新驱动研究：网络权力与关系承诺视角 [J]. 南开管理评论, 2019,22(5):38-48.

[32] 王琴. 网络治理的权力基础：一个跨案例研究 [J]. 南开管理评论, 2012, 15(3):91-100.

[33] 易明. 产业集群治理：机制、结构、行动与绩效 [D]. 武汉：华中科技大学, 2010.

[34] BASS B M. Leadership, psychology, and organizational behavior[M]. New York: Harper, 1960.

[35] FINKELSTEIN S. Power in top management teams: dimensions, measurement, and validation[J]. Academy of management journal, 1992, 35(3): 505-538.

[36] FRENCH J R, RAVEN B, CARTWRIGHT D. The bases of social power[J]. Classics of organization theory, 1959, 7: 311-320.

[37] MALONI M, BENTON W C. Power influences in the supply chain[J]. Journal of business logistics, 2000, 21(1): 49-74.

[38] 康淑娟, 安立仁. 网络嵌入、创新能力与知识权力：基于全球价值链的视角 [J]. 科学学与科学技术管理, 2019,40(9):88-100.

[39] 郭献强, 党兴华, 刘景东. 基于资源依赖视角下企业创新网络中知识权力的形成研究

[J]. 科学学与科学技术管理, 2014, 35(4):136-145.

[40] 王建军, 叶明海, 曹宁. 知识权力、跨界搜索与企业创新绩效的关系研究 [J]. 软科学, 2020, 34(2):1-7.

[41] 徐可, 何桢, 王瑞. 技术创新网络的知识权力、结构权力对网络惯例影响 [J]. 管理科学, 2014, 27(5):24-34.

[42] 党兴华, 查博. 知识权力对技术创新网络治理绩效的影响研究 [J]. 管理学报, 2011, 8(8):1183-1189.

[43] LUNENBURG F C. Power and leadership: an influence process[J]. International journal of management, business, and administration, 2012, 15(1): 1-9.

[44] 魏旭光, 康凯, 张敬, 等. 全球价值链中的网络权力及其对企业竞争优势影响路径：基于扎根理论的探索性研究 [J]. 软科学, 2016, 30(4):31-36.

[45] 张巍, 党兴华. 企业网络权力与网络能力关联性研究：基于技术创新网络的分析 [J]. 科学学研究, 2011, 29(7):1094-1101.

[46] UHL-BIEN M. Relational leadership theory: exploring the social processes of leadership and organizing[J]. The leadership quarterly, 2006, 17(6), 654-676.

[47] 韩莹, 陈国宏. 集群企业网络权力与创新绩效关系研究：基于双元式知识共享行为的中介作用 [J]. 管理学报, 2016, 13(6):855-862.

[48] STENE E O. An approach to a science of administration[J]. American political science review, 1940, 34(6): 1124-1137.

[49] LEVITT B, MARCH J G. Organizational learning[J]. Annual review of sociology, 1988, 14(1): 319-338.

[50] CYERT R M, MARCH J G. A behavioral theory of the firm[M]. New Jersey: Wiley-Blackwell,1963.

[51] PENTLAND B T, FELDMAN M S. Designing routines: on the folly of designing artifacts, while hoping for patterns of action[J]. Information and organization, 2008, 18(4): 235-250.

[52] FELDMAN M S, PENTLAND B T. Reconceptualizing organizational routines as a source of flexibility and change[J]. Administrative science quarterly,2003,48(1): 94-118.

[53] GIDDENS A. The constitution of society: outline of the theory of structuration[M]. Berkeley: University of California Press, 1984.

[54] HODGSON G M, KNUDSEN T. The firm as an interactor: firms as vehicles for habits and routines[J]. Journal of evolutionary economics, 2004, 14(3): 281-307.

[55] NELSON R R, WINTER S G. An evolutionary theory of economic change[M]. Cambridge: Harvard University Press, 1982.

[56] TEECE D J. The foundations of enterprise performance: dynamic and ordinary capabilities in an (economic) theory of firms[J]. Academy of management perspectives, 2014, 28(4): 328-352.

[57] WINTER S G. Capabilities: their origins and ancestry[J]. Journal of management studies, 2012, 49(8): 1402-1406.

[58] GRANT R M. Toward a knowledge-based theory of the firm[J]. Strategic management journal, 1996, 17(S2): 109-122.

[59] BECKER M C. Organizational routines: a review of the literature[J]. Industrial and corporate change, 2004, 13(4): 643-677.

[60] 朱伟民. 组织惯例的内涵、特征及作用研究 [J]. 商业研究, 2011(3):41-49.

[61] COHEN M D, BURKHART R, DOSI G, et al. Routines and other recurring action patterns of organizations: contemporary research issues[J]. Industrial and corporate change, 1996, 5(3): 653-698.

[62] JARZABKOWSKI P, WILSON D C. Top teams and strategy in a UK university[J]. Journal of management studies, 2002, 39(3): 355-381.

[63] JONES O, CRAVEN M. Beyond the routine: innovation management and the Teaching Company Scheme[J]. Technovation, 2001, 21(5): 267-279.

[64] KARIM S, MITCHELL W. Path-dependent and path-breaking change: reconfiguring business resources following acquisitions in the U.S. medical sector, 1978-1995[J]. Strategic management journal, 2000, 21(10/11): 1061-1081.

[65] BESSANT J, CAFFYN S, GALLAGHER M. An evolutionary model of continuous

improvement behaviour[J]. Technovation, 2001, 21(2): 67-77.

[66] LILLRANK P. The quality of standard, routine and nonroutine processes[J]. Organization studies, 2003, 24(2): 215-233.

[67] TRANFIELD D, SMITH S. The strategic regeneration of manufacturing by changing routines[J]. International journal of operations & production management,1998, 18(2):114-129.

[68] ZOLLO M, REUER J J, SINGH H. Interorganizational routines and performance in strategic alliances[J]. Organization science, 2002, 13(6): 701-713.

[69] COHEN M D, BACDAYAN P. Organizational routines are stored as procedural memory: evidence from a laboratory study[J]. Organization science,1994, 5(4): 554-568.

[70] BETSCH T, HABERSTROH S, GLÖCKNER A, et al. The effects of routine strength on adaptation and information search in recurrent decision making[J]. Organizational behavior and human decision processes, 2001, 84(1): 23-53.

[71] LAZARIC N. The role of routines, rules and habits in collective learning: some epistemological and ontological considerations[J]. European journal of economic and social systems, 2000, 14(2): 157-171.

[72] ORLIKOWSKI W J. Knowing in practice: enacting a collective capability in distributed organizing[J]. Organization science, 2002, 13(3): 249-273.

[73] FELDMAN M S. A performative perspective on stability and change in organizational routines[J]. Industrial and corporate change, 2003, 12(4): 727-752.

[74] PATRICK C, PATRICK L. Routines and incentives: the role of communities in the firm[J]. Industrial and corporate change, 2003, 12(2): 271-297.

[75] BARNEY J. Firm resources and sustained competitive advantage[J]. Journal of management, 1991, 17(1): 99-120.

[76] SIMON H A. Programs as factors of production[J]. California management review, 1967, 10(2): 15-22.

[77] DYER J H, SINGH H. The relational view: cooperative strategy and sources of

interorganizational competitive advantage[J]. Academy of management review, 1998, 23(4): 660-679.

[78] JOHNSON G. Strategy through a cultural lens: learning from managers' experience[J]. Management learning, 2000, 31(4): 403-426.

[79] GABRIEL S, SIDNEY W. Getting it right the second time[J]. Harvard business review, 2002, 80(1): 6-29.

[80] GOH K T, PENTLAND B T. From actions to paths to patterning: toward a dynamic theory of patterning in routines[J]. Academy of management journal, 2019,62(6): 1901-1929.

[81] SCHNEIER W L. The development and modification of managerial decision-making routines: a social cognition perspective[D]. Columbus: The Ohio State University, 1995.

[82] FELDMAN M S, ORLIKOWSKI W J. Theorizing practice and practicing theory[J]. Organization science, 2011, 22(5): 1240-1253.

[83] RERUP C, FELDMAN M S. Routines as a source of change in organizational schemata: the role of trial-and-error learning[J]. Academy of management journal, 2011, 54(3): 577-610.

[84] MARCH J G, SIMON H A. Organizations[M]. New York: John Wiley & Sons, 1958.

[85] GERSICK C J G, HACKMAN J R. Habitual routines in task-performing groups[J]. Organizational behavior and human decision processes, 1990, 47(1): 65-97.

[86] PENTLAND B T, FELDMAN M S. Organizational routines as a unit of analysis[J]. Industrial and corporate change, 2005, 14(5): 793-815.

[87] FELDMAN M S. Organizational routines as a source of continuous change[J]. Organization science, 2000, 11(6): 611-629.

[88] BIESENTHAL C, GUDERGAN S, AMBROSINI V. The role of ostensive and performative routine aspects in dynamic capability deployment at different organizational levels[J]. Long range planning, 2018, 52(3): 350-365.

[89] 陈学光, 徐金发. 网络组织及其惯例的形成: 基于演化论的视角 [J]. 中国工业经济, 2006(4):52-58.

[90] 孙永磊, 党兴华, 宋晶. 基于网络惯例的双元能力对合作创新绩效的影响 [J]. 管理科学, 2014, 27(2):38-47.

[91] GARUD R, KUMARASWAMY A, KARNØE P. Path dependence or path creation[J]. Journal of management studies, 2010, 47(4): 760-774.

[92] 王永伟, 马洁, 吴湘繁, 等. 变革型领导行为、组织学习倾向与组织惯例更新的关系研究 [J]. 管理世界, 2012(9):110-119.

[93] PENTLAND B T, FELDMAN M S, BECKER M C, et al. Dynamics of organizational routines: a generative model[J]. Journal of management studies, 2012, 49(8): 1484-1508.

[94] 殷俊杰, 邵云飞. 创新搜索和惯例的调节作用下联盟组合伙伴多样性对创新绩效的影响研究 [J]. 管理学报, 2017, 14(4):545-553.

[95] 王思梦, 井润田, 邵云飞. 联盟惯例对企业双元创新能力的影响机制研究 [J]. 管理科学, 2019, 32(2):19-32.

[96] LEIFER R, DELBECQ A. Organizational/environmental interchange: a model of boundary spanning activity[J]. Academy of management review, 1978, 3(1): 40-50.

[97] FENNELL M L, ALEXANDER J A. Organizational boundary spanning in institutionalized environments[J]. Academy of management journal, 1987, 30(3): 456-476.

[98] HAWKINS M A, REZAZADE M M H. Knowledge boundary spanning process: synthesizing four spanning mechanisms[J]. Management decision, 2012, 50(10): 1800-1815.

[99] ROBERTS M J D, BEAMISH P W. The scaffolding activities of international returnee executives: a learning based perspective of global boundary spanning[J]. Journal of management studies, 2017, 54(4): 511-539.

[100] FLEMING L, WAGUESPACK D M. Brokerage, boundary spanning, and leadership in open innovation communities[J]. Organization science, 2007, 18(2): 165-180.

[101] PERSHINA R, SOPPE B, THUNE T M. Bridging analog and digital expertise: cross-domain collaboration and boundary-spanning tools in the creation of digital innovation[J]. Research policy, 2019, 103819.

[102] STUART T E, PODOLNY J M. Local search and the evolution of technological capabilities[J]. Strategic management journal, 1996, 17(S1): 21-38.

[103] ROSENKOPF L, NERKAR A. Beyond local search: boundary-spanning, exploration, and impact in the optical disk industry[J]. Strategic management journal, 2001, 22(4): 287-306.

[104] 谭云清, 马永生. OFDI 企业双元网络与双元创新：跨界搜索的调节效应[J]. 科研管理, 2020, 41(9):170-177.

[105] JUNG H J, LEE J J. The quest for originality: a new typology of knowledge search and breakthrough inventions[J]. Academy of management journal, 2016, 59(5): 1725-1753.

[106] LAURSEN K, SALTER A. Open for innovation: the role of openness in explaining innovation performance among U.K. manufacturing firms[J]. Strategic management journal, 2006, 27(2): 131-150.

[107] BARGE-GIL A. Open, semi-open and closed innovators: towards an explanation of degree of openness[J]. Industry and innovation, 2010, 17(6): 577-607.

[108] CRUZ-GONZÁLEZ J, LÓPEZ-SÁEZ P, NAVAS-LÓPEZ J E, et al. Open search strategies and firm performance: the different moderating role of technological environmental dynamism[J]. Technovation, 2015, 35: 32-45.

[109] LEWIN A Y, MASSINI S, PEETERS C. Microfoundations of internal and external absorptive capacity routines[J]. Organization science, 2011, 22(1): 81-98.

[110] AHUJA G, KATILA R. Where do resources come from? the role of idiosyncratic situations[J]. Strategic management journal, 2004, 25(8/9): 887-907.

[111] 熊正德, 魏唯, 顾晓青. 网络位置、跨界搜索与制造企业服务创新绩效[J]. 科学学研究, 2020, 38(7):1304-1316.

[112] KATILA R, AHUJA G. Something old, something new: a longitudinal study of search behavior and new product introduction[J]. Academy of management journal, 2002, 45(6): 1183-1194.

[113] SIDHU J S, COMMANDEUR H R, VOLBERDA H W. The multifaceted nature of exploration and exploitation: value of supply, demand, and spatial search for innovation[J].

Organization science, 2007, 18(1): 20-38.

[114] LEIPONEN A, HELFAT C E. Innovation objectives, knowledge sources, and the benefits of breadth[J]. Strategic management journal, 2010, 31(2): 224-236.

[115] LIN C J, LI C R. The effect of boundary-spanning search on breakthrough innovations of new technology ventures[J]. Industry and innovation, 2013, 20(2): 93-113.

[116] WU J, SHANLEY M T. Knowledge stock, exploration, and innovation: research on the United States electromedical device industry[J]. Journal of business research, 2009, 62(4): 474-483.

[117] 贯君, 徐建中, 林艳. 跨界搜寻、网络惯例、双元能力与创新绩效的关系研究 [J]. 管理评论, 2019, 31(12):61-72.

[118] FAEMS D, VAN LOOY B, DEBACKERE K. Interorganizational collaboration and innovation: toward a portfolio approach[J]. Journal of product innovation management, 2005, 22(3): 238-250.

[119] 王娟茹, 杨苗苗, 李正锋. 跨界搜索、知识整合与突破性创新 [J]. 研究与发展管理, 2020, 32(3):111-122.

[120] LAVIE D, ROSENKOPF L. Balancing exploration and exploitation in alliance formation[J]. Academy of management journal, 2006, 49(4): 797-818.

[121] DOLLINGER M J. Environmental boundary spanning and information processing effects on organizational performance[J]. Academy of management journal, 1984, 27(2):351-368.

[122] DAHLANDER L, O'MAHONY S, GANN D M. One foot in, one foot out: how does individuals' external search breadth affect innovation outcomes[J]. Strategic management journal, 2016, 37(2): 280-302.

[123] 熊伟, 奉小斌, 陈丽琼. 国外跨界搜寻研究回顾与展望 [J]. 外国经济与管理, 2011, 33(6):18-26.

[124] 胡保亮, 赵田亚, 闫帅. 高管团队行为整合、跨界搜索与商业模式创新 [J]. 科研管理, 2018, 39(12):37-44.

[125] DANNEELS E. Organizational antecedents of second-order competences[J]. Strategic

management journal, 2008, 29(5): 519-543.

[126] YU B, HAO S, WANG Y. Organizational search and business model innovation: the moderating role of knowledge inertia[J]. Journal of knowledge management, 2020, 24(7): 1705-1718.

[127] SIDHU J S, VOLBERDA H W, COMMANDEUR H R. Exploring exploration orientation and its determinants: some empirical evidence[J]. Journal of management studies, 2004, 41(6): 913-932.

[128] MARCH J G. Exploration and exploitation in organizational learning[J]. Organization science, 1991, 2(1): 71-87.

[129] LEVINTHAL D A, MARCH J G. The myopia of learning[J]. Strategic management journal, 1993, 14(S2): 95-112.

[130] 吴晓波, 彭新敏, 丁树全. 我国企业外部知识源搜索策略的影响因素[J]. 科学学研究, 2008(2):364-372.

[131] 陈学光, 俞红, 樊利钧. 研发团队海外嵌入特征、知识搜索与创新绩效：基于浙江高新技术企业的实证研究[J]. 科学学研究, 2010, 28(1):151-160.

[132] ZHANG W, ZHAO Y, TIAN L, et al. Boundary-spanning demand-side search and radical technological innovations in China: the moderation of innovation appropriability [J]. Management decision, 2017, 55(8):1749-1769.

[133] 郭国庆, 吴剑峰. 绩效管理企业知识库、技术探索与创新绩效关系研究：基于美国电子医疗设备行业的实证分析[J]. 南开管理评论, 2007(3):87-93.

[134] 张文红, 赵亚普. 转型经济下跨界搜索战略与产品创新[J]. 科研管理, 2013, 34(9):54-63.

[135] SIRMON D G, HITT M A, IRELAND R D. Managing firm resources in dynamic environments to create value: looking inside the black box[J]. Academy of management review, 2007, 32(1): 273-292.

[136] BARNEY J B, CLARK D N. Resource-based theory: creating and sustaining competitive advantage[M]. Oxford: Oxford University Press, 2007.

[137] WIKLUND J, SHEPHERD D A. The effectiveness of alliances and acquisitions: the role of resource combination activities[J]. Entrepreneurship theory and practice, 2009, 33(1): 193-212.

[138] 董保宝, 葛宝山, 王侃. 资源整合过程、动态能力与竞争优势: 机理与路径 [J]. 管理世界, 2011(3):92-101.

[139] GE B, DONG B. Resource integration process and venture performance: based on the contingency model of resource integration capability[C]//2008 International Conference on Management Science and Engineering 15th Annual Conference Proceedings. IEEE, 2008: 291-297.

[140] 王国红, 汪媛媛, 黄昊, 等. 资源整合对企业价值链延伸的影响研究 [J]. 研究与发展管理, 2020, 32(4): 48-60.

[141] AMIT R, SCHOEMAKER P J H. Strategic assets and organizational rent[J]. Strategic management journal, 1993, 14(1): 33-46.

[142] SIRMON D G, HITT M A, IRELAND R D, et al. Resource orchestration to create competitive advantage: breadth, depth, and life cycle effects[J]. Journal of management, 2011, 37(5): 1390-1412.

[143] HITT M A, BIERMAN L, SHIMIZU K, et al. Direct and moderating effects of human capital on strategy and performance in professional service firms: a resource-based perspective[J]. Academy of management journal, 2001, 44(1): 13-28.

[144] 张公一, 孙晓欧. 科技资源整合对企业创新绩效影响机制实证研究 [J]. 中国软科学, 2013(5): 92-99.

[145] 伍勇, 魏泽龙. 知识探索, 资源整合方式与突破性创新 [J]. 科研管理, 2017, 38(12): 11-19.

[146] 李恒毅, 宋娟. 新技术创新生态系统资源整合及其演化关系的案例研究 [J]. 中国软科学, 2014(6):129-141.

[147] ABERNATHY W J, UTTERBACK J M. Patterns of industrial innovation[J]. Technology review, 1978, 80(7): 40-47.

[148] ETTLIE J E, BRIDGES W P, O'KEEFE R D. Organization strategy and structural differences for radical versus incremental innovation[J]. Management science, 1984, 30(6): 682-695.

[149] 刘洋, 魏江, 应瑛. 组织二元性: 管理研究的一种新范式 [J]. 浙江大学学报 (人文社会科学版), 2011, 41(6):132-142.

[150] RAISCH S, BIRKINSHAW J. Organizational ambidexterity: antecedents, outcomes, and moderators[J]. Journal of management, 2008, 34(3): 375-409.

[151] MOM T J M, VAN DEN BOSCH F A J, VOLBERDA H W. Investigating managers' exploration and exploitation activities: the influence of top-down, bottom-up, and horizontal knowledge inflows[J]. Journal of management studies, 2007, 44(6): 910-931.

[152] MOM T J M, VAN DEN BOSCH F A J, VOLBERDA H W. Understanding variation in managers' ambidexterity: investigating direct and interaction effects of formal structural and personal coordination mechanisms[J]. Organization science, 2009, 20(4): 812-828.

[153] FLOYD S W, LANE P J. Strategizing throughout the organization: managing role conflict in strategic renewal[J]. Academy of management review, 2000, 25(1):154-177.

[154] SHEREMATA W A. Centrifugal and centripetal forces in radical new product development under time pressure[J]. Academy of management review, 2000, 25(2): 389-408.

[155] JANSEN J J P, TEMPELAAR M P, VAN DEN BOSCH F A J, et al. Structural differentiation and ambidexterity: the mediating role of integration mechanisms[J]. Organization science, 2009, 20(4): 797-811.

[156] CARMELI A, HALEVI M Y. How top management team behavioral integration and behavioral complexity enable organizational ambidexterity: the moderating role of contextual ambidexterity[J]. The leadership quarterly, 2009, 20(2): 207-218.

[157] ZIMMERMANN A, CARDINAL L B. Cross-functional ambidexterity: organizational antecedents and boundary conditions[C]//Academy of Management Proceedings. Briarcliff Manor, NY 10510: Academy of Management, 2015.

[158] TIWANA A. Do bridging ties complement strong ties? an empirical examination of alliance

ambidexterity[J]. Strategic management journal, 2008, 29(3): 251-272.

[159] KOZA M P, LEWIN A Y. The co-evolution of strategic alliances[J]. Organization science, 1998, 9(3): 255-264.

[160] BRADY T, DAVIES A. Building project capabilities: from exploratory to exploitative learning[J]. Organization studies, 2004, 25(9): 1601-1621.

[161] EBBEN J J, JOHNSON A C. Efficiency, flexibility, or both? evidence linking strategy to performance in small firms[J]. Strategic management journal, 2005, 26(13): 1249-1259.

[162] ROTHAERMEL F T, ALEXANDRE M T. Ambidexterity in technology sourcing: the moderating role of absorptive capacity[J]. Organization science, 2009, 20(4): 759-780.

[163] LI Y H, HUANG J W. Exploitative and exploratory learning in transactive memory systems and project performance[J]. Information & management, 2013, 50(6):304-313.

[164] LAVIE D, KANG J, ROSENKOPF L. Balance within and across domains: the performance implications of exploration and exploitation in alliances[J]. Organization science, 2011, 22(6): 1517-1538.

[165] ABERNATHY W J, CLARK K B. Innovation: mapping the winds of creative destruction[J]. Research policy, 1985, 14(1): 3-22.

[166] DEWAR R D, DUTTON J E. The adoption of radical and incremental innovations: an empirical analysis[J]. Management science, 1986, 32(11): 1422-1433.

[167] BENNER M J, TUSHMAN M. Process management and technological innovation: a longitudinal study of the photography and paint industries[J]. Administrative science quarterly, 2002, 47(4): 676-707.

[168] LIN H-E, MCDONOUGH III E F, YANG J, et al. Aligning knowledge assets for exploitation, exploration, and ambidexterity: a study of companies in high-tech parks in China[J]. Journal of product innovation management, 2017, 34(2): 122-140.

[169] ATUAHENE-GIMA K. Resolving the capability: rigidity paradox in new product innovation[J]. Journal of marketing, 2005, 69(4): 61-83.

[170] ROSING K, FRESE M, BAUSCH A. Explaining the heterogeneity of the leadership-

innovation relationship: ambidextrous leadership[J]. The leadership quarterly, 2011, 22(5): 956-974.

[171] SMITH W K, TUSHMAN M L. Managing strategic contradictions: a top management model for managing innovation streams[J]. Organization science, 2005, 16(5): 522-536.

[172] 郭润萍, 蔡莉. 双元知识整合、创业能力与高技术新企业绩效 [J]. 科学学研究, 2017, 35(2):264-271.

[173] EISENHARDT K M, FURR N R, BINGHAM C B. CROSSROAD: microfoundations of performance: balancing efficiency and flexibility in dynamic environments[J]. Organization science, 2010, 21(6): 1263-1273.

[174] RAISCH S, BIRKINSHAW J, PROBST G, et al. Organizational ambidexterity: balancing exploitation and exploration for sustained performance[J]. Organization science, 2009, 20(4): 685-695.

[175] WANG C L, RAFIQ M. Ambidextrous organizational culture, contextual ambidexterity and new product innovation: a comparative study of UK and Chinese high-tech firms[J]. British journal of management, 2014, 25(1): 58-76.

[176] GIBSON C B, BIRKINSHAW J. The antecedents, consequences, and mediating role of organizational ambidexterity[J]. Academy of management journal, 2004, 47(2): 209-226.

[177] BROWN S L, EISENHARDT K M. The art of continuous change: linking complexity theory and time-paced evolution in relentlessly shifting organizations[J]. Administrative science quarterly, 1997, 42(1): 1-34.

[178] LEANA C R, BARRY B. Stability and change as simultaneous experiences in organizational life[J]. Academy of management review, 2000, 25(4): 753-759.

[179] BURGELMAN R A. Intraorganizational ecology of strategy making and organizational adaptation: theory and field research[J]. Organization science, 1991, 2(3): 239-262.

[180] BURGELMAN R A. Strategy as vector and the inertia of coevolutionary lock-in[J]. Administrative science quarterly, 2002, 47(2): 325-357.

[181] LEONARD-BARTON D. Core capabilities and core rigidities: a paradox in managing new

product development[J]. Strategic management journal, 1992, 13: 111-125.

[182] JANSEN J J P, VAN DEN BOSCH F A J, VOLBERDA H W. Exploratory innovation, exploitative innovation, and ambidexterity: the impact of environmental and organizational antecedents[J]. Schmalenbach business review, 2005, 57(4): 351-363.

[183] GUPTA A K, SMITH K G, SHALLEY C E. The interplay between exploration and exploitation[J]. Academy of management journal, 2006, 49(4): 693-706.

[184] ANDRIOPOULOS C, LEWIS M W. Exploitation-exploration tensions and organizational ambidexterity: managing paradoxes of innovation[J]. Organization science, 2009, 20(4): 696-717.

[185] DE VISSER M, DE WEERD-NEDERHOF P, D. FAEMS, et al. Structural ambidexterity in NPD processes: a firm-level assessment of the impact of differentiated structures on innovation performance[J]. Technovation, 2010, 30(5/6): 291-299.

[186] CAO Q, GEDAJLOVIC E, ZHANG H. Unpacking organizational ambidexterity: dimensions, contingencies, and synergistic effects[J]. Organization science, 2009, 20(4): 781-796.

[187] SIMSEK Z, HEAVEY C, VEIGA J F, et al. A typology for aligning organizational ambidexterity's conceptualizations, antecedents, and outcomes[J]. Journal of management studies, 2009, 46(5): 864-894.

[188] VOSS G B, VOSS Z G. Strategic ambidexterity in small and medium-sized enterprises: implementing exploration and exploitation in product and market domains[J]. Organization science, 2013, 24(5): 1459-1477.

[189] ROSENBUSCH N, RAUCH A, BAUSCH A. The mediating role of entrepreneurial orientation in the task environment-performance relationship: a meta-analysis[J]. Journal of management, 2013, 39(3): 633-659.

[190] BIRKINSHAW J, GIBSON C. Building ambidexterity into an organization[J]. MIT Sloan management review, 2004, 45(4): 47-52.

[191] PADMORE T, GIBSON H. Modelling systems of innovation: II. a framework for industrial

cluster analysis in regions[J]. Research policy, 1998, 26(6): 625-641.

[192] BENNER M J, TUSHMAN M L. Exploitation, exploration, and process management: the productivity dilemma revisited[J]. Academy of management review, 2003, 28(2): 238-256.

[193] HE Z-L, WONG P-K. Exploration vs. exploitation: an empirical test of the ambidexterity hypothesis[J]. Organization science, 2004, 15(4): 481-494.

[194] LUGER J, RAISCH S, SCHIMMER M. Dynamic balancing of exploration and exploitation: the contingent benefits of ambidexterity[J]. Organization science, 2018, 29(3): 449-470.

[195] SCHREYÖGG G, KLIESCH-EBERL M. How dynamic can organizational capabilities be? towards a dual-process model of capability dynamization[J]. Strategic management journal, 2007, 28(9): 913-933.

[196] 李忆, 司有和. 探索式创新、利用式创新与绩效: 战略和环境的影响[J]. 南开管理评论, 2008(5):4-12.

[197] 李剑力. 探索性创新、开发性创新及其平衡研究前沿探析[J]. 外国经济与管理, 2009, 31(3):23-29.

[198] TIWANA A. Do bridging ties complement strong ties? an empirical examination of alliance ambidexterity[J]. Strategic management journal, 2008, 29(3): 251-272.

[199] LIN Z, YANG H, DEMIRKAN I. The performance consequences of ambidexterity in strategic alliance formations: empirical investigation and computational theorizing[J]. Management science, 2007, 53(10): 1645-1658.

[200] ROTHAERMEL F T, DEEDS D L. Exploration and exploitation alliances in biotechnology: a system of new product development[J]. Strategic management journal, 2004, 25(3): 201-221.

[201] DAI Y, DU K, BYUN G, et al. Ambidexterity in new ventures: the impact of new product development alliances and transactive memory systems[J]. Journal of business research, 2017, 75: 77-85.

[202] 李瑶, 孙彪, 刘益. 社会资本悖论与联盟双元创新: 阴阳思维与动态组合的管理角色

[J]. 科学学与科学技术管理, 2014, 35(6):93-101.

[203] STERN I, DUKERICH J M, ZAJAC E. Unmixed signals: how reputation and status affect alliance formation[J]. Strategic management journal, 2014, 35(4): 512-531.

[204] ALLEN T J, GLOOR P A, COLLADON A F, et al. The power of reciprocal knowledge sharing relationships for startup success[J]. Journal of small business and enterprise development, 2016, 23(3): 636-651.

[205] ZAHEER A, BELL G G. Benefiting from network position: firm capabilities, structural holes, and performance[J]. Strategic management journal, 2005, 26(9): 809-825.

[206] MARTIN R. Expert and referent power: a framework for understanding and maximizing consultation effectiveness[J]. Journal of school psychology, 1978, 16(1): 49-55.

[207] ASHFORTH B E, MAEL F. Social identity theory and the organization[J]. Academy of management review, 1989, 14(1): 20-39.

[208] GU Q, LU X. Unraveling the mechanisms of reputation and alliance formation: a study of venture capital syndication in China[J]. Strategic management journal, 2014, 35(5): 739-750.

[209] 王曦, 符正平, 罗超亮. 基于角色的地位: 企业联盟形成机制研究 [J]. 山西财经大学学报, 2017,39(8):71-84.

[210] Harvard Business Essentials. Power, influence, and persuasion[M]. Boston: Harvard Business School Publishing Press, 2005.

[211] CHONG M P M, FU P P, SHANG Y F. Relational power and influence strategies: a step further in understanding power dynamics[J]. Chinese management studies, 2013, 7(1):53-73.

[212] BAL V, CAMPBELL M, STEED J, et al. The role of power in effective leadership: a center for creative leaderships research white paper[R]. Greensboro: Center for Creative Leadership, 2008.

[213] MUDAMBI R, NAVARRA P. Is knowledge power? knowledge flows, subsidiary power and rent-seeking within MNCs[J]. Journal of international business studies,2004,35(5):385-406.

[214] RAJAN R G, ZINGALES L. Power in a theory of the firm[J]. The quarterly journal of economics, 1998, 113(2): 387-432.

[215] SVAHN S, WESTERLUND M. The modes of supply net management: a capability view[J]. Supply chain management: an international journal, 2007, 12(5):369-376.

[216] KANKANHALLI A, TAN B C Y, WEI K-K. Contributing knowledge to electronic knowledge repositories: an empirical investigation[J]. MIS quarterly,2005,29(1):113-143

[217] SPEKMAN R E, FORBES III T M, ISABELLA L A, et al. Alliance management: a view from the past and a look to the future[J]. Journal of management studies, 1998,35(6):747-772.

[218] HUGGINS R, JOHNSTON A, THOMPSON P. Network capital, social capital and knowledge flow: how the nature of inter-organizational networks impacts on innovation[J]. Industry and innovation, 2012, 19(3): 203-232.

[219] 谢永平, 张浩淼, 孙永磊. 技术创新网络核心企业知识治理绩效影响因素研究 [J]. 研究与发展管理, 2014, 26(6):43-53.

[220] BRASS D J, BURKHARDT M E. Potential power and power use: an investigation of structure and behavior[J]. Academy of management journal, 1993, 36(3): 441-470.

[221] 李诗田, 宋献中. 声誉机制、代理冲突与企业捐赠：基于中国上市公司的实证研究 [J]. 经济经纬, 2014, 31(4):92-97.

[222] 赵淳宇, 冯瑛. 企业声誉对创新绩效的影响研究 [J]. 科学管理研究,2010,28(2):34-37.

[223] 王海, 肖兴志, 尹俊雅. 如何缓解中国企业研发投入结构失衡 [J]. 产业经济研究, 2016(5):47-57.

[224] 王莉, 孙国强. 集群创新网络协作机制对创新绩效的作用机理研究 [J]. 软科学, 2017, 31(9):30-34.

[225] 黄玮强, 庄新田, 姚爽. 基于创新合作网络的产业集群知识扩散研究 [J]. 管理科学, 2012, 25(2):13-23.

[226] 张闯. 渠道依赖、权力结构与策略：社会网络视角的研究 [D]. 大连：东北财经大学,2007.

[227] CAMPBELL N. Experiences of western companies in China[J]. Euro-Asia business review, 1987, 6(3): 35-38.

[228] LUO Y. Guanxi: principles, philosophies, and implications[J]. Human systems management, 1997, 16(1): 43-52.

[229] PARK S H, LUO Y. Guanxi and organizational dynamics: organizational networking in Chinese firms[J]. Strategic management journal, 2001, 22(5): 455-477.

[230] LUO Y, CHEN M. Does guanxi influence firm performance[J]. Asia Pacific journal of management, 1997, 14(1): 1-16.

[231] LUO Y, HUANG Y, WANG S. Guanxi and organizational performance: a meta-analysis[J]. Management and organization review, 2012, 8(1): 139-172.

[232] MORGAN R M, HUNT S D. The commitment-trust theory of relationship marketing[J]. Journal of marketing, 1994, 58(3): 20-38.

[233] 叶飞, 徐学军. 供应链伙伴关系间信任与关系承诺对信息共享与运营绩效的影响[J]. 系统工程理论与实践, 2009, 29(8):36-49.

[234] 顾桂芳, 季旭彤, 李文元. 创新生态系统核心企业权力对伙伴企业情感性承诺的影响研究: 以组织间依赖为调节变量[J]. 科学学与科学技术管理, 2020,41(9):55-68.

[235] DANNEELS E. The dynamics of product innovation and firm competences[J]. Strategic management journal, 2002, 23(12): 1095-1121.

[236] JANSEN J J P, VAN DEN BOSCH F A J, VOLBERDA H W. Exploratory innovation, exploitative innovation, and performance: effects of organizational antecedents and environmental moderators[J]. Management science, 2006, 52(11): 1661-1674.

[237] 刘景东, 朱梦妍. 技术创新网络惯例的治理功能及维度构建[J]. 管理科学, 2019, 32(3):106-119.

[238] 吴言波, 邵云飞, 殷俊杰. 战略联盟知识异质性对焦点企业突破性创新的影响研究[J]. 管理学报, 2019, 16(4):541-549.

[239] WITT U. Emergence and functionality of organizational routines: an individualistic approach[J]. Journal of institutional economics, 2011, 7(2): 157-174.

[240] 奉小斌, 李华华, 马晓书. 知识聚合调节作用下双元联盟对企业能力重构的影响研究[J]. 管理学报, 2021, 18(1):99-109.

[241] 刘景东, 周萌, 叶江峰, 等."若即若离"还是"亲密无间":联盟惯例调节下的伙伴关系和创新绩效[J]. 外国经济与管理,2021,43(7):111-115.

[242] 江旭, 姜飞飞. 企业家导向与战略联盟形成决策:联盟经验的调节效应研究[J]. 管理科学学报, 2014, 17(7):22-34.

[243] KOKA B R, PRESCOTT J E. Designing alliance networks: the influence of network position, environmental change, and strategy on firm performance[J]. Strategic management journal, 2008, 29(6): 639-661.

[244] BIANCHI C C, SALEH M A. Antecedents of importer relationship performance in Latin America[J]. Journal of business research, 2011, 64(3): 258-265.

[245] 于泽川, 林海芬, 曲廷琛. 组织惯例的动态演化机制研究:基于组织行动交互作用[J]. 管理评论, 2020, 32(8):281-294.

[246] 熊彼特. 经济发展理论[M]. 北京:商务印书馆, 1990.

[247] 李仕明, 刘辉, 沈焱, 等. 跨界创新:新时代我国创新的选择:基于国际权威机构研究报告的思考[J]. 电子科技大学学报(社科版),2018,20(3):1-5.

[248] CALOGHIROU Y, KASTELLI I, TSAKANIKAS A. Internal capabilities and external knowledge sources: complements or substitutes for innovative performance[J]. Technovation, 2004, 24(1): 29-39.

[249] KATILA R. New product search over time: past ideas in their prime?[J]. Academy of management journal, 2002, 45(5): 995-1010.

[250] GRIMPE C, KAISER U. Balancing internal and external knowledge acquisition: the gains and pains from R&D outsourcing[J]. Journal of management studies, 2010, 47(8): 1483-1509.

[251] 刘景东, 杜鹏程. 惯例视角下联盟管理能力的构成及其对联盟组合绩效的影响研究[J]. 管理评论, 2015, 27(8):150-162.

[252] 吴言波, 邵云飞, 殷俊杰, 等. 战略联盟伙伴搜索、战略柔性与突破性创新的关系研

究 [J]. 技术经济 , 2019, 38(9):32-40.

[253] 许晖 , 单宇 . 打破资源束缚的魔咒 : 新兴市场跨国企业机会识别与资源 "巧" 配策略选择 [J]. 管理世界 , 2019, 35(3):127-141.

[254] 尹苗苗 , 王玲 . 创业领域资源整合研究现状与未来探析 [J]. 外国经济与管理 , 2015, 37(8):3-12.

[255] XIA J. Mutual dependence, partner substitutability, and repeated partnership: the survival of cross-border alliances[J]. Strategic management journal,2011,32(3):229-253.

[256] COHEN W M, LEVINTHAL D A. Absorptive capacity: a new perspective on learning and innovation[J]. Administrative science quarterly, 1990, 35(1): 128-152.

[257] 井润田 , 孙璇 . 实证主义 vs. 诠释主义 : 两种经典案例研究范式的比较与启示 [J]. 管理世界 , 2021, 37(3):198-216

[258] 陈晓萍 , 沈伟 . 组织与管理研究的实证方法 [M].3 版 . 北京 : 北京大学出版社 ,2018.

[259] GROVES R M, FOWLER F J, JR, COUPER M P, et al. Survey methodology[M]. New York: John Wiley & Sons, 2011.

[260] ZHANG Y, SHAW J D. Publishing in AMJ—part 5: crafting the methods and results[J]. Academy of management journal, 2012, 55(1): 8-12.

[261] PLATT J. "Case study" in American methodological thought[J]. Current sociology, 1992, 40(1): 17-48.

[262] CHURCHILL JR G A. A paradigm for developing better measures of marketing constructs[J]. Journal of marketing research, 1979, 16(1): 64-73.

[263] 马庆国 . 中国管理科学研究面临的几个关键问题 [J]. 管理世界 ,2002(8):105-115.

[264] 孙永磊 . 技术创新网络惯例形成机理研究 [D]. 西安 : 西安理工大学 ,2014.

[265] WU J, WU Z. Local and international knowledge search and product innovation: the moderating role of technology boundary spanning[J]. International business review, 2014, 23(3): 542-551.

[266] DEMIRKAN I. The impact of firm resources on innovation[J]. European journal of innovation management, 2018, 21(4): 672-694.

[267] GALASKIEWICZ J, WASSERMAN S. Mimetic processes within an interorganizational field: an empirical test[J]. Administrative science quarterly, 1989, 34(3): 454-479.

[268] TOWNLEY B. Foucault, power/knowledge, and its relevance for human resource management[J]. Academy of management review, 1993, 18(3): 518-545.

[269] BATJARGAL B. Social capital and entrepreneurial performance in Russia: a longitudinal study[J]. Organization studies, 2003, 24(4): 535-556.

[270] 赵新宇, 尚玉钒, 席酉民, 等. 关系权力: 领导权力类型的拓展与辨析 [J]. 科学学与科学技术管理, 2015, 36(4):152-161.

[271] AHUJA G, LAMPERT C M. Entrepreneurship in the large corporation: a longitudinal study of how established firms create breakthrough inventions[J]. Strategic management journal, 2001, 22: 521-543.

[272] LAURSEN K, SALTER A. Searching high and low: what types of firms use universities as a source of innovation[J]. Research policy, 2004, 33(8): 1201-1215.

[273] 马如飞. 跨界搜索对企业绩效的影响机制研究 [D]. 杭州：浙江大学, 2009.

[274] SIRMON D G, HITT M A. Managing resources: linking unique resources, management, and wealth creation in family firms[J]. Entrepreneurship theory and practice, 2003, 27(4): 339-358.

[275] 马鸿佳, 董保宝, 葛宝山. 资源整合过程、能力与企业绩效关系研究 [J]. 吉林大学社会科学学报, 2011, 51(4):71-78.

[276] ROTHAERMEL F T, DEEDS D L. Alliance type, alliance experience and alliance management capability in high-technology ventures[J]. Journal of business venturing, 2006, 21(4): 429-460.

[277] 李宇, 魏若菡. 企业规模质量对产业创新升级的影响机制研究：基于规模阈值突破的视角 [J]. 科研管理, 2018, 39(6):112-121.

[278] CHAN D Y, VASARHELYI M A. Innovation and practice of continuous auditing[J]. International journal of accounting information systems, 2011,12(2):152-160.

[279] AZAR G, CIABUSCHI F. Organizational innovation, technological innovation, and export

performance: the effects of innovation radicalness and extensiveness[J]. International business review, 2017, 26(2): 324-336.

[280] COSTELLO A B, OSBORNE J. Best practices in exploratory factor analysis: four recommendations for getting the most from your analysis[J]. Practical assessment, research & evaluation, 2005, 10(7): 1-9.

[281] FORNELL C, LARCKER D F. Evaluating structural equation models with unobservable variables and measurement error[J]. Journal of marketing research, 1981,18(1): 39-50.

[282] CRONBACH L J, MEEHL P E. Construct validity in psychological tests[J]. Psychological bulletin, 1955, 52(4): 281-302.

[283] 罗胜强, 姜嬿. 管理学问卷调查研究方法 [M]. 重庆：重庆大学出版社, 2014.

[284] FORNELL C, LARCKER D F. Structural equation models with unobservable variables and measurement error: algebra and statistics[J]. Journal of marketing research, 1981, 18(3): 382-388.

[285] LUCAS R E, DIENER E, SUH E. Discriminant validity of well-being measures[J]. Journal of personality and social psychology, 1996, 71(3): 616-628.

[286] 吴明隆. 结构方程模型: Amos 实务进阶 [M]. 重庆：重庆大学出版社, 2013.

[287] 侯杰泰, 温忠麟, 成子娟. 结构方程模型及其应用 [M]. 北京：教育科学出版社, 2004.

[288] BYRNE B M. Structural equation modeling with AMOS: basic concepts, applications, and programming [M]. 2nd ed. New York: Routledge, 2010.

[289] HU L, BENTLER P M. Cutoff criteria for fit indexes in covariance structure analysis: conventional criteria versus new alternatives[J]. Structural equation modeling: a multidisciplinary journal, 1999, 6(1): 1-55.

[290] DING L, VELICER W F, HARLOW L L. Effects of estimation methods, number of indicators per factor, and improper solutions on structural equation modeling fit indices[J]. Structural equation modeling: a multidisciplinary journal, 1995, 2: 119-143.

[291] KLINE R B. Principles and practice of structural equation modeling[M]. New York: The Guilford Press, 1998.

[292] BARON R M, KENNY D A. The moderator-mediator variable distinction in social psychological research: conceptual, strategic, and statistical considerations[J]. Journal of personality and social psychology, 1986, 51(6): 1173-1182.

[293] 马庆国. 管理统计：数据获取、统计原理、SPSS 工具与应用研究 [M]. 北京：科学出版社, 2002.

[294] 温忠麟, 侯杰泰, 张雷. 调节效应与中介效应的比较和应用 [J]. 心理学报, 2005(2):268-274.

[295] NERKAR A. Old is gold? the value of temporal exploration in the creation of new knowledge[J]. Management science, 2003, 49(2): 211-229.

[296] STETTNER U, LAVIE D. Ambidexterity under scrutiny: exploration and exploitation via internal organization, alliances, and acquisitions[J]. Strategic management journal, 2014, 35(13): 1903-1929.

[297] HAO B, FENG Y. Leveraging learning forces in asymmetric alliances: small firms' perceived power imbalance in driving exploration and exploitation[J]. Technovation, 2018, 78: 27-39.

[298] 孙永磊, 党兴华. 基于知识权力的网络惯例形成研究 [J]. 科学学研究, 2013,31(9):1372-1380.

[299] 高映红, 刘国新. 网络权力与创新网络的治理 [J]. 科技管理研究, 2011,31(1):194-196.

[300] 杨毅, 党兴华, 成泷. 技术创新网络分裂断层与知识共享：网络位置和知识权力的调节作用 [J]. 科研管理, 2018,39(9):59-67.

[301] 孙永磊, 宋晶, 谢永平. 网络惯例对技术创新网络知识转移的影响 [J]. 科学学研究, 2014,32(9):1431-1438.

[302] COBEÑA M, GALLEGO Á, CASANUEVA C. Heterogeneity, diversity and complementarity in alliance portfolios[J]. European management journal, 2017, 35(4): 464-476.

[303] HOFFMANN W H. Strategies for managing a portfolio of alliances[J]. Strategic management journal, 2007, 28(8): 827-856.

[304] 刘洋, 魏江, 江诗松. 后发企业如何进行创新追赶：研发网络边界拓展的视角 [J]. 管理世界, 2013(3):96-110.

[305] EISENHARDT K M, GRAEBNER M E. Theory building from cases: opportunities and challenges[J]. Academy of management journal, 2007, 50(1): 25-32.

[306] 毛基业, 张霞. 案例研究方法的规范性及现状评估：中国企业管理案例论坛 (2007) 综述 [J]. 管理世界, 2008(4):115-121.

[307] 罗伯特·K. 殷. 案例研究：设计与方法 :5 版 [M]. 周海涛, 史少杰, 译. 重庆：重庆大学出版社, 2017.

[308] WEICK K E, ROBERTS K H. Collective mind in organizations: heedful interrelating on flight decks[J]. Administrative science quarterly, 1993, 38(3): 357-381.

[309] 李宇, 陆艳红. 知识权力如何有效运用："有核"集群的知识创造及权力距离的调节作用 [J]. 南开管理评论, 2018, 21(6):107-120.

[310] LEIPONEN A, HELFAT C E. Research notes and commentaries innovation objectives, knowledge sources, and the benefits of breadth[J]. Strategic management journal, 2010, 31: 224-236.

[311] DACIN M T, OLIVER C, ROY J-P. The legitimacy of strategic alliances: an institutional perspective[J]. Strategic management journal, 2007, 28(2): 169-187.

[312] GULATI R. Network location and learning: the influence of network resources and firm capabilities on alliance formation[J]. Strategic management journal, 1999, 20(5): 397-420.

[313] ZHUANG G, XI Y, TSANG A S L. Power, conflict, and cooperation: the impact of guanxi in Chinese marketing channels[J]. Industrial marketing management, 2010, 39(1): 137-149.

[314] SMITH P B, PETERSON M F, THOMAS D C, et al. The handbook of cross-cultural management research[M]. Los Angeles: Sage Publications, 2008.

[315] FERRANTI L. Elements of influence: the art of getting others to follow your lead[J]. AORN journal, 2012, 96(5): 564.

[316] 卢福财, 胡平波. 网络组织成员合作的声誉模型分析 [J]. 中国工业经济, 2005 (2):73-79.

[317] 陈虹, 杨雅程, 雷家骕. 基于科学的企业演化的理论模型 [J]. 科学学研究, 2019,37(7):

1268-1276.

[318] MERTON R C. Innovation risk[J]. Harvard business review, 2013, 91(4): 48-56.

[319] JANSEN J. Ambidextrous organizations: a multiple-level study of absorptive capacity, exploratory and exploitative innovation, and performance[D]. Erasmus University Rotterdam, 2005.

[320] VERGNE J-P, DURAND R. The path of most persistence: an evolutionary perspective on path dependence and dynamic capabilities[J]. Organization studies, 2011, 32(3): 365-382.

[321] REUER J J, ZOLLO M, SINGH H. Post-formation dynamics in strategic alliances[J]. Strategic management journal, 2002, 23(2): 135-151.

[322] ADLER N, ELMQUIST M, NORRGREN F. The challenge of managing boundary-spanning research activities: experiences from the Swedish context[J]. Research policy, 2009, 38(7):1136-1149.

[323] COLMAN H L, ROUZIES A. Postacquisition boundary spanning: a relational perspective on integration[J]. Journal of management, 2019, 45(5): 2225-2253.

[324] 刘立, 党兴华. 企业知识价值性、结构洞对网络权力影响研究[J]. 科学学与科学技术管理, 2014,35(6):164-171.

[325] 孙国强, 吉迎东, 张宝建, 等. 网络结构、网络权力与合作行为：基于世界旅游小姐大赛支持网络的微观证据[J]. 南开管理评论, 2016,19(1):43-53.

[326] ZHAO X, HUO B, FLYNN B B, et al. The impact of power and relationship commitment on the integration between manufacturers and customers in a supply chain[J]. Journal of operations management, 2008, 26(3): 368-388.

[327] 谢永平, 张浩淼, 孙永磊. 技术创新网络核心企业知识治理绩效影响因素研究[J]. 研究与发展管理, 2014, 26(6):43-53.

[328] 邓峰. 核心企业网络权力对产业集群创新绩效的影响：基于网络运行效率的中介作用[J]. 科技进步与对策, 2015,32(18):58-63.

[329] 杨苗苗, 王娟茹. 跨界搜索、知识整合与企业可持续竞争优势[J]. 科学学研究, 2020,38(4):696-704.

[330] 肖丁丁, 朱桂龙. 跨界搜寻、双元能力结构与绩效的关系研究: 基于创新能力结构视角 [J]. 经济管理, 2017,39(3):48-62.

[331] 胡畔, 于渤. 跨界搜索、能力重构与企业创新绩效: 战略柔性的调节作用 [J]. 研究与发展管理, 2017,29(4):138-147.

[332] DUNCAN B L. Differential social perception and attribution of intergroup violence: testing the lower limits of stereotyping of Blacks. Journal of personality and social psychology, 1976, 34(4), 590-598.

[333] 焦豪. 双元型组织竞争优势的构建路径: 基于动态能力理论的实证研究 [J]. 管理世界, 2011(11):76-91.

[334] KORTMANN M, KUHL V, KLAFFL S, et al. A chromosomally encoded T7 RNA polymerase-dependent gene expression system for Corynebacterium glutamicum: construction and comparative evaluation at the single-cell level[J]. Microbial biotechnology, 2015, 8(2): 253-265.

[335] YANG Z, ZHOU X, ZHANG P. Discipline versus passion: collectivism, centralization, and ambidextrous innovation[J]. Asia Pacific journal of management, 2015, 32(3): 745-769.

[336] 马鸿佳, 宋春华, 郭海. 战略选择、双元创新与天生国际化企业绩效关系研究 [J]. 科学学研究, 2016,34(10):1550-1560.

[337] 杨学儒, 李新春, 梁强, 等. 平衡开发式创新和探索式创新一定有利于提升企业绩效吗 [J]. 管理工程学报, 2011,25(4):17-25.

[338] 宋春华, 马鸿佳, 马楠. 关系学习、双元创新与企业绩效关系研究 [J]. 外国经济与管理, 2017,39(9):32-46.

[339] 亢秀秋, 沈颂东, 房建奇. 探索式与利用式创新研究的热点与前沿: 可视化研究 [J]. 技术经济, 2019,38(1):63-80.

[340] CHANG Y-Y, HUGHES M. Drivers of innovation ambidexterity in small-to medium-sized firms[J]. European management journal, 2012, 30(1): 1-17.

[341] SARIOL A M, ABEBE M A. The influence of CEO power on explorative and exploitative organizational innovation[J]. Journal of business research, 2017, 73: 38-45.

[342] 许晖, 李文. 高科技企业组织学习与双元创新关系实证研究 [J]. 管理科学, 2013,26(4):35-45.

[343] ANDRIOPOULOS C, LEWIS M W. Managing innovation paradoxes: ambidexterity lessons from leading product design companies[J]. Long range planning, 2010, 43(1): 104-122.

[344] 于飞, 蔡翔, 董亮. 研发模式对企业创新的影响：知识基础的调节作用 [J]. 管理科学, 2017,30(3):97-109.

[345] 王建平, 吴晓云. 制造企业知识搜寻对渐进式和突破式创新的作用机制 [J]. 经济管理, 2017,39(12):58-72.

[346] 王道金, 吕鸿江, 周应堂. 渐进式、突破式和平衡式创新对组织绩效的影响研究：正式网络支持与非正式网络帮助的调节作用 [J]. 研究与发展管理, 2020,32(6):165-176.

[347] 朱明洋, 张玉利, 曾国军. 网络自主权、企业双元创新战略与商业模式创新关系研究：内部协调柔性的调节作用 [J]. 管理工程学报, 2020,34(6):66-78.

附录

企业双元创新问卷调查

尊敬的女士/先生：

您好！

本问卷主要考察企业联盟权力与双元创新之间的作用关系，即企业如何运用联盟权力来推动企业双元创新活动。问卷中所有问题答案没有对错之分，根据本企业的真实情况回答即可。若您对某些题项答案不清楚，请求助贵企业相关人员。若某个题项答案未能完全表达您的看法，请选择最接近您看法的答案。同时，我们承诺：您所填写的所有内容均只用于学术研究，我们将严格保密，若违反我们愿承担法律责任。

本研究需要您的帮助才能顺利完成，非常感谢您的鼎力支持！若您需要此方面的研究参考，请您在问卷注明您的 Email 地址，研究人员将在第一时间将本研究结论与您分享，并期待您的批评指教！

祝您：

工作顺利，事业蒸蒸日上！

（一）基本情况（请在选择的题项答案序号上画"✓"）

1. 您的年龄：
①25岁及以下　②26~30岁　③31~35岁　④36~40岁　⑤41岁及以上

2. 您的学历：
①大专以下　②大专　③本科　④硕士　⑤博士

3. 企业位于：
①东北　②华北　③华东　④华中　⑤华南　⑥西南　⑦西北　⑧香港、澳门特别行政区

4. 您的工作性质：
①管理　②技术　③生产　④市场（销售）　⑤行政后勤

5. 您在企业的职位是或相当于：
①普通员工　②基层管理者　③中层管理者　④高层管理者

6. 企业所有制形式：
①国有独资或控股　②民营企业　③合资企业　④外商独资

7. 企业年限：
①0~3年　②4~8年　③9年及以上

8. 企业规模：
①小型（200人及以下）　②中型（201~1 999人）　③大型（2 000人及以上）

9. 公司行业属于：
①电子通信　②生物医药　③机械、家电制造　④食品加工　⑤能源环保　⑥服装纺织　⑦其他

10. 近两年来贵企业研发投入占当年销售总额的比重：
①1%以下　②1%~3%　③3%~5%　④5%~8%　⑤8%以上

（二）问卷题项

联盟权力的测量题项					
测量维度	1	2	3	4	5
知识权力					
A11 我们企业掌握联盟中其他成员企业不具有的核心知识。					
A12 我们企业的技术知识难以模仿。					
A13 我们企业的知识优势可以对联盟中其他成员企业的决策产生影响。					
A14 我们企业具有指导联盟中其他成员企业的合作经验。					
A15 我们企业能够通过知识交流约束联盟中其他成员企业的行为。					
结构权力					
A21 我们企业经常比合作伙伴更快获得商业信息。					
A22 我们企业能够主导商业信息在联盟中的流动。					
A23 我们企业经常为合作伙伴传递信息。					
A24 我们企业时刻关注和控制联盟中的信息，防止因其他成员企业间频繁沟通而自身遗失关键信息。					
认同权力					
A31 我们企业在联盟合作伙伴中的口碑很好。					
A32 我们企业与联盟中其他成员企业拥有相同价值观。					

联盟权力的测量题项					
测量维度	1	2	3	4	5
A33 我们企业在行业中拥有较高的社会地位。					
A34 我们企业对整个联盟的发展演化起到重要作用。					
关系权力					
A41 我们企业在合作中帮助过联盟中其他成员企业,所以这些企业会答应新的合作要求。					
A42 我们企业曾经满足合作伙伴提出的一些请求,所以如果我们有要求,合作伙伴会答应。					
A43 合作伙伴会赞同我们企业的安排,以弥补之前没有成功合作的遗憾。					
A44 合作伙伴与我们企业的项目未能完成,它们会通过合作新项目来修复上次可能带来的问题。					
A45 我们企业与合作伙伴关系良好,会对合作伙伴产生影响。					
A46 合作伙伴与我们企业合作较多,会认为答应我们的要求是合理的。					

联盟惯例的测量题项	1	2	3	4	5
B11 我们企业承担的工作可以参考以往合作过程中的情况以及已有的方式。					
B12 在与其他联盟成员企业的合作过程中,我们有很多行为能够达成默契。					
B13 合作任务不都是能完全清晰描述和说明的,而是由一些默认的、非书面化的规则决定。					
B14 我们企业能很快地理解合作伙伴的意图。					
B15 我们企业会学习和借鉴合作伙伴的工作方式、方法和原则。					

跨界创新的测量题项					
测量维度	1	2	3	4	5
跨界搜索					
C11 我们企业非常熟悉行业的技术发展及趋势。					
C12 我们企业定期收集与我们采用同类技术的行业信息。					
C13 我们企业时刻关注在技术上与我们相关的行业。					
C14 我们企业密切关注以我们顾客为目标的其他企业的信息。					
C15 我们企业密切关注提供替代性产品的企业的市场动向。					
C16 我们企业密切关注提供互补性产品的企业的市场动向。					
跨界整合					
D11 合作伙伴愿意与我们企业分享跨界资源。					
D12 我们企业事先对从外部获取的跨界资源有一定了解。					
D13 我们企业能在企业内部找到熟悉这种跨界资源的专家。					
D14 我们企业能将从外部获取的跨界资源充分应用到实践中。					
D15 我们企业能用获得的跨界资源及时替代相应的老资源。					
D16 我们企业能利用获得的跨界资源不断提升和完备资源储备。					

▶ 战略联盟视角下的双元创新

双元创新的测量题项					
测量维度	1	2	3	4	5
利用式创新：					
E11 我们企业经常开发出新的产品。					
E12 我们企业经常改进现有主导产品和服务线的流程工艺。					
E13 我们企业提升了现有主导产品和服务的专业技术水平。					
E14 我们企业经常更新生产和服务工具、设备等生产手段。					
探索式创新：					
E21 我们企业能开发出全新的主导产品和服务。					
E22 我们企业能开发出行业内的全新技术。					
E23 我们企业的产品和服务包含了全新的技术知识。					
E24 我们企业通过创新实现了重大突破，淘汰了原先的主导产品和服务线。					

注："1"表示"很不同意"，"2"表示"不同意"，"3"表示"一般"，"4"表示"同意"，"5"表示"非常同意"。

再次感谢您的支持与配合！

祝您工作愉快！